侵权损害赔偿问题研究

宗栋 ◎ 著

中国原子能出版社

图书在版编目 (CIP) 数据

侵权损害赔偿问题研究 / 宗栋著 . -- 北京 : 中国原子能出版社, 2019.1 (2025. 3重印)

ISBN 978-7-5022-9660-5

Ⅰ . ①侵… Ⅱ . ①宗… Ⅲ . ①侵权行为—赔偿—研究—中国 Ⅳ . ① D923.84

中国版本图书馆 CIP 数据核字 (2019) 第 027713号

侵权损害赔偿问题研究

出版发行 中国原子能出版社 (北京市海淀区阜成路 43 号 100048)
责任编辑 杨晓宇
责任印刷 赵 明
印　　刷 北京天恒嘉业印刷有限公司
经　　销 全国新华书店
开　　本 787 ×1092 1/16
印　　张 16.125
字　　数 251千字
版　　次 2019 年 1 月第 1 版
印　　次 2025 年 3 月第 2 次印刷
标准书号 ISBN 978-7-5022-9660-5
定　　价 98.00 元

网址 :http//www.aep.com.cn　　E-mail:atomep123@126.com

发行电话 :010 68452845　　

前　言

如同刑法由“犯罪构成”与“刑罚”两部分组成，侵权责任法亦应由“侵权责任构成”与“损害赔偿”构成，其不仅要解决应该由谁承担责任问题，还应明晰如何承担责任问题。然而，现有立法及理论研究主要集中关注责任构成，损害赔偿之规定与研究远未深入。既有立法仅就精神损害赔偿、人身损害赔偿及惩罚性赔偿进行了分散的规定，受此影响，理论界仅曾零星地探讨了精神损害赔偿、死亡损害赔偿及惩罚性赔偿问题，而损害赔偿论之体系尚待建构，关于这一主题的基础理论研究更是匮乏。本书就损害赔偿制度的基础理论展开系统研究，并针对性提出制度完善建议，以期为实践提供理论支持。

目　录

第一章　侵权损害赔偿中的损害与可救济理论

第一节　损害学说梳理

损害系损害赔偿制度之起点，若对何谓“损害”没有清晰、科学的认知，损害赔偿制度的构建及对具体问题的分析均为空中楼阁，在具体案件中势必盲人摸象般地不明真相。为此，尤待追问究竟何谓“损害”（古罗马称之为“damnum”，德国称之为“Schaden”，法国称之为“Domage/proudice”，英美法称之为“damage”）？究之“损害”，可从以下五个角度展开探讨：第一，进行自然意义的界定。即，将损害等同于不利益，认为损害是受害人人身或财产遭受的不利益。这亦是各法域学者对损害进行的最为广义的定义，亦是我国学者对损害进行的常见的界定。就单纯的概念界定而言，其最能将所有的损害囊括其中，系最全面、最保险的界定方式。但是，法学研究并非为研究而研究，而需解决实际问题。这一自然意义的界定可作为一种文本定义，但其仅为一种描述性阐释，对解决实践问题作用甚微。如在人身损害赔偿中，侵权人造成受害人残疾或死亡，受害人的残疾与死亡是一种不利益，但该不利益究竟为何？该如何适当地计算该残疾或死亡所带来的损失？其依赖于对损害更为深刻的本体认知。再如，在假设因果关系案例中，权利人拥有一套房屋，行为人将其毁灭，而即使并无行为人的加害行为，权利人亦准备将其拆毁或数日后亦会遭地震震毁，此时，权利人是否有损害，可否获得赔偿？故，就损害，需进行更为深入的分析。为此，学者又从以下几方面展开了进一步的研究。第二，本体性认知。即，就何谓法律意义上的损害，进行抽象、本体性的解读。以德国、奥地利及日本等代表的大陆法系国家或地区，从此角度对损害进行了解读，并自莫姆森提出差额说开始，形成了差额说、组织说、法律规范说等不同的本体论学说。第三，展开类型化分析。即，遵循一定标准，将各类具体不利益分门归类。而立足于不同的视角，又可对损害进行不同分类。如依表现形式，常将其分为财产损害、非财产损害及介于两者之间的边际类型损害，将财产损害又区分为固有利益之积极损害与可得利益之消极损害；依损害与侵权行为的关系，常将其区分为通常损害与特别损害、直接损害与间接损害、对直接受害人造成的损害与反射性损害。第四，具体列举赔偿项目。如，针对人身损害，包括医药费、交通费、护理费、误工损失、残疾赔偿金或死亡赔偿金等损害赔偿项目。第五，对具体损害，进行个别化针对性的分析。如，就纯经济利益损失、错误出生与残缺生命（wrongful birth and wrongful life）、震惊损害（shock）以及机会损失（loss of chance），进行具体探讨。就后四类研究路径，第四类系对损害之金钱损失的具体计算，并非对损害的一般性研究；第五类是对个别较特别的损害进行具体研究，难以提供一般化指导。欲为损害赔偿制度提供一般性的基础支撑与指导，需结合第二类的本体论及第三类的类型化认知，就损害进行深入的剖析。换言之，损害论的研究是本体论、方法论综合体，本体论的认知旨在指导、服务于实践，并依此确定损害赔偿范围、损失计算方法等。反之，当本体论认知所指示的方法存有缺陷时，学者们亦会伴随对损害赔偿范围、计算方法的不断调整，而反思对损害的本体论认知，不断修正、完善以寻找最能指导实践的损害本体论认知。两者相辅相成，负载具体制度的本体论探讨，是自古罗马法至今关于损害探讨的主线。下文即就纵向的自古罗马开始至现代的损害认知演变，及横向的大陆法系与英美法系对损害认知的主流学说，进行梳理与分析。

一、古罗马至 19 世纪德国普通法时期的损害认知

总体而言，这一阶段并无统一的损害概念，并且此时关于损害概念的研究主要围绕着违约责任而展开，侵权损害的研究伴随违约损害研究的发展而不断

演变。

（一）以诉讼程式、物的价值与利益二元对立为特征的罗马法时期的损害概念

在最早的古罗马时期，侵权责任兼具赔偿性与惩罚性，其采用罚金赔偿的方式，罚金数额与损害额自身相关，既具有惩罚性，亦具有赔偿功能。正是这一原因，甚至根据优士丁尼法，还可以针对盗窃提起刑事诉讼、关于私犯的罚金诉讼以及赔偿诉讼。而就损害赔偿而言，其具有两个显著的特征：1. 并无统一的实体损害概念，而是以诉讼程式为中心，各式的诉讼程式对应着各类具体的损害，以不同的诉讼程式对应着不同的损害概念。从损害赔偿的对象来看，其主要包括确定诉权（actio certa）与不确定诉权（actioincerta）两大类，前者以“物的价值”为诉权内容，即认为损害是物的价值，以特定物或替代物的客观交易价值为损失评价标准；后者以利益（id quod eius interest）为诉权的内容，以受害人现有的财产状态与假设财产状态的差额为评价标准，包括受害人本可取得的利益。2. 损害的数额（aestimatio）与利益（interesse）系对立的概念。从前述诉权区分可见，其区分物的价值与利益概念，两者是不同的、对立的概念，而在西罗马的万民法中，利益概念消失，赔偿的对象就是金钱评价的物的价值，而物的价值一般包括感情价格、特别价格和一般价格三类。

（二）以利益及其类型化为特征的中世纪损害认知

中世纪的注释法学派和注解法学派，与罗马法有不同的构造。其主要体现为以下两个方面的特征：1. 罗马法不存在现今德国法意义上的财产状态差额意义的利益概念，而自注释法学派以来，则存在利益概念，依据注释法学派的观点，利益是物的特别价值，是具体的、被侵害的应获赔偿的利益；依据注解法学派的观点，利益是受害人在倘若没有违法行为发生情形下所有的利益。与罗马法中的损害数额（aestimatio）与利益（interesse）是对立的概念不同，自注释法学派以来，原则上损害的数额与利益同义使用，两个概念的综合使得利益成为赔偿法的中心。2. 与现代法的规则不同，中世纪不存在依据因果关系确定损害赔偿的方法，

其并不以因果关系决定损害赔偿范围，因为依据经院哲学的理念，授予因果关系的具体评价会导致恣意的自由裁量。其区分利益及损害的类型，而决定损害赔偿的范围。利益的分类是中世纪法学的特色，在直至近代初期的数百年间，中世纪法学家进行着利益分类研究，Rebuffus 曾将利益进行了 50 种类型化的区分。就注释法学派对利益的区分：第一，继受了罗马法学家莫迪斯蒂努斯提出的直接利益（intra rem）与间接利益（extra rem）、直接损害与间接损害的区分，将直接损害界定为对被侵害标的自身造成的损害，将间接损害界定为因被侵害标的自身损害而外在关联产生的其他损害。同时，少数学者亦将直接损害与间接损害等同于积极损害与消极损害，将后者界定通过受害人努力本可获得的利益的丧失。第二，创设了通常利益、特别利益、约定利益三分法。该三分法由 Bulgarus 提出，并由 Placentinus 将其理论化。通常利益即标的物通常的价值，特别利益是标的物对权利人的特别价值（包括间接利益）、约定利益即当事人之间就标的物所约定的价值。三分法在注释法学派中处于支配地位，并且，通说认为以赔偿直接利益、通常利益（即物的客观价值）为原则，仅在例外的情形，如责任人故意或重大过失时，方才赔偿间接利益、标的物对受害人的主观评价的特别利益。意大利的注解法学派基本接受、采纳了注释法学派的三分法。但是，法国的注解法学派，则对注释法学派的三分法提出了质疑：第一，认为利益概念与主体相关联，所以主张利益只可能是特别利益。第二，质疑注释法学派未区分特别利益与感情利益，如 Parudorus 指出应区分纯粹的主观爱好和主观爱好所具有的客观利益，仅后者可获得赔偿。Parudorus 并认为应以近因与远因的区分为基础，对可赔偿的利益进行划分。

（三）中世纪之后的损害认知

在十六世纪以后，关于损害的认识发生了本质的变化。第一，将利益与损害作为相同的见解，并认为损害是侵权行为导致受害人的财产的减少，利益是物对受害人的全部价值。第二，否定了利益三分法。其认为利益以享有利益者的人格为本质条件，财产脱离主体毫无意义，不考虑主体的物的价值并不适当，所以利益是受害人个人对标的物所享有的特别利益。第三，将因果关系导入到直接利益、间接利益的区分之中。此前的传统观点以利益与目的物的关联作为区分这两种利益的标准，因物自身价值而产生的利益为直接利益，因外部关联原因与物的结合而产生的利益为间接利益。就间接利益，又区分接近的间接利益与远隔的间接利益。前者与直接利益不同，其是与侵害事实具有密切因果关系所产生的直接结果，后者是因与其他情事共同作为所产生的偶然结果。与前述观点不同，十六世纪之后的主流观点以因果关系为标准进行区分，依据损害是导致赔偿责任事件的直接结果抑或间接结果，区分为直接利益损害与间接利益损害；或者以损害是否是侵害行为必然的不可避免的结果进行区分，若为侵权行为所必然的不可避免的结果则为直接利益损害，反之为间接利益损害。

由此可见，以潘德克吞法学主塑造的理论，以因果关系作为损害赔偿范围的决定基准，并依此确定了以利益概念为核心的统一的差额说损害学说及与完全赔偿理念相适应的法技术。但是这一法技术并没有被全面地贯彻，伴随这一法技术自身的不断修正，被潘德克吞法学所否定之前诸多概念逐渐复活。并出现了与完全赔偿说相对立了限制赔偿说。Molinaeus，Huber，Udal 等学者主张采取限制赔偿说，区分预见可能性、侵权人的可责性（故意、重大过失、轻过失）等诸多因素决定损害赔偿范围。如 Molinaeus 提出了双重决定标准：第一，考虑侵权人的预见性，其应赔偿默示的可预见的损害。第二，考虑侵权人的有责性程度，在责任人恶意时，无论如何亦不可对其予以宽恕，其应赔偿受害人的全部利益；重大过失亦不可与轻过失相同对待，重大过失的侵权人应赔偿受害人的全部利益。而仅有轻过失的侵权人，仅需赔偿直接利益损失。1794 年制定的普鲁士王国一般法，即区别直接损害、间接损害、对损害有无预见可能性、侵权人有责性程度，确定损害赔偿范围。1811 年制定的《奥地利民法典》规定根据责任人有责性程度，分别赔偿被侵害标的的通常价值、特别爱好的价值及可得利益损失。其第 1324 条规定，因故意或重大过失造成损害的，责任人应该赔偿受害人的全部损失；1331 条规定，在他人故意或重大过失侵害财产时，受害人可以请求赔偿可得利益；若侵权人违反刑法禁止的行为或明知他人喜好而实施加害行为，受害人可以请求赔偿特别价值；第 1332 条规定，因较轻程度的过失导致损害时，责任人赔偿物被侵害时的通常价值。

二、统一差额说的兴起及所面临的质疑

为克服利益概念的复杂性及法官对赔偿范围恣意判断的弊端，1855 年，莫姆森（Mommsen）发表《利益说》一文，提出了差额说（Differenzhypothese）的统一的损害概念，认为损害系因侵害事故所致的受害人财产总额的减少，即为受害人在损害事故发生后所有的财产数额与其在假设损害事故不发生的条件下应有的财产额的差额，前者为具体财产状况，后者为假设财产状况。在此之后，差额说的概念被温特夏特（windschied）、费士夏尔（Fischer）等学者所接受，随之成为主流的学说。

（一）内容

这一界定具有如下特征。

1. 以受害人的财产差额为损害。这一学说的基点是区分物的价值与利益，认为在侵害物时，损害并不单单是被侵害物的客观的价值，而是被侵害物对受害人的全部利益，由此给受害人造成的全部损失，既包括物自身的价值，亦包括受害人利用物本可取得利益的丧失。就物自身的价值而言，其并非物的客观市场交易价值，而是物的受害人的特别利益（感情利益除外）。与此相对应的另一方面是，在差额说看来，行为给财产造成的毁损，并无独立的意义，仅财产总额的变动方才具有法律意义。损害是被侵权人应有财产差额的减少，无差额即无损害。

2. 确立了统一的损害概念。反对直接利益与间接利益的分割，不区分各种具体的损害类型，而采取统一的损害概念，对受害人的总财产进行考查，比较未发生损害时的假定财产总额与现实财产总额之差额。对此，我国有学者认为，依此认知，计算某一微小损害，要将被侵权人全部财产加以计算，过于复杂、不切实际，且与一般损害认定情形有违。这是对差额说的误读，若果真如此，这一繁琐的、常人均可认知其荒谬的损害概念何以至今在德国乃至各法域占据通说地位？差额说的重点是不区分损害的项目，不将损害区分直接和间接损失，进行财产变动的考察，其是一种思考过程，亦只会将与侵害行为一切相关的差额进行计算，

例如被恶犬咬伤时，不会将其房屋、股票、银行存款等亦予列入，而计算其损害。其重心乃是接下来所述的，以此涵盖包括积极损害（damnum emergens，positiver Schaden）以及消极损害（lucrum cessans，entgangner Gewinn）等各类损害，实现对受害人的完全填补。

3. 实现完全赔偿原则。差额说的核心价值，是实现全部赔偿原则，填补受害人因侵权行为所产生的一切财产损失。莫姆森对 Molinaeus 主张的依据可预见性规则及侵权人主观有责性程度确定损害赔偿的观点，提出了批评，认为：根据侵权人过错程度区分责任范围，使得侵权责任具有刑罚的意味，与刑事责任不分；基于法律规定而产生的侵权责任，不应以当事人可否预见作为限定责任的范围；区分损害类型及考量侵权人主观有责程度的损害赔偿理念将导致法官的恣意裁判。其认为应排除有责性程度、可预见性对损害赔偿范围的限制，侵权人应赔偿其侵权行为给受害人带来的全部损害。损害赔偿范围仅由行为与损害之间因果关系决定，除此之外，并无其他标准，只要损害是该侵权行为导致的直接的不可回避的结果，不能因当事人可否预见损害而有所不同。

4. 采用主观计算方法。与财产差额损害概念及完全赔偿原则相对应，其以受害人之财产状况为考量基础，即将受害人的特殊因素考虑在内而采用主观的损失计算方法，侵权人应赔偿的损害，并非物的客观交易价值，而是其对受害人所具有的主观价值。就侵害物造成的损失，应当考虑物对受害人的特别关系，采取主观计算方法，如，甲毁损乙的小提琴，该小提琴市价为 2 万元，但丙因紧急需求愿意以 2.2 万元向乙购买，则乙的损害为 2.2 万元。同样，甲有一只爱犬，市价为 2000 元，乙甚是喜欢，曾出价以 10 倍价格购买，倘若丙造成甲爱犬身亡，则甲的损失为 20 000 元。其理由在于，损害赔偿请求权系受害人本来权利的替代物或等值物，是一个转化的债，基于“权利继续”观念，即应考量被侵害标的对于受害人在不同的利益而赔偿不一样的损害，如此方才比较符合受害人的实际状态。但是，感情上的价值不应考虑，如就前述案例，甲有一只爱犬，市价为2000元，虽然甲自己觉得其对自己为无价之宝，但并无任何人出价以高于市价的价格购买，倘若乙的行为导致甲爱犬身亡，则甲的损失为 2000 元。

在德国民法典颁行之后，差额说成为通说。但亦有少数学者，如耶林提出反对意见，其从英国法、罗马法损害赔偿范围与责任人有责性相关联的观点出发，认为损害赔偿范围除与因果关系相关联之外，还与责任人的故意、重大过失、轻过失的有责性程度相关，并且，还应考虑损害的预见可能性，在轻过失的场合，不应赔偿不可预见的损害。基于这些因素确定损害赔偿范围旨在实现行为与责任的平衡。差额说亦为日本、我国台湾地区等大陆法系国家或地区所接受。如石坂音四郎最早介绍了德国的差额说，其后的中岛玉吉认为损害反映的情事各式各样，但最终均要换算为金钱损失，所以应采差额说的观点。此后，诸如三储信三、鸿山秀夫等学者均主张该学说。末弘严太郎并就差额说适用于精神损害赔偿进行了补充解释，其认为损害是导致权利被侵害的事件未被发生时的应有假设状态与侵权行为发生时现时状态的差额，非财产损害的差额亦应被考虑在内。我国台湾地区亦接受了差额说概念，例如梅仲协教授认为，“损害者，权利或法益受侵害时所生之损失也。损害事实发生前后之状况，与损害发生后之情形，两者比较，受害人所受之损失，即为损害之存在。”王泽鉴教授认为，“损害系指权利或利益受到侵害时所生之不利益。易言之，损害发生前之状态，与损害发生后之情形，两相比较，受害人所受之不利益，即为损害之所在。”

（二）缺陷

差额说实现了损害概念的统一，并依此确立了完全赔偿原则，但存在诸多难以克服的缺陷：

1. 否认物或人身破坏之独立性、重要性，违背一般观念，应不可否认损害包含直接加诸于物或人身上所造成之毁损。在侵权人造成受害人财产毁损时，该财产毁损即为客观存在的损害。

2. 因其否认物自身毁损的独立意义，而仅比较受害人现时财产状况与假设财产状况，会导致就某些案件的处理，有违公平正义观念：（1）无法解决假设因果关系案件。如，某日，甲毁损乙的房屋，数日后发生地震，即使不发生侵权行为，房屋亦会因地震而倒塌。按差额说，受害人并无应有财产的差额，行为人无须承担责任。但是，侵权人确实实施了加害行为，并且导致了现实损害，认可其无责任，显有不当。与假设因果关系相类似，在被侵害物不断贬值直至一文不值，此时，即使无侵权行为，被侵害物亦会最终毫无价值，受害人并无损害，不可请求赔偿，与公平正义观念显著有悖。（2）就使用利益损失，如甲有汽车2辆，习惯于使用其中一辆，乙未经甲同意而取用另一辆并事后返还，此时，因甲事实上不会使用被盗用车辆，亦无损害，如此人人可取而用之。（3）面包店与烤面包厂约定，前者每日供给一定面粉委托给后者加工，后者私扣面粉，但交付数如约，甲亦按价出卖。这一本质原因在于，财产差额之计算方式，原旨在排除法官恣意而秉持价值中立，但如此带来未能顾及法律公平、正义之反作用。

3. 无法排除损益相抵的适用，导致侵权人不当获益。因为差额说以受害人财产状况变动为基础，其随之得出就所有的案件、任意情形均适用损益相抵规则的结论。如，受害人喜欢集邮，多年收集5000张邮票，邻居失火而将其烧毁，后经登报，善心人士寄赠，受害人收到2万张赠与的邮票。就此，因差额说考虑财产变动状况，故该受赠之获益应当排除在损害赔偿计算范围之外，显然有悖正义。

另有学者认为，差额说只注重根据市场价格计算的损失，未能将不具有财产价值之法益侵害考虑在内，将面临精神损害赔偿的困境。这一缺陷系莫姆森提出的差额说的缺陷，经改造之后这一问题已经得以解决，针对精神损害，通过比较受害人在侵害事故前后的精神感受而加以确定。差额说遭受的最猛烈的批判是在人身损害领域。依据差额说的观点，就人的死亡、伤残，损害为倘若不发生侵权行为，受害人本可获得的利益与现有利益之差额，采取主观的、个别计算方法。但是，受害人遭受同样的人身损害，如同为生命的灭失，赔偿额却不尽相同，与一般民众的伦理有悖，并且，倘若受害人本就无收入，无法为家庭做贡献，那么随之并无损害，侵权人无需承担责任，更与公平正义观念不符。

三、组织说的及具体损害学说对差额说的修正

针对差额说的缺陷，Walsmann于1900年在其学位论文中最早提出具体损害主义的观念，其后Oertmann进行了进一步的细致阐述，此后的Larenz等学者均

倡导客观损害概念。其认为物的毁损即为损害，差额只是计算该损害的金钱结果。同时，针对差额说适用于死亡损害赔偿案件所遭遇的伦理质疑，以西原道雄为代表的学者在人身损害赔偿领域提出了与客观损害概念相似的死伤损害说。

（一）内容

1. 德国学者的组织说。

（1）真实损害说。最早对差额说的批判，并非起因于该学说的一般性质疑，而是源于差额解决损益相抵问题的荒谬。如前所述，假设甲欲伤害乙，丙见义勇为而与甲搏斗受伤，后经报道，热心观众纷纷向丙捐钱，政府给丙奖励，按差额说，在收到捐赠、奖励后，丙的财产不减反增，并无损害，甲无须承担侵权责任，这一结论荒谬至极！为此，德国学者奥特曼（Oertmann）于 1901 年发表《请求损害赔偿时之损益相抵》一文，提出真实损害说之概念，认为损害的发生常伴同物被剥夺、毁损或身体被伤害的现象，物的构成部分被剥夺、毁损或身体受伤害，即为真实之损害。除造成损益相抵不当适用这一理由，奥特曼还提出另一支持真实损害说的理由，即在德国民法上，回复原状优于金钱赔偿，所以应承认被侵害标的真实损害的独立地位，使就该损害可请求回复原状。

（2）直接损害说。诺伊勒（Neuner）于 1931 年发表了《利益与财产上损害》一文，提出直接损害说观念，认为损害是侵权行为直接作用之标的的毁损灭失，标的毁损灭失这一直接损害，在任何情形下均应依客观价值获得赔偿，至于在该损害之外还有无其他损害，应用差额说衡量有无超出直接损害之差额。因此，Neuner 将损害区分为特定法益客体毁损之直接损害，以及应用差额说计算整体财产之间的间接损害，前者为最低的损害赔偿额，在任何情形下均应赔偿，应客观交易价值或购买替代物市价确定，后者则应参酌受害人情况主观认定。这一学说的提出，即解决了假设因果关系问题，如针对前文示例，甲撞倒乙的房屋，即应赔偿该房屋的市价损失，而若无侵权行为，乙的房屋次日亦会倒塌，则就该房屋使用利益损失，仅赔偿一日损失。维尔博格（Wilburg）持相同观点，认为损害赔偿包含法律直接保护的对象之客观价值及差额利益赔偿两项因素，德国损害赔偿法采取全部赔偿原则，受害人不仅就被侵害标的之共通交易价值，而且就对其之特别价值，应获赔偿。但无论如何，特别情事下的利益赔偿，不得作为限制价值赔偿之因素，客观估定的价值赔偿，构成损害赔偿的最低额，在任何情形下均应予以赔偿。其理由则是基于损害赔偿之权利保护机能，实现对受害人合法权益的保护，实施加害行为者即应承担责任。

（3）组织说。拉伦兹（Larenz）于1950年在《损害探讨中想象上损害原因之斟酌》及《组织损害观念之必要性》等文中提倡组织说。其认为，损害赔偿旨在填补受害人所遭受之损害，回复原状优先于金钱赔偿，故而，在一个特定物遭遇损害时，依回复原状优先于金钱赔偿原则，该直接损害应客观估定并应于任何情形下获得赔偿。拉伦兹提出该学说，为的是消除差额说面对假设因果关系问题的理论尴尬。

2. 客观损害说。奥地利学者Bydlinski认为，加害行为的结果就是造成权利或利益被侵害，该种损害必须依据权利或法益的客观价值来计算。因为被侵害之权利，对于所有的民众都具有平均相当的价值。至于受害人全部财产是否减少，则无关紧要。但是，被侵害法益的客观价值，仅为损害赔偿之最低限度数额，受害人基于其特别情事主张超越客观损害以外之损害，应获支持。Bydlinski同样指出，采用客观之损害概念并采取抽象之损害计算方法，符合损害赔偿请求权所追求的权利保护机能。其同时强调，客观损害概念，针对人身侵害案件亦同样适用。换言之，在导致受害人死亡或残疾之时所产出之逸失利益赔偿，不以实际收入丧失为必要。例如，在家庭主妇受伤的案例，亦得依据客观的损害概念而请求赔偿。据此，就其为家庭提供服务的劳动评价，应以其被侵害之后，必须雇用保姆帮忙之费用为基础，计算损害。至于实际上是否雇用保姆，则无关紧要。换言之，在客观计算损害时，受害人具体、主观的关系，均无须考虑。

3. 死伤损害说与劳动能力丧失说。与之同时，日本学者针对差额说适用于人身损害赔偿领域的缺陷，提出了死伤损害说与劳动能力丧失。按照差额说，针对死亡损害，除丧葬费之积极利益损害之外，即为逸失利益损失，即受害人亲属本可从受害人那里获得的，倘若其未遭受侵害之时本可获得的经济支持，其应按照受害人的收入能力计算损失。如此，因不同主体的收入能力不同，会产生“同命不同价”的现象。以西原道雄为代表的学者对此进行批判，认为：第一，人的生命或身体，与牛、马不同，其自身并无交换价值，人的死伤和物的灭失不存在同一意义的损害额。生命和身体产生的损害是不可能换算的。第二，依差额说计算的赔偿额，违背人类平等与尊重人的尊严的精神。更为荒谬的是，在同一事故造成多人受伤的情形下，其将导致侵权人抢救更“昂贵”的生命而置“廉价”的生命于不顾。第三，差额计算方法不过是海市蜃楼的猜测，其置于非常暧昧的盖然性基础之上。即使没有侵权行为，受害人亦可能因为其他的意外事故而身亡，亦可能失业、升职，貌似精确的差额说计算，不过是臆想。此外，针对无职业的受害人、幼儿，又该如何计算损失数额？幼儿是否可成年尚不可知，且父母为抚养幼儿成年尚支付巨额的费用，如其所侵害幼儿给其父母带来遗失利益损失，尚不如说解放了父母“沉重的负担”。为此，其主张将人身损害的财产不利益进行总体把握，把握死伤事实本身，认为生命的灭失本是即是损害，应赔偿的财产和精神损害之总体就是对生命和负伤的评价，不能以收入多寡而确定极端差距的损害赔偿数额，对本来不可能用金钱交换的人的生命勉强进行金钱评价，而应予以同等对待。与传统差额说采取个别化计算逸失利益损失相对立，其采用定额化赔偿。这实质即为组织说在死亡损害中的具体体现。与侵害生命权相似的是侵害健康权，当侵权行为造成受害人残疾时，若采用差额说之损害本体论认知，即对应采用“所得丧失说”观点，损害即为受害人本可获得的收入损失，其遭遇与侵害生命权相同之困境，特别在侵害幼儿的时候，该幼儿将来可取得多少收入是无法准确确定的，故而，日本学者又提出了“劳动能力丧失说”，其认为除从人的精神层面观察之外，从人的物质层面进行观察的话，人的生产劳动具有取得一定收入的能力。这一劳动能力，可以说是是与机器一样具有财产价值。侵权行为导致这一具有财产价值的劳动能力全部丧失或部分丧失时，劳动能力丧失自身导致积极的财产损害，应对失去劳动能力予以金钱评价。即将劳动能力丧失本身作为损害，损害赔偿的对象不是赔偿受害人收入的丧失，而是赔偿劳动能力丧失本身。

上述学说虽然具体表述及所侧重的内容不同，但具有以下的共同特点。

1. 肯认被侵害对象的形态毁损自身即为损害。如房屋被撞坏、人身被撞成残疾，该有形的毁损即为损害，至于受害人自身有没有因此而产生应有财产状态与现有财产状态的差额，并不重要。与差额说仅旨在填补损害不同，其还旨在强调法律之保护技能，认为法律之目的在于保护权益不受侵害，损害最重要者乃是法律直接保护权益的客观毁损。

2. 采用客观抽象计算方法。就此，一方面，其认为客观损害在任何情形下应予填补，被侵害物的客观市场价值，系最低的赔偿额，即使权利人就该损害的主观价值低于客观价值，如前述就房屋次日将因地震而倒塌、行将被拆除或被赠与给第三人的案件，从受害人的立场来看，其财产利益状况没有差额，但物本身的确灭失，导致房屋倒塌之侵权人仍应赔偿房屋之客观价值。另一方面，在人身损害领域，其以客观计算方法代替个别化的主观计算方法，以强调生命的平等。

3. 组织说虽然攻击利益说“损害等于具体财产状况与假设财产状况之差额”的观点，但是并不绝对摒弃利益说。只要受害人能进一步证明，除了物的客观价值损害外，还有超越这种客观损害的其他损害时，其仍可以请求侵权人赔偿。即仍然考虑差额说之损失计算，不过其居次要地位，仅在财产损失之差额大于客观损害价值时才适用。

（二）缺陷

组织说所持的客观损害于任何情形下都必须得到赔偿的观点，形成了对受害人保护的最低门槛，化解了差额说面临的假设因果关系、损益相抵规则无法适用等若干理论和实践难题，并能软化差额说在人身损害赔偿领域的冰冷无情，更能慰藉普通民众的法律感情。但是，其亦存在一些缺陷。

1. 导致损害概念的分裂。其将损害区分为客观损害与整体财产之差额损害，前者依据被侵害标的的客观价值计算，后者通过比较权利人主观利益差额计算，导致损害概念分裂，将损害拆解为两个部分。

2. 无法涵盖所有的损害情形。在侵权行为加诸于物或人身而导致有形毁损时，其可自圆其说，但当侵权人加诸于无形之人格权益、知识产权以及受害人整体财产权，如违反保护法律或善良风俗实施不正当竞争之时，受害人无客观损害。

3. 过于武断。组织说的核心系强调客观损害在任何情形下都应获得赔偿，也即让它不受任何因素影响地成为损害赔偿之底线。其虽然有效地解决了假设因果关系、损益相抵问题，但亦带来负面作用。按此说法，与差额说无法排除损益相抵的适用相反，其则使得损益相抵无法适用；在前述受害人本就意欲拆除房屋的案件，此时之房屋对受害人确无价值，仍要给受害人赔偿，无疑给其带来额外利益，使得侵权赔偿在某些情况下无异于让受害人中彩票，违背了侵权损害赔偿基本原则；在人身损害赔偿领域，不同受害人的死亡该一个家庭所带来的损失本就是不同的，如导致一个患有精神病的老人死亡与导致一个作为家庭支柱的壮年死亡，两者给亲属带来的悲伤是相同的，但是两者给亲属生活带来的影响是完全不同的，前者并不影响家庭的物质生活水平，后者则有可能使一个家庭瞬间崩溃，从幸福的天堂跌入无尽的苦海之中。组织说批判差额说带来不公平，其同样带来不公平。

四、规范损害说

按照差额说或组织说的观念，在受害人没有财产差额损失或没有具体的人身、财产毁损时，即无损害，如此将会使得本应获得救济之损害不能被认定，而与法律原则、法规意旨相违背，就此学者又提出规范损害说。

（一）内容

规范损害说主要包括以下两类观点。

1. 法律地位保护说。这是 Steindorff 所提出的观点，其认为损害赔偿责任的成立，并不具有现实的损害、价值的减少为前提，而应以受侵害的权益受法律保护作为前提。即，认为受害人权利或者法律保护利益被侵害，就构成损害，至于受害人实际上有无传统意义上之不利益，在所不问。因为损害赔偿请求权之目的，旨在作为原本权利或者法益之替代物或变形物，替代原本之权利或利益，故而只要加害人已经侵害受害人的法律的地位，不论是侵害受害人的权利或者法益，即要负担损害赔偿责任，受害人就有损害赔偿请求权。Selb 同样认为，损害应从自然主义的考查方法解放出来，而以责任规范的目的理解损害。

2. 规范评价说。日本的潮见佳南等学者，强调损害是一个规范的概念，不是一个单纯的事实概念，对损害的把握，不仅仅是对事实损害的观察，而是依据损害赔偿制度的规范功能进行的具体认定。在确定受害人的假设状态的过程中，已然纳入规范的考量。就受害人是否遭受损害的判断，必然伴随着规范评价，而具有规范的意涵。

（二）作用与缺陷

规范损害说，具有积极的作用：一方面，其抛弃了以客观损害作为损害赔偿责任前提的僵化观念，使得就无形权益受侵害时，权利人可以获得救济，亦避免了出现侵害他人权益者无须承担责任的荒谬结论。另一方面，其还可以克服差额说或组织说简单事实判断的缺陷，以通过规范的评价解决疑难个案。如就“错误出生”（wrongful birth）及“残缺的生命”（wrongful life）案件，甲妇到乙医院做产前检查，因丙医生疏误未告知胎儿有先天性缺陷，致甲妇患有重度智障的孩子出生。在此情形，依差额说，甲妇就其一般扶养费，得请求赔偿。但是，小孩的出生是否为一种损害，肯定其为损害是否有违亲子关系的伦理性及宪法上人的尊严价值，单纯的事实判断无法给出明确的答案，而必须予以法律的价值性判断。

但规范损害说存在内容空洞的致命缺陷，其仅仅是一种思维方式，强调就受害人是否遭受损害、某一利益是否是损害进行规范的评价，但是就具体的规范评价，还需在个案中予以具体分析。

五、英美法一般损害与特别损害的区分

与大陆法系自近代以降就损害进行统一的本体论认知不同，英美法系仍然继受、维持着罗马法对损害的类型化区分认知，其仍然以一般损害（general damage）与特别损害（special damage）的区分作为建构损害赔偿制度的基础。并且，就一般损害与特别损害有数种并行的理解与适用方法，其中，最具典型意义，亦对我们探讨损害赔偿理念与规则有启发意义的方面如下。

（一）与自身可诉侵权行为与以证明损害为基础的可诉侵权行为相关的一般损害与特别损害

第一类一般损害与特别损害的区分，与自身可诉侵权（torts actionabel per se）与以证明损害为基础的可诉侵权行为（torts actionable only on proof of damage）的区分密切相关。一般损害即通过加害行为自身即可推定受害人遭受的损害，受害人就此无需证明自己遭受损失，即可以行为自身可诉性，要求侵权人赔付名义赔偿金。自 18 世纪开始，英美判例法就认为就某些特定的过错行为自身就是可诉的，受害人基于受侵害的事实，就至少可以主张名义上的赔偿金，而无需证明其遭受了实际的损失，例如殴打、错误监禁、不法入侵、侵占、诽谤等。例如在 Constantinue vs Imperiol Hotel 案件中，该案的被告拒绝原告在其旅馆中住宿，这一拒绝被法院认为授予原告侵权诉权，并授予原告名义赔偿金。此类的一般损害常常与非财产损失相关，因为受害人名誉受损，因人身伤害而遭受疼痛和痛苦以及人格尊严遭受侵害等损害，往往难以通过证据予以证明，需要通过一般损害的认定及赋予行为的自身可诉性，而为受害人提供救济。与之相对应，特别损害是受害人需要举示证据证明的损害，且仅在受害人证明自己遭受了损害之后，方可获得救济，如在因过失导致的人身伤害的案件中，受害人遭受了现实的损害是其提起侵权诉讼、主张损害赔偿请求权的必备要件。但，需要注意的是，在自身可诉侵权中，损害并非均为一般损害，倘若受害人可以证明自己遭受了特别损害，就该特别损害，其可以获得救济。

（二）与赔偿对象相关的一般损害与特别损害

第二类一般损害与特别损害的区分，与赔偿对象密切相关，其与一般赔偿与特别赔偿相对应。一般损害是被诉侵权行为在通常情形经常造成的损害，以致该损害是通常可被预料的而因此不需被证明的损害。其是法律依据事情的通常进程，推定的被诉侵权行为直接、自然地导致的结果。就一般损害，受害人必须证明其遭受了损害的事实，但无需证明具体的损失数额，该损失数额可由陪审团决定。特别损害则是一般损害之外的，因受害人特别情事出现的，需要受害人举证加以证明的损害。特别损害是法律不会从行为的通常进程，自然推断出的损害，他们并不依通常过程而伴随侵权行为的发生而出现。性质上是例外的，因此必须特别地主张和严格证明。如 Dunedin 勋爵在 The Susquehanna 案件中所述，如果受害人有任何归咎于侵权人的特别损害，该特别损害必须证实和证明，而且，若该特别损害被证实，则会被授予损害赔偿。一般损害与特别损害的区分，与大陆法系一般利益与特别利益的区分相对应，是对一般赔偿对象之外的损害的补偿性赔偿。与此相对应，《美国侵权法重述（第二版）》第 904 条明文总结了一般赔偿与特别赔偿："1. 一般赔偿是对受害人提起诉讼的侵权行为如此经常地造成，以致该赔偿的存在通常可被预料并因此不需被主张以被证明的损害的补偿性的赔偿。2. 特别赔偿是对一般赔偿对象之外的损害的补偿性赔偿。"

六、损害研究结论

（一）损害认知与损害赔偿范围、损失计算方法息息相关

从前述的历史梳理可见，关于损害的认知与损害赔偿范围、损失计算方法息息相关，关于损害赔偿制度的各种具体规则与理念，都可以从对损害认知的历史演变中找到线索，并获得寻找答案的启示。1. 从利益类型化的区分到统一损害概念的确立，实际上是从限制赔偿模式到完全赔偿原则的转变。若就损害赔偿范围采取完全赔偿原则，那么即应对损害采取统一的差额说或组织说的认知，不再区分各种利益、损害的类型，要求侵权人赔偿受害人因侵权行为所导致应有财产状态与现有财产状态的差额。相反，若采取限制赔偿模式，则需要采取类型的思维方式，区分直接利益（损害）与间接利益（损害）、一般利益（损害）与特别利益（损害），并且考量归责程度及可预见性在决定损害赔偿范围中的作用。如就直接损害、一般损害，要求侵权人赔偿全部损失，而就间接损害、特别损害，仅在侵权人可以预见时方可要求其承担赔偿责任。2. 关于损害本体的认知及损害赔偿范围的界定，决定损失计算方法。（1）对死亡损害、残疾损害的不同本体认识，决定就此损失采取不同的计算方法，并得出不同的结论。若采取差额说之损害学说，则依受害人收入能力计算损失，亦势必得出"同命不同价"的结论。

相反，采取组织说及其对应的具体的死伤损害说，则会确定客观的计算方法，依此就不同主体计算的死亡赔偿金、伤残赔偿金亦就相同。为此，关于“同命不同价”的争议，回顾本质，不过是对损害本体论的不同认知。（2）损害赔偿范围，亦决定损失计算方法。现代侵权责任法理论就侵害物的损失计算所体认的客观计算方法、主观计算方法及考虑感情价格计算方法三种可能，不过由中世纪的价格三分法区分演变而来，而这三种计算方法的择选，最终又取决于损害赔偿范围的确定。若采完全赔偿原则，则应采用主观计算方法，并例外考量受害人对物的特殊的情感，若采限制赔偿模式，则势必采取客观计算方法。一言蔽之，对损害及其相关基础理论没有清晰的认识，在面对具体问题时，必将陷入不识庐山真面目的错误、混乱乃至无谓的争论之中，如我国既有理论关于损害赔偿范围的共误、《侵权责任法》第 19 条关于财产损失计算方法错误的界定，以及对死亡、残疾赔偿金性质、“同命不同价”问题进行的过多争论。

（二）就统一的损害本体论认知，应采规范损害论

就统一的损害本体论认知，应采规范损害说的认知。

1. 明晰对损害的认定，并非是单纯事实认定的问题，乃是规范评价的问题。就具体的损害是否为法律意义上的损害、法律如何对其内容加以评价，需要依据法律规范保护的目的，在多元价值、利益冲突中做出选择，予以确定。

（1）损害认定是一个规范评价的过程，损害是一个经过价值评价的法律事实乃至立法事实。倘若损害是一个单纯的事实认定问题，那么所有国家或地区、所有人对相同意义的自然损害，会有统一的认识，但事实上并非如此。如，就死亡这一明确而清晰的相同的自然损害，其在法律上的意义究竟如何，究竟是生命本身的灭失抑或因生命灭失造成的逸失利益损失？不同国家的立法者会得出不同的结论，如在德国，认为因受害人死亡造成的损害是被扶养人本可获得的扶养利益损失；在英国、美国，认为因受害人死亡造成的损害是逸失利益损失，是受害人亲属本可从受害人处获得的经济支持，包括扶养利益损失及结余的继承利益损失；而在日本，不同时期的学者对此有不同的评价，司法实践针对不同的案件亦会有不同的处理，如针对个别损害采取个别化的得失利益计算方法，针对公害采

取统一计算方法；我国《侵权责任法》的规定亦同。可见，就死亡这一相同的损害事实，不同的法律会做出不同的规定，同一部法律亦可能做出不同的规定，因此，损害的认定是一个价值评判的过程，损害是司法者在个案中对自然意义损害加以规范评价之后的法律事实，亦可能是立法者对自然意义损害予以一般界定的立法事实，犹如死亡损害赔偿。

（2）在对损害进行规范评价时，应考虑法律对被侵害对象的保护、对损害的救济、对行为的指引、民众伦理可接受性等多元价值、功能的追求。如就前述示例的错误出生案件，诞生一个天生残疾的小孩并因此给父母增加负担，是显而易见的，但其是否为一种法律上的损害，最终需平衡生命权与选择权的价值冲突，综合考量亲子伦理关系、对受害家庭困境生活的救助、对医疗机构谨慎履行义务的督促及对不当堕胎的可能指引，而最终得出一个合理的结论。

（3）差额说与组织说本身就已经融入了规范评价，系做出不同价值择选后而得出的结论。面对现实案件的纷繁复杂性，已有价值偏向的差额说或组织说均不能完全合理地解决问题，需在具体案件中，综合考虑相关因素进行具体的分析而得出适当的结论。如以假设因果关系为例，依据差额说，侵权人之所以无须承担，源于差额说的立足点或终极价值追求，是填补受害人的损失。组织说，则与之相反，其立足点并非填补损失，而是对权利的保护、对过错行为的归咎，侵权人明确侵害他人权利、导致标的物毁损，不要求其承担责任，显著不当，要求侵权人承担责任亦是对他人权利保护的需求。面对假设因果关系案件，一刀切地选择以损失填补、权利保护为价值追求的差额说或组织说，均不妥当。在一般情形下，组织说更为合理，但是在即使没有侵权行为，受害人亦会因自身病因而患病或死亡，受害人亦会拆除自己房屋的案件，要求侵权人赔偿全部损失，将会使得侵权人获益，亦不合理。欲合理解决这一问题，需要针对不同类型假设因果关系案件，予以具体分析。再如就“同命不同价”之争议，其实质亦是僵化采用组织说与差额说所导致纷争。依差额说观点，损害是逸失利益，即倘若受害人未意外死亡，其生存至自然死亡期间本可获得收入之减损。差额说仅以损失填补为目标，忽视对权利的保护，更忽视生命权涉及生命尊严之特殊性，必然面临争议。当受害人为无收入者，其会得出侵害生命权无需承担赔偿责任的荒谬结论，其同样将会因为受害人收入能力的不同而导致对生命的“歧视”。究其本质，其忽视了生命本身的灭失就是一种损害。而导致鲜活生命陨落的这一损害是人人相同的，这亦是普通民众朴素的、直观的认识，忽视这一客观事实，其必然遭遇民众情感的质疑。但是组织说仅观察到损害的客观表现，强调对生命权的保护、对生命权的同等尊重，忽视侵权损害赔偿制度损失填补之基本功能，亦会导致不公、与事实不符。如导致一个从海外学成归来的壮年和导致一位奄奄一息需他人照顾的老者死亡，造成一位商业巨头的死亡与造成一位流浪汉的死亡，其造成现实的财产损失的确是不同的，“同命同价”之僵化的组织说会造成另一种不公平。为此，合理的规范评价应是兼顾组织说所认知的客观损害事实、彰显对生命权的保护价值，以及差额说所体现的损失填补理念。即，对生命首先确定一个客观的、抽象的人人相同的最低损失数额，其次具体受害人的近亲属可举证证明具体差额利益损失。

2. 吸收法律地位保护说及英美法与自身可诉侵权行为相对应的一般损害概念的界定，克服我国理论界以受害人证明损害作为行为人行为构成侵权必然前提的僵化认知，就侵害无形客体而难以证明损害事实时，侵害他人受法律保护的地位，即为损害，损害事实为侵害权利或利益要件所包含。其理由及价值在于：

（1）除填补损失外，侵权责任制度还具有保护权利、指引行为等机能。以损害作为要求侵权人承担责任之前提，系仅关注到侵权损害制度的损失填补功能。于此，无法实现对权利的周全保护。损害赔偿请求权应属受害人本来权利或法益内容的继续，为贯彻法律认许的权利或法益之价值，实现对权利的周全保护，在权利人合法权益受侵害，其受法律保护的圆满状态被破坏时，即应认定产生损害，赋予权利人主张救济之可能。相反，认为侵害他人受法律保护之圆满状态尚非为造成损害，而必须以遭受现实的损害为追求责任之前提，那么在诸多案件中，就会随之得出荒谬的结论。例如，著作权人甲本默默无闻，乙未经同意擅自销售其作品，导致甲名声大噪，此时，比较现有财产状况与假设不发生侵权行为时的财产状况，其并无财产差额，亦无具体形态的财产毁损。再如，甲未经乙同意而将其肖像用于商业宣传，但乙在主观意愿上拒绝将自己人格权益作为商业使用，此时，即使甲不实施侵权行为，乙不可能有收益。为此，在这些案件中，就会得出未经许可侵害、使用他人权益之行为不构成侵权行为之荒谬结论。故，应以法律地位保护说，认同损害他人之合法状态即为损害。至于因该损害而产生的具体财产损失数额，则是事后的损失金钱评价问题。

（2）可克服传统理论适用于侵害无形财产、人身权益案件的不足，以及实现与多元救济方式的衔接。①针对有形财产的侵害，因其导致财产本身有形的毁损、灭失或被侵占以及利益的丧失，差额说和组织说可圆满解决损害认定问题。但是，针对侵害无形财产、人身权益的案件，因被侵害对象的无影无形性，不会造成有形的毁损，难以组织说认定损害的存在，亦可能不仅不会导致受害人应有财产的差额减少，反之使之增加，亦难以差额说认定损害的有无。面对无形权益的蔚然勃兴，将损害界定侵害他人受法律保护之地位，则可将此损害纳入其中。②我国《侵权责任法》采用多元责任方式，将停止侵害、排除妨碍、消除危险等均纳入承担侵权责任承担方式之中，倘若侵害权利人受法律保护的合法地位尚不足以构成损害，那么这些侵权责任方式又何以依据侵权责任构成要件而适用？停止侵害、排除妨碍等请求权，并不需要被侵权人遭受传统意义的损害，而只需其受法律保护的合法地位受侵害。

（3）有助于化解受害人证明损害及具体损失数额的困境。如前述英美法就与自身可诉性侵权行为相关联的一般损害的介绍，就某些案件，受害人难以举证自己遭受了损害，但是就侵权人实施的加害行为，依据一般经验常识即可以认定受害人遭受损害。倘若仅仅因为损害要件的界定及举证责任的分担，而使得受害人就明知的损害无法获得救济，显著不当，这样的制度亦是与生活事实完全不符的。为此，吸收法律地位保护说的观点，使得在受害人证明自己受法律保护的权益受侵害时，可由法官依据经验常识弥补受害人无法证明损害之不足。与之类似，在受害人已经证明损害或已证明自己受法律保护的权益受侵害而可推定损害，但无法证明具体损失时，法官应自由心证、自由裁量认定损失数额，犹如前述的英美法陪审团就侵权行为在通常情形导致的一般损害的损失数额的自由裁定，如针对精神损害赔偿，受害人只可证明其身体残疾，无法证明自己内心的精神痛苦，更不可能证明自己精神痛苦的大小，法官即可自由心证认定其有无精神损害及裁定赔偿额。同样，因名誉、商誉受诋毁时，受害人亦常常只可证明诋毁的事实，难以证明具体的损害及损失数额，就此，法官应裁量确定损失数额。这一理念，在侵害知识产权之侵权案件中体现得尤为淋漓尽致，受害人只要证明其权益被侵害，无法证明损失，可以由法官按法定赔偿数额依法判决赔偿数额。

（三）统一的损害本体论不足以应对纷繁复杂的个案，需以损害的类型化区分补足

从前述历史梳理分见，之所以采取统一的损害本体论认知，源于消除对直接利益与间接利益，一般价值、特别价值与感情价值的区分，贯彻完全赔偿原则。无论侵权人的过错程度如何、是否可预见具体损失，其都应该完全赔偿受害人因侵权行为遭受的财产差额损失。但是此做法，会忽略具体损害类型之间的差别，无视侵权行为与各类损害因果关系的远近以及侵权人的可预见性，将可能在个案中导致侵权人承担过于繁重的责任，欲确立公正、有效的侵权损害赔偿制度，还需结合损害的类型化区分进行具体分析。

第二节　可救济损害的判断路径

在明确何为损害之后，接而需明确行为人应对哪些损害承担赔偿责任，反之亦为哪些权利人可以主张损害救济？其又可以就哪些具体的损失主张救济？侵权行为法既是一部有关侵权责任的法律也是有关无责任的法律，其永恒的主题是如何均衡权利保护与行为自由。只有当它避免了过分苛严的责任时，才能作为有效的、有意义的和公正的赔偿体系运行。其应允许权利之间的适当竞争，不能成为公众所认可的经济秩序的阻碍因素。作为一个为理性所支配的法律，不能要求一个行为不谨慎的人对他人因其行为所产生的一切损害承担责任。故而，在某一行为导致损害时，需明确哪些损害可获得救济？就此，需解决两个问题：第一，

责任成立之损害救济范围。即行为人应对哪些主体遭受的损害承担赔偿责任？社会生活的紧密关联，使得一个连接点的破裂可能将产生连锁的一系列损害，会使损害在没有其他力量介入的情况下从一个人流向另一个人。如，某一车辆将桥墩撞倒，不仅导致桥墩自身的毁损，还会导致其他车辆无法通行；甲撞伤乙，不仅导致乙因此遭受损害，而且可能导致乙无法上班，其所在公司无法运营；甲引发交通事故撞伤乙，亦可能使得目睹这一事故的乙的配偶因受惊吓而患病。面对某一行为给各受害人造成的损害，应合理地确定行为人应对哪些人遭受的损害承担赔偿责任。第二，责任范围之损害救济范围。在确定某一损害应获救济之后，还需明确对由该损害而产生的哪些损失可以获得救济？如甲将乙撞伤，使得乙花去医疗费，产生误工损失，因住院而不能欣赏心爱的女主角的演出，丧失升职机会，此后又因精神抑郁而自杀身亡。就此须明确，乙因被撞伤这一现实损害而产生的诸多结果损害，哪些可以获得救济？而此前之探讨并没有清晰区分这两个问题，而仅探讨第一个方面的问题。这一问题，并非仅困扰我们的问题，乃是各法域均面临的问题，翻开冯·巴尔教授比较研究欧洲侵权责任法的著述，其开篇即在探索如何将过于“遥远”的损害排除出去；与此同时，考茨欧教授领衔的欧洲侵权行为法统一研究小组向各法域提出 20 个问题及假设 18 个案例，以期从各法域的答案中找寻到一般结论。

一、我国理论界关于可救济损害的既有探讨思路既有理论

主要从以下三方面就这一问题展开探讨。

（一）对一般条款的探讨

即就如何藉由一般条款确定损害是否应获救济展开探讨，就此，概括有三种模式。

1. 以因果关系为重心的不区分保护对象的法国模式

这一模式以法国为代表，具体而言：

（1）《法国民法典》的规定。《法国民法典》第 1382 条规定：“人的任何行为给他人造成损害时，因其过错而致损害发生之人应当负损害赔偿责任。”第

1383 条规定："任何人不仅对于自因其行为造成的损害负损害赔偿责任，而且还对因自己的懈怠或者疏忽造成的损害承担赔偿责任。"按照该条规定，其对侵权责任法的保护对象，既不加以限制，亦不加以区分，只要是侵权人过错导致损害，均可纳入侵权损害赔偿的救济范畴。因为而被学者称为"世界上范围最广、射程最远的侵权责任制度"。为此，对损害的救济，只需要满足过错（Faute）、损害（Dommage）及因果关系（Causalite）要件。与之相对应，可救济的损害必须满足确定性、个人性及直接性特征。确定性要求受害人遭受的损害必须是确定发生的，而不能是或然性的；个人性要求损害必须是给被侵权人造成的损害，而不能是给公共利益或第三人造成的损害。与因果关系相对应的，则是损害的直接性。而就因果关系及损害直接性的判断，司法把握程度异常宽松，甚至是令人难以置信的。在侵害行为并未直接侵害受害人的特定物，亦未直接造成金钱损失，而仅是导致受害人原先预期可取得的经济利益未取得时，如加害行为造成他人工业生产设备的毁损，使工厂必须暂时歇业或永久停业以致受害人丧失工作机会，或如加害行为造成他人电力供应设备的损坏，导致受害人工商业务或企业生产活动因电力暂停供应而中断或减少等，对于此种工作机会或营业、生产利润之期待利益、商业利益或纯粹经济利益丧失，法国法向来采取自由宽松的立场，不要求此种利益丧失必须为同一受害人之物或人身损害所造成之结果，亦不问加害原因、加害情节或加害人故意过失的严重程度，原则上肯定此种利益丧失属于一种得请求损害赔偿之损害。如，在 1965 年最高法院的一个判例中，因侵权人原因导致交通事故，阻塞交通，法院判决侵权人赔偿受害人马赛里公交公司因交通堵塞而遭受的利润损失。在该案中，法院认为，只要受害人的损失与侵权人的行为具有直接的和确定的因果关系，即可获得赔偿。在 1970 年 5 月审理的案件中，被告的推土机在从事公共工程建设时破坏了为原告的工厂供应天然气的天然气管道，导致原告的工厂停产，被告对减少的收入承担赔偿责任。法国最高法院认为："上诉法院在发现双方当事人对事实无争议和此种诉讼建立在民法典第 1382 条和第 1384 条基础上之后，其所作的判决认为，原告所遭受的损害是此种天然气管道中断所造成的直接后果，因此此种中断导致了原告经营活动的停止，因此，原告的损害与被告的行为之间有因果关系，上诉法院的此种判决是建立在正确的法律基础上的。”在 Conpagnie Generele de Travaux Hydrauliges（SADE）vs Societe Thomson–Houston–Hotchkiss–Brandt（STHHB）“电缆案”中，SADE 在进行公共工程的施工时，其雇员切断了属于法国电力公司的电缆。由于此种电缆是专为原告公司 STHHB 提供电力的，因此，原告的生产被迫停止了 1 小时 10 分钟。原告对 SADE 提起侵权诉讼，要求它对自己的损害承担责任，法国行政法院同样，“原告 STHHB 所遭受的损失是被告 SADE 在进行施工时其公共工程所造成的直接后果。鉴于暂时性的电力供应中断所造成的停产影响，一审法院对原告所遭受的损害做了正确的评估并且判决被告加以赔偿……”。

（2）判例及学说的发展。这一概括的、原则的规则，在给损害救济留出巨大空间的同时，实质将如何限制过分宽泛责任这一重负，强加到了法院与法学家的肩上。在《法国民法典》诞生至今二百年的时间中，法官通过解释适用上述条文产生了丰富的案例，从而使得法国侵权行为法具有非常浓厚的判例法色彩。其判例及学说的发展，主要体现在以下三方面：①增加了受侵害利益合法性要件。虽然《法国民法典》1382 条未对保护对象及损害的性质作任何限定，但法院认为以侵害的利益的性质不呈现不道德为要件，受侵害的利益是法律保护的合法利益，是民法典第 1382 条附加的特别条件，合法性要件获得广泛的认可，源于自 1930 年代开始的事实婚姻一方的配偶者提起损害赔偿请求。在第三人导致受害人死亡时，按照损害直接性、确定性、个体性的要求，因与受害人分居的配偶的损害具有不确定性，因而无法获得损害赔偿救济。与之相反，事实配偶者的损害是确定，其赔偿请求权却可获得认可。如此一方面导致法律的不公平，另一方面亦变形认可、鼓励事实婚姻。因此，为遏制日益增多事实婚姻一方的配偶者提起损害赔偿请求，法院就提起损害赔偿请求权人的范围设立了指标，要求直接受害人和损害赔偿请求权人必须有“法律保护的正当关系”，对可赔偿的损害，增加了被侵害利益是“受法律保护的正当利益”的要件。若受侵害的权益并不受法律保护，即使侵权人过错导致损害，因为受害人权益自身不受法律保护，亦不可获得救济。这一倾向与当时兴起的兼职权利滥用、不法原因给付等并列为法的道德化现象。随之，判例亦将原有之事实上的损害（dommage）换成法律上的损害“prejudice”，prejudice 一语中“jus”含有因权利受侵害而应获赔偿的意图。对法定保护利益的损害这一要件被大多案件所认可。例如，根据此种限制性条件，一个妓女不能要求他人就其导致自己不能再从事其职业的侵害行为而要求致害人对自己的损害承担责任；同样，法国最高法院认为，一名母亲对一名没有成功地让其中止怀孕的医生提起的损害赔偿案件，违反了“受保护的法定利益”的要求，该名母亲不享有要求医生赔偿的法定利益。②对损害确定性的缓和。伴随机会损失案件的出现，损害确定性要件出现了例外的缓和。如在著名的赛马案中，原告 Luca 就赛马 Scallywag 投资了 3 到 4 倍的赌金。Scallywag 在到达终点前 30 米时位列第三位，后因骑手违反竞赛规定第 68 条而未能达到终点。赛后，法国竞马改良促进协会进行了处罚。Luca 主张骑手 Poincelet 过错违反竞马改良促进协会的规定，依据法国民法典第 1382 条、1383 条第 1 款要求赔偿前三位的降价 10 万元法郎。一审、二审认定骑手的过错行为剥夺了 Poincelet 获胜的机会，判决赔偿 1500 元法郎。骑手提起上诉，其上诉理由为：第一，自己的过错仅是射幸因素，授予赔偿不当。第二，在自己出现过错时，赛马进入前三名的可能性较高，但并不确定；第三，骑手过错与损害结果的审理不充分。第四，赌金损失与骑手过错的因果关系过远。控诉法院判决认为，骑手违反了竞赛规定第 68 条，并认可所受损害与骑手的过错具有直接的因果关系，认可这一获利机会的丧失。最高法院判决肯定了控诉院的判决。在现今的法国司法实践中，损害的确定性得到了拓展，只要认定损害有足够的可能性，即认可损害的确定性。③区分保护的理论。Starck 教授于 1947 年提出的保证理论（th é orie de la garantie）对侵权责任基础进行了重新的解读，亦同时提出了对权益受侵害的责任构成进行区分认定的构想。其基本的观点是，不应从侵害人的行为的角度去探寻法律责任的根据，而应站在受害人的立场去考虑法律责任的根据，要求侵权人承担责任的依据并不是侵权人的过错或其行为的危险性，而是受害人受法律保护的利益遭受损害使法律对他的损害授予赔偿成为正当。其认为损害是权利秩序遭到破坏，损害赔偿源于两种权利的冲突；受害人的安全保障权利和人人享有的行动自由的权利。一方面，人们享有积极作为的权利，可以从事他们愿意从事的各种活动，如果认为任何导致他人损害的行为都是要承担侵权责任的行为，则行为人积极作为的权利即会受到阻滞；另一方面，受害人享有各种各样的安全权利，他们享有生命权、人身完整权、名誉权、受尊重权、肖像权、有形或无形财产权，如果不对这些权利加以保护，则受害人所享有的安全权利将会遭受影响。面对这两种权利的冲突，取决于权利的性质而做不同的调和。当受害人绝对受保证的生命、身体的完整性受侵害，并不要求行为人有过错。在商事活动领域，行动自由的权利应优先于受害人所享有的安全保障权利，因此，仅仅在导致损害的侵害人有过错时才会产生法律责任。

2. 与因果关系并重的区分保护对象的德国模式

与法国法对损害救济的无比慷慨不同，德国法则谨慎得多，其不仅通过因果关系予以限制救济范围，还借助对保护对象的区分以限制对损害的救济。

（1）《德国民法典》的规定。在德国民法典制定之初，其借鉴了法国式的宽松的一般条款，耶林反对性指出："在非合同关系领域，如果一个人既可因故意，也可因重大过失受到起诉，这将把世界引向何方？一句不在意的话、一次传言、一条错误的信息或糟糕的建议、草率的判断、推荐不称职的保姆、回答旅行者实践和地点等等，这一切后果如果出于重大过失，就将使其为引致的损害承担责任，而不论其是否诚信。这样一个责任扩张的过程，将是商业和社会交往的真实噩梦，自由的交流将受到极大的限制，最无辜的话语也将成为可怕的诱饵！"基于"反对由法律来阻碍偶然事件的发生，并反对由法律补偿由命运所造成的不平等"的思想，德国人摒弃了法国人的所采纳概括式的、不区分保护对象的宽泛的立法模式，而开创了以保护对象为区分标准的三分法立法模式。其第 823 条第 1 款、第 823 条第 2 款及第 826 条，分别将利益区分为绝对权、受法律保护的利益及一般利益，并规定了不同强度的保护与不同力度的救济。①因为绝对权本身就是法律对权利人之外的人的行为自由加以限制的产物，所以法律为其提供最充分、有效的保护，第 823 条第 1 款规定，过错侵害生命权、身体权、健康权、自由权、所有权及其他权利而造成损害的，受害人即可请求救济。"其他权利"乍看起来，系开放性、兜底性的概念，实则不然，其具有特定的内涵：第一，"其他权利”仅指财产权利，而并不涵括人格法益。因为从第823条第1款表述可见，其就“生命、身体、健康、自由”并未使用权利二字，而就所有权和其他权利则使用了权利之表述，可见其他权利仅指财产权利而不包括人格利益。之所以如此，源于其将生命、健康等视为宪法意义上的不受侵犯的客观的生存利益或生活权益，而所有权与其他权利则是主观权利，生存利益已被完全列举，判决不可再创造新的第823条第1款上的法益，财产利益则可以开放地补充。第二，其他权利仅指与所有权相当的财产性权利，并非可以将一切财产性利益包括在内。能够归入这里的“其他权利”的法益，必须可与财产所有权相比肩，仅当期具有属于民法典第823条第1款的权利的共同特征——归属效能与排除效能时，它才能被接受为一项其他权利。其主要包括他物权、先占权和无形财产权。②就某一项利益虽非为前款所确定的绝对权，若法律明确为其设置了保护性规范，那么行为人违反该保护性法律而造成损害，受害人亦可寻求救济，其第823条第2款即规定，违反保护性法律造成损害，受害人亦可请求赔偿。③针对一般的利益，并不当然构成法律上对他人行为自由的限制，依照其826条的规定，仅在行为主观恶意且客观悖于善良风俗造成损害时，方可获得救济。任何损害欲获得救济，都必须从这三个条文中寻找到请求权基础。除前述一般性规定之外，其还特别规定了信用权及姓名权保护规则。

德国法之所以采此规制模式，主要有三项理由：第一，立法者不愿过多限制自由。第二，就人身权益，信任习俗和道德的调控作用，寄希望于由习俗和道德保护和调整人身权益。第三，对法官的不信任。《德国民法典》的起草者认为《法国民法典》的起点是不可接受的，将应当由立法解决的问题交由法院解决，从德国法就法官职能之一般认识来看，是不可接受的。

（2）判例与学说的发展：德国法的这一模式虽然有效地防止损害责任的扩大，防止行为人受不特定损害赔偿责任的威胁，但是其将过错侵权责任保护客体仅限于绝对权利，对此之外的权益保护采严格限制，难以适应社会发展之需求。为此，司法实践对“其他权利”加以扩张。主要体现两方面：①扩张对其他权利的理解，将财产所有权的概念，从注重物自身的毁损、灭失、占有的剥夺过渡到关注其所能发挥的功效。如，就纯经济损失的救济，并非如国内学者所言，仅以第 826 条违反善良风俗侵权规则作为请求权基础，其亦通过侵害所有权责任规则予以保护并且试图以此划定救济的界限。如，就挖断电缆而导致用户停电受损的案件：在由此导致受害人正在孵化小鸡伤残的案件中，法院认为小鸡的孵化与电力供应构成一体，所以侵权人侵害了受害人的所有权，符合第 823 条第 1 条规范的调整范畴，应获救济。相反，在挖断电缆导致受害人停止营业而产生营业损失时，法院认为行为人并未侵害受害人的所有权，亦未违背善良风俗，不构成侵权。再如，在行为人撞断河坝而导致河流干涸的案件中，一行为人的船只因此必须绕行，法院对此认为并不构成侵害所有权，不成立侵权责任；另一行为人的船只因此在河中不得动弹而产生停运损失，法院则认为其构成侵害所有权，成立侵权责任。此外，判例和学说对身体和健康两项法益做宽泛的认定，将其物质性的健康扩张及心理健康，如在受害人因目睹或获悉近亲属意外身亡而遭受“震惊损害”时，认可对这一损害的救济。②即我们所熟知的，创设了一般人格权及营业权。第一，如前所述，依德国立法者的本意，其他权利仅限于财产权利，并不包括人格法益。但是，面对时代发展进步对姓名、肖像、隐私对一系列权益保护的诉求，这一概念之内涵与功能都面临着不可避免的修正，从排除人格利益到容纳人格利益。尤其是在经历二战的冲击之后，对人性关怀之需求愈发彰显，为此，德国基本法和判例联手冲破了第 823 条限定不可创设人格权利的枷锁，通过“读者来信案”“骑士案”等判决确立了一般人格权这一包容性的权利。而一般人格权的内涵及外延则是宽泛不定、极具包容性的，正如学者所言，“离开对生命、身体完整性、健康和自由的保护转向非物质人格权领域，我们就进入了一个从体系和实务上都游离不定的五彩世界”。第二，确立了“营业权”这一概括性的财产权利。所有权保护规则仅在侵权人导致标的物有形毁损的时候方可适用，当侵权人并未导致标的物有形毁损，而是影响其客观使用，如导致商店不可正常营业时，受害人则无法获得救济，为此，法院为此创设了“已设立且运作的营业权”，以此为过错给他人造成的经营损失提供救济。此外，为避免侵权责任救济的不足，判例转而“逃入”合同法的规范之中需求为受害人提供保护的依据，特别是以保护第三人合同，以合同的射程确定补足侵权责任保护范围的不足。例如，鉴定人对土地所有人及其土地的价值，过失做出错误鉴定，所有人出具该鉴定书向银行融资时，银行属于合同保护的范围。在银行因所有人的信用而遭受损失的场合，银行可以请求鉴定人赔偿损失。

我国台湾地区完全移植了这一规制模式，《荷兰民法典》则移植并发展了这一规定，其第六章第 162 条第 2 款规定："除正当理由外，下列行为视为侵权行为：侵犯权利，违反法定义务或有关正当社会行为的不成文法规则的作为或不作为。"其对前述规定有三项改造：第一，将违反保护性法律改为违反法定义务，不再限定违法之"法"的范围；第二，将故意违背善良风俗改为违反习惯法等不成文规则。这两项改造均扩大了侵权责任法的保护范围，而且违法（包括民众所共同接受的习惯法）给他人造成损害理应构成侵权，受害人应当获得救济，这个改造无疑是合理的。而最为值得称赞的是其第三项技术性改良，其以对侵权行为界定的方式明确规定了不作为侵权，从而将不作为侵权纳入一般条款规制范围之中，这一点无论是授予宽泛救济的《法国民法典》抑或我国新近颁布的《侵权责任法》亦未能办到。为此，欧洲学者不惜赞美之词，赞誉欧洲侵权责任法一般条款的发展成果均体现在《荷兰民法典》的一般条款之中。

3. 陷入"权利论"与"不法论"纠结之中的日本模式

在我们所熟知的法域中，日本较为特殊，其始终处在"不法性"与"权利论"两者之间纠结之中。

（1）《日本民法典》限定仅为权利提供保护。在《日本民法典》的起草阶段，穗积陈重与梅谦次郎就采用"侵害权利主义"抑或"实际损害主义"产生了激烈的争论。前者认为，侵权责任法的目的是明确行为基准，维持法秩序的原貌，侵权责任的成立以侵害权利为要件，至于侵害权利之外是否有实际损害，并不重要。后者则认为，侵权行为法的目的旨在赔偿损害，应以发生损害为要件，损害并不限于财产损害，包括有形、无形的损害。争论的结果是，《日本民法典》第 709 条采纳了实际损害主义，规定，"因故意或过失侵害他人权利时，负因此而产生损害的赔偿责任"。与其立法时就是否以损害为要件的争论的相反，此后就损害之外，是否以侵害权利为要件产生了争论。起草者之所以采纳侵害权利要件，源于在客观方面对赔偿对象加以限制（以故意、过失要件在主观方面对赔偿对象加以限制），以保障活动自由。权利侵害要件的采用，虽受德国法的影响，但是其权利的范围比德国法更广，既包括债权在内的财产权，亦包括生命、名誉在内的人格权。

（2）从侵害权利要件到违法性要件的转变。以侵害权利为损害提供救济的要件，只可以为既存的权利提供保护，无法保护新形成的权利。为此，其民法典施行后，自从云右卫门的浪曲案开始，至此后 1910 年 11 月 28 日的大学汤案件，判例和学说逐渐以违法要件代替了侵害权利要件。从侵害权利到违法性转变的转折点是大学汤案件的判决，这一判决以违法性替换了侵害权利要件，违反法律规定侵害法律上保护的利益的行为构成侵权行为，对老字号利益的侵害授予侵权责任法的保护。只要行为人实施不法行为侵害他人受保护的利益，侵权人应赔偿受害人遭受的损失。此后判例、学说的主流观点是，以违法性要件替换侵害权利要件，从末川博的“侵害权利 = 表征违法性”观点到我妻荣的相关关系说。末川博以“打破法律秩序”为出发点，认为权利是“法律规范在特殊主体关系中所授予的事物”，侵害权利是对法律秩序的破坏，是为法律所不认可的，就这一意义而言，侵害权利自身就是违法的，其不过是违法的表象之一。但是，命令性的法律规范并不授予权利，于是，需就未以侵害权利的形式出现的违反命令性法律规范的违法行为，是否构成侵权行为进行讨论。其认为如同侵害权利打破法律秩序一样，此类违法行为亦打破了法律秩序，亦应被评价为违法行为。末川理论以侵害权利作为打破法律秩序的表象为切入点，以违法性替代 709 条的侵害权利要件。违法性理论的登场，扩大了传统的不法行为法的救济范围，将其从侵害权利要件中解放出来。此后，我妻荣博士对违法性理论进行了实用主义改造，提出了相关关系理论。我妻理论从侵权责任制度指导原则的变迁开始。其认为，“从权利本位法律观到社会本位法律观变迁”，侵权责任制度的指导原则亦从对个人自由活动进行最低限度的限制，发展到对人类社会的损失进行公平分担。为此，不再仅保护权利以此最大化的保障行为自由，而是实现社会主体的协同生活。如此，遂提出结合被侵害利益的种类与行为态样相关地加以考虑的相关关系理论框架。具体而言，从受害人的角度而言，各类受侵害的利益具有受法律保护的强弱，如权利受到最强的保护；从行为人的角度，其行为亦具有合法性的强弱，于是，需结合被侵害利益受法律保护的程度以及受害人行为的自由，认定侵权人行为是否合法。此后，各类相关关系理论在现今获得压倒性的支持。

（3）与以违法性要件替代侵害权利要件的观点相反，亦有学者主张采用扩张权利要件的路径。如来栖三郎认为，只要对日本民法 709 条的“权利”进行广义的、扩大理解，认为其是伴随社会发展而不断发展的概念，将伴随社会发展而出现的受法律保护的新的利益亦纳入其范畴，就没有必要以违法性要件替换侵害权利要件。五十岚清在有关人格权的讨论中指出，若为“达到应受保护程度的类型化的人格利益”提供保护的话，那么违法性转换是没必要，并且即使以违法性要件认可对侵害人格利益的损害赔偿，亦无法满足受害人行使排除妨碍权利的需求，因此，人格权保护的焦点是权利类型化。并且，以某种形式保存侵害权利要件的立场最近正在卷土重来，其包括以下四方面的理论动向：①第一，对绝对权的重视。原岛重义认为，对绝对权的侵害在侵权责任法上具有固有意义，并将其与对此外的利益侵害加以区分。其认为在侵害绝对权时，只要没有违法性阻却事由，即认定行为构成违法，即可要求侵权人承担停止侵害责任。若侵权人具有故意或过失，权利人则请求其承担损害赔偿责任。在并非侵害绝对权的权益时，其则需满足违法性要件。受原岛重义观点的影响，泽井裕主张区分事后评价的违反法秩序的违法性，和同时评价的违法行为的有责性。在侵害人的生命、身体等绝对受保护的法益时，侵害立即构成违法，在侵害周边权益时，要斟酌侵权行为的恶性、侵害权利益的性质及侵害程度予以确定。只要侵害行为构成犯罪，不论侵害利益的性质、侵害的程度，均构成违法。其为此将侵权行为分“绝对权型”“衡量型”“行为型”三种类型。②反对采用违法性的概念，仍以权利侵害为要件。星野英一认为，起草者对《日本民法典》第 709 条的构造并非没有道理，就侵权责任成立的判断，考查故意、过失和侵害权利足够。我妻荣主张的相关关系的“被侵害利益态样”与“权利侵害要件”的功能相似，“侵害行为态样”包含“故意、过失”的内容。因此，将“权利侵害”替换为“违法性”，完全没有必要，相反徒增难题。不采取违法性概念，面对现代社会利益的多样性，就权利侵害做软化的、广义的解释，即可解决问题。③在现代侵权责任法学中，被侵害利益的扩大出现了“被侵害利益的主观化”和“被侵害利益的公共利益化”的两个特征。如就废弃物处理场的水质污浊的案件，虽然客观上确保了饮用、生活用水达到了适合的质量要求，但是一般民众在饮用或使用生活用水时，内心总会感到不安宁，这种内心的安宁的感情不被伤害的利益，即具有主观化和公共化的特征。自 1980 年代末以降，出现了诸多人格权、景观权、安宁生活权、环境权的纠纷，随之面临考量这些权益是否值得法律保护的问题，就这些案件，相继出现了判断是否具备侵害权利要件的判例，以没有侵害权利而驳回当事人的请求。这些判例没有以违法性概念吸收侵害权利概念，而将侵害权利作为认定侵权责任的独立要件，就此，学者认为，其使得《日本民法典》第 709 条“侵害权利要件再生”。④以宪法为最高法的对个人权利保护的法秩序在侵权责任法中的地位为出发点，主张重新采纳侵害权利要件的观点。潮见佳男认为，既有观点认为侵权行为的本质是破坏“法律秩序”，权利是对法律秩序的部分发现，但侵权责任制度对保障个人权利具有重大的意义。其认为，从整体法秩序来看，在现代社会中，以宪法为统率的法秩序系对个人权利的保障，并依此主张回归对权利保护的当初构想，侵权行为必须以“侵害权利”和“故意或过失”为要件，“权利侵害”作为划定权利和权利范围的方法，故意、过失担当保护行为自由的功能。就我妻荣提出的社会本位及侵权责任以在社会主体间合理分配损失为指导理念的观点，其指出侵权责任的分担是“受害人权利保护的要求”和“加害者行动自由的保障要求”之间的平衡，是侵权人与受害人之间相对的私人间调整。山本敬三接受了潮见佳南的观点，并就自《日本民法典》起草阶段以来的讨论进行了梳理。其指出，日本民法典将侵权行为的目的界定对合法权益的保护，遂以“侵害权利”为要件。但同时，为保障民众的行动自由而采用过错主义，以故意或过失为要件。其体现者《日本民法典》协调权利与自由的构想。但此后的学说（末川博、我妻荣的违法论）将民法典确定的权利本位观念，转变为社会本位观念。这一结果使得侵权责任制度的目的并非保护权利、自由，而是追求维持或回复法秩序。与此相对，其认为潮见佳南主观的回归至保障权利、自由的当初构想的主张，具有“划时代的意义”。认为必须思考宪法对基本权保障在民法对权利保障的价值，包括侵权责任法在内的民法各制度与宪法对基本权保护的关系。若肯定国家对基本权利的保护义务，国家即负担在个人基本权受侵害时，为其提供保护的义务。而若将侵权责任制度看作国家对个人基本权利的保护手段、履行其保护义务的方式，侵权责任法应优先考虑对个人权利保护的目标，归权利论的构想。

面对判例的反复、理论的争议，《日本民法典》的修改，实质兼采了通过对行为违法性认定和扩大对权利的理解，扩大保护范围的观点。其第 709 条在原有的对侵害权利的保护之外，加入了对受法律保护的利益的保护。

4. 动态判断模式

欧洲的两个私法统一研究小组，在比较欧盟各国的规定后，意识到如何确定受救济的损害，面临着难以克服的困难，尤其是面对德、法两种完全不同的思维模式的现状。其认识到平衡权利保护与行为自由，需要应对和考察多层面、多样性的事实，就此，无法做出明确无误的规定，遂择以动态的系统性的参考规则，即通过比较分析各国规定，明确法官裁判时应考量的各种重要因素，为司法提供具体指导、限制法官的自由裁量空间，亦使得当事人对司法裁判具有可预见性。

（1）PETL 第 2：102 条从六个方面对“受保护的利益”进行了界定。①利益的性质，决定保护程度：利益价值越高，界定越精确，所受保护越全面。②生命、身体和精神的完整性，人的尊严和自由受最全面的保护。③包括无形财产权在内的财产受广泛保护。④纯经济利益及契约关系的保护受更多限制，尤其要注意行为人与遭受危险者之间的紧密性，以及行为人明知其行为获利必然小于受害人之利益价值且行为将造成损害的事实。⑤保护范围受责任性质的影响，在故意侵害利益时，对利益的保护程度更高。⑥在确定保护范围时，应考虑行为人的利益尤其是其行动自由与行使权利的利益，以及公共利益。

（2）DCFR 第六章 2：101 拟定，法律上相关损害系指如下几个方面的内容。（1）无论是财产损失还是非财产损失，以及人身伤害，有下列情形之一的，构成法律上的相关损害：①本章规范明确规定的；②因侵害法律以其他方式赋予的权利，导致该损失或伤害；③因侵害法律上值得保护的利益导致该损失或者伤害。（2）就前款第2、3项损失或伤害，仅在依据责任规则获得救济，公平、合理时，方才构成法律上的相关损害。（3）为损害提供救济是否公平合理，须综合归责事由、损害的性质及近因性、损害发生之虞、遭受或即将遭受损害一方的合理期待以及公共政策的考量等因素。（4）①财产损失包括收入或利润损失，遭受的负担以及财产价值的减损；②非财产损失包括疼痛和痛苦以及生活质量的损害。就此，涉及那些无法构成具体规定调整对象之利益。如肖像权、姓名权、声音权、死者人格权，以及错误出生等疑难问题等。第203条就侵犯人格尊严、人身自由与隐私进行了特别的规定：（1）自然人因人格尊严，如自由权、隐私权遭受侵害所导致的损失以及此种侵害本身构成法律上的相关损害。（2）名誉遭受侵害导致的损失以及侵害本身，若一国国内法有相关规定，亦构成法律上的相关损害。

（二）对侵权责任法保护对象的探讨

1986年2月《民法通则（草案）》（修订稿）第104条第2款曾规定："公民、法人由于过错侵害社会公共财产，侵害他人财产、人身权利的，应当承担民事责任。"同年4月正式颁布的《民法通则》第106条第2款则删除了"权利"二字。就此，其与法国法的规定模式相似，并不限定保护对象的范围。此后，2001年出台的《最高人民法院关于确定民事侵权精神损害赔偿若干问题的解释》（下称）《精神损害赔偿解释》第1条规定，"自然人因下列人格权利遭受非法侵害，向人民法院起诉请求赔偿精神损害的，人民法院应当依法予以受理：①生命权、健康权、身体权；②姓名权、肖像权、名誉权、荣誉权；③人格尊严权、人身自由权""违反社会公共利益、社会公德侵害他人隐私或者其他人格利益，受害人以侵权为由向人民法院起诉请求赔偿精神损害的，人民法院应当依法予以受理"。此规定分两款分别规定了权利和利益，并配以不同的保护门槛，此一解释又受德国法的影响。与此同时，在司法实践中，发生了亲吻权、祭奠权纠纷，随之而产生的扑面而来而来的各式各样的权利，诸如初夜权、良好心情权、安宁权、同居权、容貌权、养狗权、相思权、视觉卫生权等。《侵权责任法》第2条第1款规定："侵害民事权益，应当依照本法承担侵权责任。"第2款规定："本法所称民事权益，包括生命权、健康权、姓名权、名誉权、荣誉权、肖像权、隐私权、婚姻自主权、监护权、所有权、用益物权、担保物权、著作权、专利权、商标专用权、发现权、股权、继承权等人身、财产权益。"第6、7条同样使用了权益二字。这一规定，貌似与法国一般条款相似。在《侵权责任法》颁布时，即可预见学界围绕第2条所规定的"民事权益"将展开大量的研究，果不其然，现已有诸多著述就此展开论述，关于这一问题的探讨围绕在宏观、中观及微观三个方面展开。

1. 在宏观方面，以李岩、孙山为代表的学者就何为权益或法益而展开讨论，概括起来有三种观点：（1）以李锡鹤、于飞为代表的少数学者不承认权利之外有权益或法益。（2）大陆地区多数学者对权益或法益为广义的理解，认为法益是指受法律保护的利益，包括权利及未上升为权利受法律保护的利益。（3）台湾地区对权益或法益为之狭义界定，将其限定为权益之外的法律主体享有的受法律保护的利益。

2. 在中观方面，以张民安、葛云松、王成等为代表的学者，探索如何对民事权益的范围进行限制，其主要有三种观点。（1）以葛云松、王成、于飞为代表的学者，赞成以德国法区分模式判定是否为损害提供救济。（2）以张民安、叶金强等为代表的学者，主张借鉴欧洲私法统一的成果，以动态论体系判断损害应否获得救济。（3）个别学者主张借鉴日本部分学者所主张的以侵害权益为要件的判断模式。

3. 在微观方面，以温世扬为代表的学者总结哪些是民事权益，亦即列举性地研究具体民事权益的种类，如温世扬总结民事权益包括财产法益和人身法益，财产法益主要包括占有法益、虚拟物法益、物上期待权法益、特许经营法益、正当竞争法益、债权法益等，并指出纯粹经济损失难以获得侵权责任法的救济；人身法益主要包括一般人格法益、死者人格法益，并强调婚姻关系法益不宜受侵权责任法保护。

（三）对单个类型损害的具体分析

除前述一般性对一般条款、保护对象进行研究外，各学者还就某一具体形态的损害是否为侵权责任法救济的损害展开具体的探讨，其中，最为典型的当属错误出生与纯经济损失。错误出生案件乃是各法域均感兴趣的话题，而纯经济损失案件点燃了欧洲比较法学者的研究激情，并被视为侵权责任法真正的难点，对这两个问题，我国学者亦趋之若骛。

1. 纯经济利益损失。纯经济损失，在英美法中称为纯粹经济损失“economic loss”或“pecuniary loss”，在德语中称为纯财产损失“blosse Vermoegensschaeden”或“reineVermoegensschaeden”，其系在德国区分保护模式下所出现的问题。因为其将一般过错责任的保护对象限于权利，就一般利益，仅在行为人违背善良风俗导致损害时，方才可获得救济，故出现了纯经济损失问题。依循法国一般条款模式，纯经济损失并不是一个问题，其仍然藉由因果关系的判断予以确定是否授予救济，在日本的实务上，若加害行为和纯粹性经济损失之间具有相当因果关系，即认定侵权人应承担赔偿责任。究其内涵，更多是学理定义，查究立法，仅瑞典《侵权责任法》第2：4条进行了界定：“纯粹经济损失应被理解为不与任何人身体伤害或者财产损害相联系而产生的经济损失。”就学理上的界定，并无统一观点，我国学者总结了关于这一概念的5种界定方式，其主要体现为两种意见的分歧：其一是指不依赖于物或身体损害所产生的损失；其二是指非作为权利或受保护利益侵害结果而存在的损失。多数学者采第一种观点。而这两种界定其实并不可以完全分开，未导致他人人身或财产具体毁损，亦通常未直接侵害他人的权利。纯经济损失，通常表现为对受害人直接实施加害行为后，继而引发了对第三人的损害，并且第三人是不确定的，所以，一旦认定其可获赔偿，将可能引发众多的、不确定的遭受损害的第三人向行为人求偿，使行为人“对不确定的人，于不确定期间，而负不确定数额的责任”的后果，为此面临是否对其授予救济以及在多大范围授予救济的问题。我国学者常探讨的纯经济损失，主要有三类情形：（1）因侵害某一权利人的所有权或者人身而衍生给第三人造成纯经济损失，如挖断电缆案，甲挖断乙的电缆，导致利用该电缆的丙不能正常营业。

（2）专家责任，即因专家在提供服务过程中，导致受害人遭受损失，如律师疏忽导致遗嘱无效，导致继承人不能继承遗产。（3）不实表示，即行为人所表示的意思不实，致他人因信赖该意思表示而产生损害结果。如银行雇员提供了有关公司的不真实的财务报告，使得银行信任该财务报告放贷给公司而遭受损害，或会计师事务所就上市公司财物报告做虚假审计而使投资者受损。其与专家责任有重叠之处，区别在于前者的受害人是特定的，而该种情形的受害人是不特定的。

2. 错误出生及残缺生命。与纯经济损失主要系德国区别保护模式所面临的问题不同，所有的法域都面临及探讨错误出生（wrongful birth）及残缺生命（wrongful life）案件。错误出生及残缺生命系两种不同的情形，前者是指父母本不想生育却因医院节育手术不当而生育健康的婴儿。后者则是父母本想生育，但医院在产前检查时，未查出或未告知胎儿有先天性疾病，而诞生下患有先天性疾病的婴儿。因其涉及亲子伦理、生命价值等诸多伦理性问题及宪法上人的尊严价值问题，诞生下计划之外的生命及有缺陷的生命，是否为损害，父母及有缺陷的婴儿自身是否可以请求医院承担赔偿责任，因而成为比较法实务及理论热衷探讨的一个话题，美国的《侵权法重述（第二版）》广泛收集了此种案例，德国、法国的司法实务与理论亦对此争论不休，而考茨欧比较法研究小组亦就此专门设计了一个案例以比较各法域的态度。

二、现有研究路径的缺陷与出路

（一）既有研究的缺陷及其出路的方向

就我国现有研究，笔者认为：

1. 仅探讨了责任成立之损害救济问题，而就责任范围问题几乎无人问津，仅在人身损害赔偿之中依据《人身损害赔偿解释》的规定。

2. 就损害是否可以获得救济，单靠保护范围、一般条款的探讨，不足以解决问题，其承受不了无法承受之重。判断损害是否可以获得救济，并不单单只是保护范围问题，其还需结合因果关系等要素共同完成这一使命。诸如我国学者期待将广泛研究的纯经济损失问题，纳入到一般条款、保护范围之中探讨，但事实上，这一问题部分是应由保护范围解决的问题，而部分则是在一条连锁反应链上在哪一点斩断因果关系的问题。而且，就可救济损害的判断，亦无法回避责任构成要件是否需要违法性要件的问题，需借助违法性的问题予以探讨，因为诸如《德国民法典》第 823 第 2 款自身即采取行为规制模式，《荷兰民法典》亦是通过行为模式界定损害可否获得救济，以行为的违法性，作为要求行为人承担责任的前提。此前，关于这些问题的探讨，各自为政，未进行有效整合的系统性探讨，难以有效解决问题。

3. 在探讨可救济损害问题时，各学者常常侧重于比较法的介绍，然后稍加三言两语而认为应为采用某一模式，或赞成德国模式、或赞成日本模式、或赞成谈欧洲私法模式。然而可惜的是，面对德国民法典这一并不能完全适应社会需求的法律，德国学者不得不为其僵化寻找扩展保护范围的路径，我国仍有学者为其摇旗呐喊，并申言之德国法能够解决这一问题，依据何在？正如比较法学者指出，德国法僵硬的立法模式并未得以维护，亦未达到良好的法律安全的目的，德国民法理论尝试通过一些学理解释规避法律，但此种方式遭到质疑。如，将有意识的违约总是视为以违反善良风俗的方式侵害他人的侵权行为，这样针对债权就一般可以提供侵权法上的救济，但此时已经不需要故意的要件，并且也扩张了违反善良风俗的要件。不仅如此，德国法还扩张了违约责任的范围，目的在于向纯粹经济损失提供救济（包括缔约过失、积极侵害债权、合同附保护第三人效力等）；法律规定被视为保护他人为目的的法律，为了保护广义上的财产而发明了社会交往安全保障义务，并且承认了一个神奇的权利——营业权。从中我们原则上可以得出如下印象：由于德国民法典中的相关规定过于狭窄，导致向不确定的一般条款逃逸，从而使得僵硬的立法条文转而引起了相异于其本来所追求的目标。在实现这一目标的司法实践过程中德国法官造法的巨大作用：在将法条落实于具体案例时，法官总是通过自身对受保护的利益的理解，加之对公平的秉持和身后的法律素养，才能不囿于法条中列举的有限种类的法益，同时也不违背法律的限制，变通性地对受害人进行更加合理的损失赔偿。法国民法典的规定，缺乏更为细致的论证，并不能为法庭提供可资裁判的充分论证基础。在确定受法律保护的法益范围时，还面临着相互对立的利益的博弈。当法律向一个人的权利以及法益提供保护时，同时也要求其他人尊重这些受法律保护的法益空间。受法律保护的法益导致限制其他人的行为自由。就日本，如前所述，一直处在“违法论”与“侵害权利要件论”之中，且以侵害权利要件作为判断损害可否救济前提，仅是部分学者的观点。而就欧洲私法统一，如前所述，其不过是面对各法域判断路径有较大分歧的无奈择选，而且这种动态系统判断路径，根本未能司法实践、个案的分析提供实质性有价值的指导。在知识输入、知识爆炸的当下中国，面临着缺乏对知识进行有效的整合、缺乏独立思考的问题，我们有不同的老师，而不同的老师又采用着不同的方法，作为学习者的我们，很容易迷失方向，但是我们不能迷失方向，更不能懒惰地简单移植，而应整合各国的经验，探寻一条行之有效的道路，这犹如现有各式食材摆在我们面前，还需合理搭配、按一定工序加工，方可做出佳肴。

因此，就可救济损害，一方面，只有俯视全局地考量保护范围、构成要件、因果关系等问题，方可能探索出一条清晰的判断路径，否则只会横看成岭侧成峰，永远不识庐山真面目。另一方面，须有效地整合的各考量因素，明晰各自的作用，并做有序的排列组合，如此方可使之有效的分工合作，构建一条可适用的判断路径，否则只会如同欧洲私法统一的研究，已经察觉这一问题与多种因素密切相关，但却杂糅了事、无疾而终。

（二）可救济损害判断路径的脉络

当就某一问题无法解决时，最好的办法是先将其进行合理的类型化，之后寻找有效的应对方式。欲探寻可救济损害的判断路径，我们需区分立足于两个基点：第一，区分责任成立与责任范围；第二，融入主体因素。而正是既有研究思路所欠缺。在立足于前述两个基点之后，可将所有的损害作如下区分：

1. 区分责任成立与责任范围。横向坐标即是当某一行为对诸多民事主体造成损害时，就哪些民事主体的损害，应该承担赔偿责任；纵向坐标是当确定侵权人应对某一民事主体的损害承担责任时，应当对该受害人的哪些损害承担赔偿责任。做此区分，可明确地将后者中的“第二次损害”确定为损害赔偿范围的问题，而非责任成立的问题。如甲致乙受严重身体伤害，后乙患抑郁症，因一时误念而自杀身亡，甲因其侵权行为应当对乙承担赔偿责任，但是应否对乙的身亡承担责任，并不是责任成立的问题，而是属于赔偿损害范围问题，若将其纳入责任成立范畴探讨，势必无法寻找到适当的结论。

2. 就责任成立之横向坐标，较之传统理论不加区分的讨论不同，此处在客体（权利、权益或利益）因素之外增加了主体因素。即以受损害的主体为考量标准，将损害区分为直接损害及衍生的给第三人造成的损害。此一界定亦是化解困境之关键，借用这一界定将以五两拨千金之效解决问题。如甲致乙死亡，在使乙死亡之外，而且导致乙的近亲属丧失本可获得经济支持，同时使得乙的雇主停业、舞伴因此而无收入、合伙人丙生意受阻；甲挖断乙的电缆，不仅使得乙的电缆受损，而且导致丙因停电而停产遭受损害，或正在进行的工程受损；甲撞毁桥墩，公路公司受损，同时阻碍交通使其他车主受损。甲引发交通事故将乙撞伤，使得在场者因目睹这一事故的丙因受震惊而遭受损害。在所举示的案例中，乙为直接受害人，其遭受的损害，为直接损害；其他主体因乙遭受损害而遭受之损害，为衍生的给第三人造成的损害（间接损害）。直接损害与衍生的给第三人造成的损害的区分，可使可救济损害的判断豁然开朗，而就纯经济损失，既可能是直接损害，亦可能是间接损害，如甲挖断乙的电缆，使得丙断电，即造成衍生的、间接的损害；而律师甲在给乙写遗嘱的时候，使得遗嘱无效，导致乙死后，丙无法取得本可获得继承份额，甲这一使遗嘱无效的行为直接损害丙的利益，丙为直接损害人，同样，会计师事务所出具不实的报告，直接影响的投资者的决策，侵害投资者的利益，投资者是直接受害人。直接损害与间接损害这两类损害，完全不具有可比性，就纯经济损失问题，将分属这两类损害的不同问题笼统置于一起探讨，势必陷入混乱之中，人为制造“侵权责任法的难点”。

3. 就纵向坐标之责任范围，其旨在解决在确定某一受害人应获救济之后，该受害人的哪些具体损失可以获得救济的问题。甲驾车误伤乙，乙为此支付了医疗费、产生误工损失，并因此而不能看心爱的乐团表演、参加单位组织的出国旅游，以及家属从国外飞回来国内看望、护理所产生的费用，乙因事故而味觉失灵，后又误食了已经变质的食品而受损害。就此，乙的哪些损失可以获得赔偿？在此处的分类亦较之传统讨论有所不同，将此分为：（1）现实损害、结果损害及第二次损害。现实损害是侵权行为作用于侵害对象直接造成的侵害对象的损害；结果损害是因现实损害而产生的各类具体损失；第二次损害则并非因第一次现实损害而产生的损害，而是其后因受害人行为、第三人行为等其他因素，促成发生的与第一次现实损害不同的现实损害。如就前述案例，乙被撞伤是现实损害，乙的医疗费、误工损失，因不能看心爱乐团的表演、参加单位组织的出国旅游，以及家属从国外飞回来国内看望、护理所产生的费用，均属于因现实损害而产生的结果损害。乙误食有毒药品而受损是第二次损害。（2）就结果损害，又可做两类区分：一般损害与特别损害、固有利益损失与可得利益损失。一般损害是依据经验事实，受害人无须证明其因现实损害而遭受的损失，在主张损害赔偿救济时，受害人就此无需证明损害的事实，而仅需证明损失数额。如，乙被甲撞伤，其为此支付的医疗、护理费用、误工损失均为一般损害。特别损害是因现实损害与受害人自身的特别情事结合所产生的损失，如因不能看心爱乐团的表演、参加单位组织的出国旅游，以及家属从国外回国内看望、护理所产生的费用，均属于特别损害。就一般损害，又可以区分固有利益损失与可得利益损失。固有利益损失是指受害人积极财产的减少，医疗、护理费用支出属于固有利益损失；可得利益损失是指受害人本可获得利益因侵权行为而无法获得，误工费用损失属于可得利益损失。之所以做如此区分，因为如后文详述，就一般损害应获得赔偿，就特别损害可否获得赔偿，则需予以进一步探讨；就一般损害之固有利益损害，一般应获得完全赔偿，而就一般损害之可得利益损失，因其亦可能因受害人特殊计划而属于特别损害，需探讨应否对其予以完全赔偿，如甲毁损了乙的船舶，船舶本身的维修费、贬值属于固有利益损失，一般应获完全赔偿，而乙与丙签订了高价的承运合同、出租合同，就乙丧失的收入损失或租赁费损失，应否获得完全赔偿，则需探讨。另需指出的是，国内既有研究对损害及损失类型的区分，非常混乱，其中最为混乱的是直接损害与间接损害。如张民安在同一部著作的前后不一致，在前文中言之，直接损失即在致害行为发生以后，受害人的财产比没有发生致害行为之前的价值减少；间接损失，即如果没有致害事件，受害人的财产原本应当增加而因为致损行为没有增加所造成的损失。后文又将损害区分为所遭受的损害和所失去的利益，指出前者是指当致损事件发生以后，财产权人的财产要比没有遭受此种损害之前的价值更小；后者是指如果没有致损事件，财产权人的财产应当增加。奚晓明在《〈中华人民共和国侵权责任法〉条文理解与适用》认为，财产损害可以划分为直接财产损害和间接财产损害。直接财产损害亦称为积极财产损害，指由于侵权行为直接作用于受害人的财产所造成的财产损害，或者受害人为了补救民事权益所必要的支出。间接财产损害亦称为消极财产损害，指由于受害人受到侵害而发生的可得利益的丧失。在其主编的《侵权责任法热点与疑难问题解答》中，又认为直接损害是指侵权行为直接引起的损害；间接损害是指非侵权行为直接引起而是因其他媒介因素的介入而引起的损害，如对某人名誉权的侵害，同时造成了该人父母、子女、配偶等近亲属心理和精神上的痛苦。而在同著的后文又言之直接损失是侵权行为造成的受害人财产的减少，即积极损失；间接损失是侵权行为造成的可得利益的损失，即消极损失。学界就直接损害与间接损害的区分，概括起来，共有三种观点：一是以损害和侵害行为之间的因果关系为区分标准，直接损害是指侵害行为所直接引起的损害，间接损害是因其他因素的介入造成的损害。二是以损害标的作为区分标准，损害事故直接毁损的标的所受的损害为直接损害，其他损害则为间接损害。三是将直接损害、间接损害与积极损害、消极损害的概念等同，这亦是我国学界的通说。对此，第一，若直接损失等同于固有利益损失，间接损失等同于可得利益损失，何不直接使用固有利益损失与可得利益损失概念，而多此一举？第二，概念的区分并不是单纯无意义的界定，而旨在解决具体问题。直接、间接表明损害与侵权行为之间的因果关系，而固有利益损失与可得利益损失的区分，并不与侵权行为的因果关系有关联，如就人身损害的医疗费损失及误工损失，均是侵权行为造成的直接损失。故此，本书采取前述关于损害的区分方式：第一，如前文所述，区分损害与损失，损害是权益受损的客观事实，损失是对损害进行金钱评价的结果。第二，直接与间接的区分，凸显行为与损害结果之间的因果关系，应适用对损害的区分，适用于责任成立的范畴，而不适用于对就损害之具体损失的区分。就损害分为三类：（侵权行为给直接受害人造成的）直接损害，（因直接受害人遭受损害而衍生造成的）间接受害人的损害、直接受害人的第二次损害。间接损害又具体分为间接受害人遭受的损害和直接受害人遭受的第二次损害。第三，就直接损害而产生的具体损失，又分为现实损害、结果损害，前者是被侵害法益自身遭受的现实的损害，如身体受伤害、物被毁损；后者是因现实损害而造成的具体损失，如因身体受伤害支付的医疗费用、误工损失等。就结果损失，又依据不同的标准主要做两类区分：一般损害与特别损害、固有利益损失与可得利益损失，前者是侵权行为在通常情形下会导致的损害，特别损害是因受害人已有的计划等而产生的损害。后者则是对金钱损失的区分。

就此，所有的损害均可纳入该横、纵向坐标之中。其中，直接损害应否获得救济，属于保护对象解决的范畴；就因直接人损害产生的结果损害，属于赔偿范围问题；就第二次损害及间接受害人遭受的损害则是斩断因果关系链条的问题。之前制度构建及理论探讨最致命的缺陷是，仅从被侵害对象的角度，关注其是因侵害权利造成的损害抑或纯经济损失，未从主体的角度，区分直接损害与因直接损害给第三人带来衍生损害的问题，因对第三人的侵害，不可能是对其权利的侵害，故，德国人的思维模式仅能解决侵害直接受害人导致损害的问题，就衍生损害则无能为力，若要求其解决衍生损害问题，则势必出问题。法国人又太开放，需予限制。于是，我们看见法国和德国的司法与判例在朝着两个不同的方向在行走着，德国人尽力扩张着侵权责任乃至借助扩张合同责任来解决本由侵权责任解决的问题；法国人在尽力限制着侵权责任，两者看似有差距，最后不过是从天平的两端出发，最终都走到公正裁判的居中点，不过分无视权益，亦不过分限制自由。而扮演这一角色的不是当初的立法者，而是不断面对新问题、受不同案件困扰的后世的司法者与法学家。从而，我们就会看见这样的描述：“历经200余年的发展，法国民法典已经与当初不符，出现了一系列的判例”；“在德国，扩大侵权法的保护范围，这是一个趋势，德国侵权法立法时的意旨和结构与此并不相符，但也已在大势之下有了质的变化。扩张解释其他权利，正是促成这一变化的手段之一”“由第823条第1款所发展出来的判例法，已经会使《民法典》历史上的原立法者几乎无法识别出该条的原貌了”。所谓法国式和德国式的一般侵权行为条款之间的区别，已经不像他们表面上那样明显。但是，个案式的解决方式，只会创设出一系列新的损害类型、新概念、新术语，纯经济损失当属典型，而未能抽象出一套逻辑，以指导实践。原本擅长抽象的德国学者，因沉迷于对个案的判例研究，基于对《德国民法典》的遵从，已经丧失了引以为自豪的逻辑抽象能力，更多的是对法院新判例进行麻雀式的解剖，就这一点从翻译过来的福克斯的教材可见，全书的编纂体例是围绕着三分法之下，不断吸收愈来愈多的新判例，而且要将其分别纳入不同的请求权基础之下，诸多新概念的产生、新理论的出现，也正是源于德国法的困境，必须跳出传统思维，方可解决这一问题，否则只会在原来的规则之外出现一个又一个的例外。本应担负这一使命的是欧洲私法统一的研究者，但可惜的是，他们虽然做了大量细致的工作，总结了欧洲各法域对这一问题的考量因素，但只是简单的堆积，未能进行抽象与梳理。这其中最为显著的一点是，其在确定利益保护范围的时候，是将客体与因果关系混淆在一起，如前述 PETL（指欧洲侵权法原则）所列举的重要性系为客体范畴，而紧密性毋庸置疑系因果关系之内容，而预见性则糅合了两者。我国又有学者企图不劳而获，受欧洲私法统一研究的影响，准备照搬其成果。欧洲私法统一研究虽未完成对可救济损害判断路径的梳理，但其工作却可为我们梳理这一问题提供素材，亦可为笔者所欲尝试建构之路径的适用性提供强有力的佐证，如其就可救济损害的判断，列举诸多因素，正证成了笔者前述的欲解决这一问题，需要为综合考量，而非割裂某一问题进行单独的探讨。

同时，借助一种抽象概念对可救济的损害进行概括，或试图对冗杂的、无法穷尽的损害类型进行列举，都是不现实、不可取的做法。从动态的角度上说，受保护的利益在各个国家、各个时代都是伴随社会物质条件和人的精神价值观的发展而不断发展演进的，因而，可救济的损害非一成不变。想要把这样一种动态的范畴借助一成不变的原则加以说明，难以做到。故，没有必要亦不可能对“可赔偿的损害”下一个完善的定义或穷尽列举所保护的客体，所需做的是：一方面，确定一条清晰的判例路径；另一方面，在积累司法实践经验的基础上，就某些类型的损害应否获得赔偿，逐步形成较统一的司法和学理意见。下文即从这两方面展开论述，一是探索判断可救济损害的路径，二是对典型的需要探讨的损害予以具体分析。

在进行具体探讨之前，首先应将故意侵权排除在外。此处所言之故意侵权，并非指侵权人故意实施侵权行为，而限定为侵权人故意导致受害人所主张救济的特定损害。如，甲与乙之间素有矛盾，甲通过挖断为乙供电的电缆而造成乙停电、停产。这一做法的理由在于：1. 行为人故意导致损害，自应就该损害承担责任，这是民法意思自治、自己责任的必然要求。2. 之所以要对可救济损害加以限制或界定，源于不加限制地对损害加以救济，可能会导致行为人在不特定的时候对不特定人的承担责任。但是，在行为人主观上故意导致受害人的某一特定损害时，因其明知自己行为的后果，此时并不涉及不确定责任之问题。3. 之所以要对可救济损害加以限制或界定，源于对行为自由与权益保护之间的平衡，但在行为人故意导致损害时，并不对行为人行为自由有所限制。4. 从比较法来看，巴尔教授认为："欧洲大陆法应再次意识到，故意侵权在某些方面需要独立的规则。将故意侵权放在过失侵权的层面上并将二者仅作为过错责任的两种表现形式对待是不公平的。"PETL 亦明确："保护范围也受责任性质的影响，在故意侵害利益时，对利益的保护程度更高。"在英国，对某些侵权来说，如书面诽谤、殴打和非法禁锢，行为本身就是可诉的。这是因为诽谤、殴打、非法禁锢等侵权行为，通常是以故意为特征的。在法治发达国家的普遍实践是，在侵害的客体不变、损害程度也相同的情况下，加害人的故意导致了损害的可赔偿性。

三、责任成立之可救济损害的判断路径

（一）直接受害人之损害

判断直接受害人的损害，能否获得救济，除责任成立之行为、因果关系、过错要件外，核心是受害人被侵害的权益是否属于侵权责任法的保护范围。

1. 权利

我国理论界关于这一问题的探讨局限于，分析权利仅指绝对权抑或亦包括相对权，即债权是否为侵权责任法的保护范围，如关于这一问题的典型表述是：

“侵权责任法的保护范围主要限于绝对权，第2条第2款所列举的权利都是绝对权，该款没有列举的权利，只要是法律已经规定或者约定俗成应当成为一种绝对权的，都是侵权责任法的保护对象。其他合法利益，限于法律明确规定的情形，包括债权利益，才受侵权法的保护。”如此探讨过于简单，除了绝对权与相对权之外，权利之间亦有位阶。第一：侵权责任法永恒的命题是谋求权利保护与行为自由之间平衡，其旨在保障权利的同时，亦保障行为人行使其权利、自由地活动，实质上是谋求受害人权利与行为人权利的协调。而受害人的权利不同，其受保护的程度亦不同，行为人实施行为的类型不同，法律对其赋予的自由亦不同。第二，在权利进行位阶的划分，并依此确定不同的保护程度，亦是各法域学者在毫无相互借鉴情形下，“巧合地”达成的共识。如，前述的Starck教授所主张的保证理论区分权利种类、考虑受害人与行为人在冲突之下的权利、自由受保护的程度；与之类似，我妻荣的相关关系理论，亦是综合考量受害人受侵害的权利类型与行为人行使权利或法律赋予其行为的自由；泽井裕更是直接地依据权利位阶对侵权行为进行类型化区分。第三，只有对权利进行位阶的区分，才可以对学界就侵权责任构成要件“三要件”与“四要件”、是否需要违法性要件的争论，有更清晰的认知。

（1）在侵害物质性人格权、自由及物权之绝对权时，侵害即意味着违法，只要没有违法性阻却事由、行为人过错造成损害，即应当承担赔偿责任。就此，我们可以看到：《德国民法典》第823条第1款规定，“过错侵害生命权、身体权、健康权、自由权、所有权及其他权利而造成损害的”，受害人即可请求侵权人赔偿损失，其并未在过错之外要求违法性要件。日本学者阐述道：在侵害生命、身体及物权之绝对权时，只要有加害行为，权利人即可以请求停止侵害，若侵权人有过错，即可以请求其赔偿损失，无需再考量侵权行为是否违法。得出这一结论的理由有三。①权利的重要性：生命、身体、所有权等物权，均是关乎人之所以为人、赖以立足的基本权利，其毋庸置疑地应获得完整的保护。②权利的公示性：生命、身体、健康、自由及财产权，都是第三人所应当知晓。③权益界定的精确性：法律关于生命、身体、健康及财产权是准确的，并不存在模糊的地带。

因此，就侵害此类权利，不再单独需要违法性要件，过错是最为关键的因素，三要件、四要件说均可成立，前者强调，就侵害行为造成损害之外，不再单独需要违法性要件，后者则认为侵害这些权利本身即为违法。

（2）精神性人格权、表征性人格权、无形知识产权，以及有形物权所衍生出来的相邻权、成员权，并非受过错侵害即可获得救济，仅在他人违法、过错行为导致损害时，方可获得救济。就此类权利，造成损害并不一定构成违法，单单过错造成损害，并不一定成立侵权，受害人并不一定获得救济。此时，三要件将无法再适用，过错并不能涵盖违法，违法性判断尤为重要，如某一杂志故意披露竞选者的隐私而对其名誉造成不利影响，此时，纵然杂志社为故意，但因为其披露行为不违法并不构成侵权，就此，违法性要件至关重要，三要件说无法解决问题。相反，无论何人，均不可侵犯竞选者的生命、健康及所有权。就侵害知识产权同样如此，典型如销售了侵害商标权的产品或者是无权使用专利，只要当事人证成其取得商品或授权的正当性，即使其过失未查明该商品系侵害他人商标权的商品，亦并不承担责任。不仅如此，《著作权法》《商标法》《专利法》甚至明确授权了行为人可以未经权利人授权而使用其权利。在侵害肖像权的时候，亦是如此，如学校未经学生的同意而将其照片用于宣传，因其具有合法性要件，而不构成侵权。财产权中的成员权，如建筑物区分所有权，法律明文允许多数人实施对少数人的伤害，纵然少数人不同意对财产处分的决议，但只要2/3以上的人同意，即可以名正言顺地予以侵害。这些权利当然属于法律保护的范畴，但是需同时考量权利人的权利与行为人的行为自由，仅在行为人的行为违法时，权利人方可主张损害救济。之所以如此，是因为这些权利的内涵与外延并没有生命权、身体完整、健康和自由等根本权利那样明确，同时，与这些权利相对应，其亦关涉行为人的行为自由，如隐私权、名誉权关系与民众监督、言论自由之间的平衡，仅在行为人的行为超过法律允许的限度，构成违法时，方才构成对权利人的侵害，赔偿给权利人造成的损害。故此可知，单独抽象地、毫无针对性地探讨就侵权责任构成应采取“三要件”抑或“四要件”，只会陷入无止境的语言逻辑争论及比较法材料堆积之中，这一问题同样关系可救济损害的范围，跳出单纯的理论争论，将其与可救济损害相关联，可豁然开朗，三要件说仅针对侵害生命、健康及物权等基本权利时，方可适用，针对侵害除此之外的权利及权利之外的权益的责任构成判断，将无法适用，违法性要件具有不可替代的作用。

（3）身份权。身份权受侵权责任法的保护，但不能笼统地认为身份权受侵害，就必然可获侵权损害赔偿救济，必须借助婚姻家庭关系的保护规则来认定其应否受侵权损害赔偿救济。这一领域中确定可获得救济的是，第三人对父母监护权的侵害，当第三人将小孩拐卖使之脱离父母的监护，父母就此可主张损害赔偿救济。除此之外，诸如最常见的是在第三人破坏家庭关系的时候，一方配偶可否请求第三人承担侵权责任；女方未经男方同意而擅自堕胎，有无侵害男方的生育权。前者涉及人身自由、婚恋自由与家庭权益保护的冲突，后者涉及双方自由的平衡。之所以需要借助婚姻家庭法的相关规则予以判断：一方面，因身份权法律关系的构成基础与一般权利所涉的法律关系的构成基础不同，一般法以大社会为调整对象，旨在平衡在社会交往中各主体的行为自由，而身份权则以小家庭为调整对象，其主要发生在家庭关系领域，这一小家庭关系伦理、社会基础结构的稳定等各种与一般法不同的价值与目标。另一方面，我国婚姻家庭法已经就侵害某些身份权的责任认定，做出了详细的规定，且这些规范的价值理念与一般侵权法的理念还存在一些差异，所产生的法律效果与侵权法不完全相同，如果侵权法也对此予以规定，则可能会出现侵权法与家庭法等的不协调甚至发生冲突。

（4）基于合同而产生的权利。基于合同而产生的权利，并不限于债权，还包括优先购买权、优先承租权等权益。就此类权利，亦不应由侵权责任法保护，因为：一方面，在此类权益遭受侵害时，可以通过要求合同相对人承担违约责任而获得救济，如果盲目地适用侵权责任，会导致违约责任与侵权责任的混淆、重叠，徒增烦恼；另一方面，此类权利欠缺社会公开性，第三人无从知悉，面临着权利保护与市场经济竞争相协调的问题，如一房二卖、公司之间“挖墙脚”等，最为典型的则是优先购买权与优先承租权。就第三人侵害债权，历经争论，现基本可达成共识，在第三人故意违背善良风俗侵害债权时，受害人可以寻求侵权损害赔偿救济。此时，一方面，在违背善良风俗而侵害债权时，债权对于第三人已经具有公示性，第三人明知债权存在；另一方面，善良风俗是维系社会健康状态的基础，即使是意思自治、合同自由、市场竞争亦要受其限制，同样，《德国民法典》第 826 条的违背善良风俗侵害以及美国法中的侵扰经济关系都为此提供救济。

（5）在权利框架中，更值得关注和深思的一个问题是宪法权利的私法救济，如平等。“无救济，即无权利。”如果说公法所确立的权利无法得到具体的保护，那么该权利的意义又何在？在美国《侵权法重述（第二版）》总结的案例中常见的一类是侵害平等权的案件。如在 Mitchell vs Keith 案件中，雇员起诉雇主违反平等就业权，一审法院判决雇员胜诉，并且判罚了惩罚性赔偿金，上诉法院支持了一审法院的判决。在 Equal Employment Opportunity Commission vs Wal - Mart Stores，Inc. 案件中，雇员起诉雇主歧视残疾人、违反《反歧视残疾人法》。一审法院支持了雇员的诉求并判决支付赔偿性及惩罚性赔偿金。上诉法院维持了原审判决，认为其旨在教育雇主尤其是其管理者应当遵循《反歧视残疾人法》的要求，在工作场所避免歧视的发生。对此，日本学者的思考，值得见解。宪法是位阶最高的法律，其负担对民众基本权利提供保护的义务，而侵权责任法可视为其履行为基本权利提供保护的手段，因此在侵权人侵害民众的基本权利时，侵权责任法应该为其提供救济。

2. 关于权利之外的狭义权益

我国《侵权责任法》将保护对象界定为民事权益。究何为“民事权益”，按“生活利益—未上升为民事权利但应获法律保护的民事利益—民事权利”的逻辑序列，有三种可能的理解方式：第一，将其做泛化的理解，等同于民事利益，亦即包括前述三个层次的利益。第二，将其狭义地界定将尚未上升为权利，但受法律保护的法益。第三，将其广义地界定为包括民事权利及前述狭义民事权益在内的广义的民事权益。从立法者未使用利益而使用权益二字，而又列举了具体民事权利来看，其为广义的民事权益。就此，其与修改后的《日本民法典》第 709 条的规定相似，后者规定，“因故意或过失侵害他人权利或受法律保护的利益的人，对于因此所发生的损害负赔偿责任”。就此，对我国学者对《侵权责任法》第 2 条规定的民事权益的忧心忡忡，并奋力主张采取德国区分保护模式的观点，笔者有以下拙见：第一，只要不将民事权益界定为民事利益，而是将其界定为权利以及未上升权利但受法律保护的利益，我国《侵权责任法》的规定与法国法完全不同，并不会出现法国法的弊端。不仅如此，其尚没有德国法区分模式规定的保护对象宽泛。因为德国模式并未限定保护范围，而仅是做了区分性的保护，就权利之外的一般民事利益仍然要以第 826 条提供保护。对《侵权责任法》第 2 条的担忧，系赤裸裸地忽视“权益”二字，是将权益与利益错误相等。第二，如后文所述，以狭义的民事权益的客体界定方法划定可救济损害的范围，较之《德国民法典》第 823 条第 2 款以“违反保护性法律造成损害”之行为界定方式更为可取，其可克服成文法静止性与社会发展变动性中间的冲突，避免法律的发展落后于社会的需求。“民事权利 + 狭义民事权益”之广义的民事权益的界定，较之《德国民法典》第 823 条“民事权利 + 违反保护性法律”的界定更能满足实践的需求，将伴随社会发展而新出现的、法律尚未为其设置保护性规范，但已被民众所认可的民事权益纳入调整的范畴，这亦正是德国司法者扩大解释“其他权利”的原因所在。

（1）狭义的民事权益包括两种类型。①在大多数学者看来，权益指新生的潜在权利型权益，即在某一立法之时未曾出现，此后伴随社会的发展而出现的，并逐渐被民众认可应受保护的新型利益。此类新生的利益先通过侵权责任的事后救济获得消极的保护而成为权益，伴随司法保护的不断累积而在下一次立法时上升为权利，从而获得积极主动行使的权能。隐私权在上升为权利之前，即为这一类民事权益之典型。②除前述权益之外，还存在技术障碍型权益，此类权益并非因成文法的静止不变落后于社会发展动态发展而出现的权益，其是立法者明知的，但无法上升为一类权利的权益，这类权益无论在何时都不能上升为权利。这类权益主要包括三大类：第一类，因主体缺位而只可被作为权益加以保护，其包括对胎儿利益的保护及死者人格利益的保护，对这两类权益的衍生保护，是各法域的共识，但因胎儿不符合权利主体的要求、死者权利能力消灭，只可采用权益保护方式。第二类，无法类型化的权益，即因为此类权益的具体权能及利益内容无法类型化，而只可以权益的方式加以确认，典型者是占有与商业秘密，如果将占有规定为一种权利，将会导致其与其他物权相互交叉，导致物权体系的紊乱，对占有只可能作为一种法律保护的利益，只可对其予以消极的保护，在他人侵害占有，占有人可获得侵权责任法的保护；与占有相似，商业秘密亦无法以权利的方式加以保护，只可以消极的方式加以保护，个人信息与之相同。再如《消费者权益保护法》所确认的消费者权益，消费者权益是毋庸置疑应认可的概念，但是何为消费者权益，无法一一具体化、类型化，故只可以权益的方式加以确认。同样，与德国司法创设的一般营业权相似的是，企业在市场中正当经营的权益，立法无法从正面规定正当经营权、竞争权，只可以方面规定哪些行为是不正当行为，在主体的权益受到侵害时，可寻求救济。第三类，习惯性权益，该类权益被社会大多数民众所认可，但是因为存在伦理等各种因素的障碍而难以明文将其规定为权利，典型的是祭奠权等。

（2）对侵害民事权益之救济路径。与前述三类民事权益的区分相对应，就其损害可否获得救济的判断路径包括：①以法律的规定作为判定标准。第一类是民事立法所确认的权益，主要包括占有、胎儿及死者人格利益三类权益。第二类是其他法律所确认的权益，主要是知识产权相关法律与市场经济管制法律所确认的权益，前者如对商业秘密、驰名商标、特有的名称、包装、装潢保护，后者如对消费者权益的保护性规定、维护市场正当竞争秩序的规定。行为人的行为违反法律对相关权益的确认性、保护性规定，即应当承担责任。②以民众之不成文法习惯、共识作为判定标准。如前所述，民事权益除包括无法类型化的技术障碍型权益之外，还包括有关伦理习俗而存在权利化技术障碍的习惯性权益，以及后生性的将来可上升为权利的潜在权利型权益。就后续两类权益，应以民众的习惯以及共识作为判断标准，以被社会大众稳定地、持续地认可作为获得救济之前提。需强调的是，就前两类权益保护的程度并不一定低于权利，我国学者认为，“法益虽受保护，但因未被立法类型化、定型化并上升为一种权利，所以在保护方式和力度上，显然不如权利”，这一理解并不准确。因为：从形式来看，前述权益与权利有所不同，但就实质而言，两者并无差异。且，权利系以法律强制之力所确认的权益，进而继续追问，权利究竟从何而来？实在法上的权利不过从自然法上的应有权利转化而来，实在法上的权利不过是立法者根据民众之共识，将民众所认可之权利以成文法的方式表现出来，那么，就此而言，新出现的潜在权利型权益与权利并无二致，其系立法未曾预期的伴随社会发展而出现的新的权利诉求，只是在立法未修改之前尚未被形式化的确定，暂时委由以共识性权益加以确认、消极保护。诸如隐私权在《侵权责任法》颁布之前并未被确认权利，但并不意味着其保护程度就要低于名誉权、姓名权。《德国民法典》区分保护条款的缺陷即在于此，其虽然可通过违反保护他人法律为难以类型化的技术障碍性权益提供一定程度的保护，但是保护性法律的规定亦受立法者认知能力的局限，难以对加害行为的形式予以一一列举，在行为人以这些法律所规定的行为方式之外的行为侵害民事主体权益之时，受害人难以获得救济；同样，其善良风俗之救济路径虽然可以为共识性权益、习惯性权益提供一定程度的救济，但是在行为人以一般过失乃至故意但并非违反善良风俗之行为侵害这些习惯性权益之时，受害人亦无法获得救济，为此其不得不就人格及财产权益设置抽象性、概括性的“一般人格权”与“营业权”。就此类权益救济的判断标准，法学家研究的作用有限，除可提供框架性的路径指导之外，难以提供具体指导，过多的研究也只可能是堆砌华丽的词藻，难以为实践提供指导，其终究需要司法者在个案中以一个正常人的标准予以判断，在法律职业共同体的职业素质、伦理素养尚未完全达标的当下，虽然交由司法者判断可能会导致司法裁判的不统一、自由裁量权滥用，但这并不是制度建构的问题，乃是职业共同体建设的问题，更何况，自《民法通则》颁布至今，关于这一问题的现实实践亦并未出现学者所言之担忧。如针对酒店错印电话而导致他人安宁被侵扰、挖掘他人祖坟而导致侵害吊唁或祭奠权益、错误列入黑名单而侵害信用权等纠纷，法院依据自己常识性判断，亦较好地解决了纠纷。

3. 对一般利益的保护

如前所述，若将民事权益进行狭义的界定，《侵权责任法》对权益之外的一般利益的保护，则是无能为力的，尚没有德国区分模式周全，为此有必要借鉴《德国民法典》第826条的规定，以故意违背善良风俗加损害于他人之保护规则，对一般利益予以保护。此时之救济，一方面，乃是维护社会伦理秩序的必然要求；另一方面，法律系最低限度的道德，其亦必须对一般利益授予最低道德性评价的保护。

如前所述，就习惯性、公认性民事权益的认定，法学家无法大展身手，亦不可能给出一个准确的答案，但有两个问题确是需要由法学家运用自己的智慧、法学思维逻辑及技术予以探讨，一是各法域都在探讨的错误出生问题，二是机会损失问题。

错误出生与残缺生命。将这一问题概括称为错误出生是以偏概全的，其包括两大类三种具体情形：第一类情形是，违反妇女意愿之出生，即在妇女需求避孕或堕胎措施失败而诞生婴儿，亦即错误出生（wrongful birth）。第二类情形是，诞生身心残障婴儿，即生命之降临并不违反父母意愿，但是诞生生命的残缺却是令人大失所望的，即“残缺生命”（wrongful life）。后者又包括两种具体情形：一是胎儿原本健康，但在怀孕、生产过程中，因不法侵害、医疗行为致使婴儿患病或残疾。其系对胎儿的侵害，一方面基于前述对胎儿权益的保护，侵权人毋庸置疑应赔偿婴儿自身的损害，另一方面其亦给婴儿的父母造成精神损害，亦应对其承担精神损害赔偿责任，对此应无异议。二是胎儿原本即有先天缺陷，但是医疗机构在进行产检时，未发现或未告知胎儿已罹患先天疾病或有罹患先天疾病之危险性，而消极地未防止残缺生命的诞生。与前一行为积极导致损害不同，该行为仅消极未防止损害的发生。需要探讨的即是错误出生及消极未预防残缺生命出生是否构成损害及应否授予赔偿。在我国，因堕胎无法律障碍，不会出现前一错误出生问题，其仅会增加妇女堕胎之损害，可类比人身损害之医疗费用、误工损失等予以赔偿。在我国会产生纠纷的是第二种情形，且已发生并较之残缺生命案件更为复杂的此类案件。

（1）就错误出生，原则上不应构成法律可请求赔偿的损害，特殊情况或特别损害情况除外。①就道德价值判断而言，应赋予生命存在较之母亲的自由选择权更优越地位，更为重要的是，倘若授予母亲损害赔偿请求权，假以时日，该被视为“损害”之子女日后发现，其生命的存在对母亲而言原来只是一项损害，且其母亲在试图抛弃其生命而失败后，将此项“损害”转嫁由他人赔偿，将遭遇何等之伦理危机以及何等之羞辱感！②母亲欲将其抚育婴儿之负担经由侵权损害赔偿责任转嫁由他人承受，此种利益本身并非法律上值得保护的权益。另外，前述所言的特殊情况或特别损害，并非指婴儿出生本身所造成之特别损害，而是指有别于单纯出生事实之外的其他特殊情事，如，因强奸或乱伦而被迫怀孕生产，母亲因此而增加扶养负担及遭受精神的折磨。

（2）就残缺生命的案件，则要复杂得多：首先，若一法域禁止堕胎，并且受宗教等各种因素的影响，每个生命的来临，无论残缺与否，均被视为是上帝的恩赐，人的主体性高于一切，父母并无决定完整无缺生命之权利，那么，即无损害及损害救济可言。在立法赋予当事人优生选择权并就此情形允许堕胎的我国，医疗机构消极未防止残缺生命的出生是否构成损害呢？争议主要涉及因果关系、伦理及社会效益三方面问题，笔者倾向于在婴儿有严重先天性缺陷时，可授予损害救济。①因果关系：反对者认为，未发现胎儿已罹患先天性疾病或患有先天性疾病之危险性，虽然构成医疗过失，但并非造成胎儿出生后残障事实之原因。但这一论点仅在禁止堕胎的法域可以成立，针对本问题之探讨无法适用，因为虽然医疗过失与损害没有关系，但是其与侵害优生选择权，使婴儿诞生，具有因果关系。②伦理考量：反对者认为，残缺生命并非一种损害，生命的存在，即使是残缺或不幸的，永远优于生命的不存在，更何况，堕胎并非孕妇个人专属的利益，仅是一种被容许之行为。换言之，其认为优生选择权的丧失并非一种正当利益的丧失。“生命存在，即使残缺，也是幸福”这一观点过于武断，且与生活事实不符，健康婴儿的诞生，将会给一个家庭带来快乐与享受，但极端严重缺陷婴儿的诞生，将会给一个家庭带来严重的负担，并可能会显著改变一个家庭原来的生活方式或生活条件，不能无视父母为抚养照顾婴儿在经济上和精神上所必须特别付出的心血以及所必须面对的困难与挑战。同样，对于有极端严重缺陷的婴儿本人而言，其亦可能难以自食其力，难以立足，甚至受疾病的困扰，这对其自身就是一种痛苦。③社会效益。反对者认为，一旦肯定就残缺生命授予损害赔偿，将可能助长父母明知婴儿已罹患先天性疾病或有罹患先天疾病之危险，仍决定将其出生，而对提起损害赔偿诉讼。另外，将导致医疗机构尽可能揭露怀孕过程中所有潜藏的先天性疾病因素，而任意干预或试图影响怀孕妇女，在胎儿父母不能完全确定胎儿是否健康之情形下，间接造成鼓励堕胎的现象。这一理由亦难以成立，若父母明知该情形，则并未侵害其优先生育权，另外，作为一个理性的人恐不会为获得赔偿而给自己增加无穷的困扰。就其所言之间接造成鼓励堕胎，乃是先天性疾病诊断医学发展进步后必然结果，其目的原本就是在降低怀孕或生产过程中的危险因素，其所言之问题应在于如何严格规范堕胎问题，而非授予赔偿的结果。相反，若不授予损害赔偿，一方面，医院有过失却无需负担任何责任；另一方面，可能会导致遗弃先天性残障婴儿的现象。故，在此类案件中，若残缺生命为存在极端缺陷之生命，应授予父母就扶养婴儿所支出的费用。另外，婴儿本身不可成为损害赔偿请求权主体，若承认婴儿有损害赔偿请求权，将面临其本身本不应诞生与其又可作为民事主体主张权利之间的矛盾。

机会丧失。其是指侵权行为并非导致确定的损害，而是导致受害人丧失获得一定利益或避免一定损害发生的机会。就此，应区分两种情形：一是，行为确定地导致机会丧失，但是该机会能实现多少经济利益并不确定，如，甲因业绩突出，获得提拔机会，在公示后，乙出于忌妒，捏造事实，诽谤甲有不轨行为，致甲失去升迁机会。其需要解决的问题是，对损失如何评价，就此，交由下文予以解决。二是，导致或然性的机会丧失，如，数人均获得提拔机会之时，其中一人遭诬陷而丧失机会；诉讼代理人因过失迟误上诉期间，而导致当事人丧失胜诉机会；医疗机构未及时诊断受害人患有肺癌，导致受害人丧失治愈机会。此时，因机会本身不是财产或人身、丧失机会者在未来可否获得现实利益并不确定，成为损害赔偿领域必须予以探讨的一个问题。其广泛发生在现实生活中，包括在财产领域，如因诽谤导致职务晋升机会的丧失，律师不当行为导致胜诉机会、胜诉判决获执行机会、签约机会的丧失，侵害受害人或其饲养的参赛动物而导致参加比赛获胜机会的丧失。最为常见亦引发民众及学者关注的是人身领域的治愈机会或存活机会的丧失。如2006年1月兰州就发生了一起此类案件，一时成为关注焦点，此后的“优秀研究生”之死，又引发讨论。在违约责任及侵权责任中均涉及这一问题，本书仅在侵权责任法就此予以探讨，并且以治愈机会丧失案件为探讨的中心，因医疗机构未能及时诊断，使受害人耽误了治疗的最佳时机导致治愈机会丧失而落下残疾或死亡，该误诊行为与最后结果之间的因果关系不明确，使之成为实践中棘手的问题，以至于引起了英美法、欧陆各法域实践与理论的广泛探讨，伴随医疗领域纠纷的日益增多，其亦是不得不解决的一个问题。下文以治愈机会丧失为例，就具有代表性的美国法、法国法及德国法的实务与理论进行考察，并借鉴分析。

（1）英美法的发展历程：①以最终结果为损害评价对象的因果关系解决路径及其修正。该种解决路径将通过机会可实现之最终利益丧失作为损害，通过认定行为与最终利益丧失之损害间的因果关系，判断导致机会丧失的行为是否构成侵权行为，以及侵权人应否承担侵权责任，这是一种全有或全无的解决方式。即若可证明误诊行为与最终残疾或死亡结果的因果关系，侵权人应就损害结果承担全部赔偿责任，反之，若受害人的亲属无法证明因果关系，侵权人无须承担任何赔偿责任。这是英美法早期所使用的救济方式，而就如何认定误诊行为与最终残疾或死亡结果之间的因果关系，经历了从严格到缓和的三个不同阶段。

A. 医学上的合理确定性：这是最古老、最严格的因果关系认定基准，按此标准，受害人必须通过专家的证言，证明误诊行为与受害人死亡结果之间具有“医学上的合理确定性”。就何为“医学上的合理确定性”，美国各州对其认定标准不一，但普遍要求受害人治愈的盖然性机会达到从 51% 至 90% 以上不等。这一严格的标准，存在难以克服的缺陷。第一，就受害人本可治愈之可能性难以准确地把握，医学专家并不能准确适用这一标准。第二，当确定性认定要求较高的盖然性治愈机会时，将会导致若无误诊则有较高治愈可能性的患者无法获得救济。如其要求必须达到 80% 的机会方可获救济，那么导致 70% 的机会丧失将无法获救济。这一标准现在已几乎不被适用。

B. 相当盖然性标准：即不再要求受害人亲属证明误诊行为与残疾或死亡结果之间具有医学上的合理确定，而只要求其证明达到优势证据（more likely than not）标准，若能证明受害人生存的机会大于 51%，则认可误诊行为与残疾或死亡结果之间的因果关系，侵权人应承担全部赔偿责任，倘若患者在医疗机构诊断之前的存活机会低于或等于 50% 时，纵然医疗机构具有重大过失，受害人亲属亦不可请求赔偿。在美国的 Cooper vs Sisters of Charity of Cincinnati Inc 案件中，受害人因车祸头颅破裂，后因医生的过失未能获得及时、适当的治疗而死亡，受害人亲属要求医院承担损害赔偿责任。专家证人证称，倘若及时进行手术，受害人的存活机会大约为 50%。法院即认为，受害人亲属无法举证证明医院、医生之过失行为与受害人的死亡之间具有因果关系，从而判决原告败诉。在英国，同样如此，在 Hotson vs East Berkshire Health Authority 一案中，受害人因医疗事故而丧失了本来就只有 25% 的治愈机会，法院认为，在医疗过失案件，原告必须证明被告的过失行为可能性、接近地引起死亡之结果，在受害人本就只有 25% 的治愈机会时，其不能证明这一行为与死亡结果之间的因果关系，亲属得不到赔偿。

这一做法在以下几方面亦极不合理：第一，在生存机会低于 51% 时，无论医疗机构的过失行为如何令人难以容忍，其均无需负担任何赔偿责任。这一做法与侵权责任法对医疗机构过失行为所做的否定性评价不符，更是放纵侵权行为的发生，与侵权责任法的预防功能不符，不利于预防损害的发生。并且，其将确切无误的医疗过失行为，认定为不构成侵权的做法，更是大逆不道之举。第二，51% 与 50% 仅一线之隔，依此即判决医疗机构承担完全赔偿的责任或完全不需要承担责任，与公平正义之要求显著不符。一方面，在治愈机会低于 51% 之时，从朴素感性认知角度而言，纵然受害人治愈的机会低于 51%，但其亦有有最终治愈之可能，此时武断地剥夺对该治愈机会的赔偿，对受害人不公。从技术性分析而言，依据差额说之损害学说，其减少了机会，无论机会如何渺茫，都是机会的减少，此为不可辩驳之损害，有过失的医疗机构亦需承担赔偿责任。此时，对受害人救济不足。另一方面，在治愈机会大于或等于 51% 时，受害人亦可能无法治愈，误诊行为与最终结果之间亦可能事实上并无因果关系。为此，John Donaldson 义愤填膺地高呼：“仅因为治愈机会本身小于 50%，就免除医生因医疗过失而使病人丧失治愈机会的赔偿责任，是不公平的；同样地，仅因病人的治愈机会刚刚过 50%，医疗机构承担责任的程度就得如同治疗方法绝对可以使得病人康复的情形。倘若这就是我们的法律，那么它已经到了非改不可的地步了。”第三，从统计数据来看，如果治愈机会为 50%，后因误诊行为导致这一治愈机会的丧失，那么，在 100 个受害人中，亦会有 50 个人将来会痊愈，有过失的医疗机构亦应对 50 个受害人承担赔偿责任，而按相当因果关系证明标准，其对全部的受害人均不承担赔偿责任。与此相反，假设受害人的治愈可能性为 60%，那么，在 100 个受害人中，有 60 个人将来会痊愈，有 40 个受害人将来无法治愈，有过失的医疗机构亦应对 60 个受害人承担赔偿责任，而对 40 个受害人无需承担责任，而现在却需要对全部的受害人承担赔偿责任。

C. 实质可能性（Substantial Possibility Test）及增加风险之认定方法。两者均系缓和相当盖然性证明标准，弥补这一标准存在的前述不足。其不再要求原告必须通过盖然性的优势证明误诊行为与最终结果之间的因果关系，实质可能性标准只需受害人亲属证明医疗机构的过失行为是造成最终结果的主要原因，具有导致最终结果的实质可能性；风险增加标准则仅需受害人亲属证明医疗机构的误诊行为增加了受害人遭受损害的风险。纵然受害人治愈机会未超过 50%，医疗机构仍可能需要承担赔偿责任，现在少数州采用此类做法。如在 Hick vs United States 案中，受害人于凌晨四点突然腹痛和呕吐，原告将其送至诊所。护士为受害人测量了血压、脉搏、体温、呼吸量，并与值班医生联系，后值班医生诊断为腹虫导致的胃肠炎，为受害人开了腹痛止痛药，并告知其在八小时内复诊。10 分钟，诊察即结束。受害人回家服药后，继续呕吐，同日天明，受害人在喝水后呕吐不止而丧失意识，经抢救无效而死亡，死因是小肠畸形导致腹膜穿孔。经专家鉴定，诊所在诊断时若即刻进行手术，受害人有生存之可能。一审法院按照相当盖然性证明标准，认为原告未能举证证明诊所值班医生的过失与受害人死亡结果间的因果关系，判决驳回原告的诉讼请求。上诉法院则认为，“被告剥夺了原告生存的实质可能性，被告若进行紧急手术，受害人有获救的可能性”“在被告的过失作为或不作为业已有效终止一个人生存机会时，该机会之大小既因被告行为而无法确知，不应由被告对机会大小表示怀疑。要证实事实发生的绝对可能性，难以实现。故，法院不要求原告对于患者若获及时治疗，而必将存活之确实性加以证实”“在被告之过失行为使原告丧失生存之实质可能性的场合，被告应承担责任”，从而判决原告胜诉”这一案件改变了前述要求原告必须为优势证明之要求，但并未明确指出即使治愈机会低于 51%，有过失的医疗机构仍应承担责任，在 Kallenberg vs Beth Israel Hosp. 案件中，法院则将实质可能性标准应用于病患治愈可能性低于 50% 的案例中，在该案中，因被告三天的迟延治疗，导致原告丧失了 20% 的治愈可能性，法院即适用了实质可能性标准，要求医疗机构就受害人的死亡，承担损害赔偿责任。而就危险性增加标准，《侵权法重述》（第二版）第 323 条 a 即明确总结道：行为人怠于为合理注意之行为使受害人遭受损害之风险增加时，行为人应承担侵权责任。正如 David Price 教授所言，在治愈机会丧失的案件中，在有关原因与结果的知识无法精确掌握，原告无法依传统理论证明因果关系时，若原告已证明被告行为增加了受害人遭受损害的危险，因果关系不确定的责任应由有过失行为的被告负担，而非由无过错的原告负担。在 Harnil 案件中，原告能够证明被告的过失是导致受害人死亡的主要原因，但无法举证证明行为导致死亡的医学上的确实，法院认为在行为人的行为增加受害人遭受损害之危险性时，其应承担侵权责任。同样，在 Herskovits vs Group Health Cooperative of Puget Sound 案件中，医生在 X 光片检查中未发现受害人患有肺癌，受害人在 1 年后方才发现病情。经鉴定，若医生在 1 年前查出病情，受害人仍有 39% 的机会存活五年，因医院过失使其降为 25%，受害人不久后因肺癌死亡。本案多数意见认为，只要过失行为增加了受害人死亡的危险，属于引发死亡的实质因素，即认定行为与损害之间的因果关系，被告即应对受害人的提前死亡承担全部赔偿责任。

这一解决路径将最终结果作为损害，其虽针对原告难以举证证明因果关系之困境，采取了缓和举证责任的应对方式，以达成原告获得赔偿之目的，但仍然不可克服前述弊端：第一，何为实质性因素？就此，实践并无统一标准，将导致司法的不统一，以及削弱法律的可预期性及确定性。第二，在没有实质性的因素的时候，误诊之医疗机构仍然不需要赔偿，面临误诊行为确实造成受害人生存机会丧失却不构成侵权的质疑，纵然受害人生存机会渺茫，亦应获得救济。并且，即使从一个人病患的角度来看，其康复机会微乎其微，从总数上来看，仍然会有人治愈。第三，若宽泛地认定误诊行为对导致死亡结果之实质可能性，认定误诊行为增加受害人死亡的风险，医院都应承担赔偿责任，亦与事实不符，因为从总数来看，纵然没有医疗机构的误诊行为，依然会有部分人最终死亡。

②机会丧失理论。与前述做法以最终损害为损害结果不同，这一做法，肯定机会丧失本身即是损害。第一，损害赔偿的客体系指治愈机会丧失本身，并非最终结果。第二，受害人无须证明误诊行为与最终结果的因果关系，只需证明误诊行为与治愈机会丧失的因果关系，只要证明了误诊行为导致了受害人治愈机会的丧失，有过失的医疗机构即须赔偿生存机会损失。第三，考察的重心从以对误诊行为与最终结果之因果关系认定为核心的侵权责任成立，转移至肯定侵权责任成立后的损失评价之上，即如何评估丧失的治愈机会的价值。换言之，其不再采取全有或全无的赔偿方式，而独立评价受害人生存机会之价值。在美国，最早采用机会损失理念的是合同法领域的案件，在 Mange vs Unicorn Press 一案中，被告为百科全书出版商，在其举办的拼字游戏比赛中，原告认为其中一个字的拼法与百科全书不符，而在这道题目上写上错误二字，结果未赢得拼字比赛。经查，若原告未被除名，为 23 548 位竞争者之一，可竞争 210 个奖项，包括头奖价值 307 500 美元。虽然被告抗辩认为该种损害纯属过度的猜测，法院仍然认为，原告被剥夺的机会具有某种市场价值，尤其是在其无须支出任何费用即可能得利的时候，此种机会更具有市场价值，至于机会的价值，应由陪审团认定。

机会丧失理论在侵权案中同样适用，最早适用机会丧失理论的案件是 Dillon 案，该案的受害人从桥梁上摔落下来，在落地的途中触到被告的电线而触电身亡。受害人的父母起诉至法院，要求电力公司承担赔偿责任，电力公司则抗辩认为，受害人即使不触电，亦可能摔死或摔成重伤，拒绝赔偿。法院认定电力公司有过失，并要求其赔偿受害人在触电时刻的生命价值，即其未触电而可能生存之生存机会丧失的价值。在理论上，Joseph H. King 于 1981 年提出了机会丧失理论（loss of chance doctrine），认为传统因果关系之全有或全无原则过于武断，破坏了侵权责任法的预防及损害分散目的，全有全无原则模糊了问题的角度，混淆了因果关系问题及损害本质问题、损害评价问题。认为机会丧失本身即为一种可赔偿的利益，受害人必须按照优势证据原则证明被告侵权行为造成其获得更好结果之机会丧失或降低，至于被告应负担之损害赔偿责任，则为丧失的机会比例乘以原本可以获得之好结果之价值。此后的案件大多采用生存机会丧失理论，如在 Roberts vs Ohio Permanente Medical Group，Inc 案件中，受害人罹患肺癌，其治愈生存的机会仅为 28%，后因医生的不当诊疗而死亡。俄亥俄州最高法院即认为："这是放弃以往遵守的传统严格观念的时候，也是加入多数州采纳机会丧失理论的时候。患者在向医疗专业人员寻求医疗救助时，有权期待获得适当照顾，因医疗人员的过失降低其生存机会时，应获得赔偿。"就如何评估这一机会的价值，有不同意见：一是 King 主张的比例赔偿说，即以受害人损害乘以丧失的机会比例计算赔偿金；二是 Smith 提出的法官自由裁量说，即由法官根据案件的实际情况酌定赔偿额。比较这两种学说，前者为法官提供了一个客观的判断标准，因而获得了较多的支持。其实务与理论之所以较为广泛地采纳了机会损失理论，源于：第一，机会本身具有价值。在日常生活中有形客体居多，在某些情况，即使只是某种取得更好结果或避免伤害之可能性，人们还是会认定为它具有金钱价值，而愿意用金钱去交换它。如癌症末期病患，只有 30% 的存活机会，证据不足的法律上请求，起诉后大约只有 40% 的胜诉机会。就前者，生命是无价，没有人认为对其无需给予法律保护；后者只要有胜诉机会，都会造就对方出钱和解的动力。第二，在举证困难的案例中，促进公平。原告并没有任何过失，因缺乏相关专业知识以及医疗过程中涉及太多不确定的因素，以致于无法证明其伤害或残疾结果系由被告之过失医疗行为所导致。允许受害人将机会丧失作为起诉原因，可减轻受害人的举证责任。第三，有助于实现侵权责任法损害填补、预防的目的。在诸如医疗过失使得多数受害人处于相同的危险之中的重复性错误中，如果坚守要求受害人证明过失行为与损害结果之间的关系，将使得诸多受害人因无法证明因果关系而无法获得救济，既不利于填补受害人的损失，亦不利于预防损害的发生。

（2）法国机会丧失理论：法国的实务与理论自始就承认机会本身具有价值，认定机会丧失（perte dune chance，Verlust einer Chance）自身即为损害，将其作为与通过机会可获得的利益丧失之最终损害，相独立的、可赔偿的、确实的中间损害。其认为虽然机会是否实现具有或然性，但机会丧失具有终局性、确定性，构成一种确定的损害。法国最高法院早在 1889 年 7 月 17 日判决的律师导致胜诉机会丧失的案件中，就肯定了对机会损失的赔偿。其后的司法实践广泛地授予对机会损失的赔偿，其肯认的机会包括取得一定地位、资格的机会，疾病治愈的机会及胜诉机会等。在因为代理人、律师及执行法官的过错导致受害人无法行使自己的权利而丧失相当程度的胜诉机会时，受害人可以要求对方赔偿自己的损失。在因第三人的过失导致受害人无法参加资格考试、入学考试时，可根据受害人过去的成绩或经历，授予机会损失赔偿。在因为行为人的过失导致受害人就业、升职机会丧失时，最高法院亦认可对机会损失的赔偿。机会损失在医疗责任案件中的适用，始于格勒诺布尔上诉法院在 1961 年 10 月 24 日作出的判决。在该案中，受害人的手腕受伤而接受 X 光检查，在经检查并未发现任何断裂后立即恢复正常活动。但数年后，受害人在搬运重物时感到疼痛，经检查，发现了在最初发生事故时通过 X 光即可发现的没有错位的骨折。受害人遂起诉当时误看 X 光片的医生，要求其赔偿损失。格勒诺布尔法院认为，如果当初正确诊断，进行适当的治疗，可避免假性关节炎造成的手腕持续性疲软，医生的过失行为已明确剥夺了受害人本享有的治愈机会，应承担损害赔偿责任。两年后，最高法院的第一民事法庭正式认可了治愈机会损失的概念，并依此作出判决。在其随后审理的案件中，尽管并未确定医疗过失行为与受害人死亡结果之间的因果关系，但认定医疗过失行为已经剥夺了受害人生存的机会，相应地判决医疗机构承担赔偿责任。随后，机会损失理论被法院在医疗责任中广泛地适用。机会损失赔偿额，并非机会在实现时可获得的利益，而是依机会实现的可能性计算的价值。在实务上，法官依据鉴定人的意见、利用统计学方法和各种统计的数据对机会的价值进行评价。正因为对机会损失理论的广泛认可，其 2005 年民法修正草案第 1346 条对机会丧失规则做了明确规定：“机会丧失也构成可以赔偿的损害，其不等同于该机会实现可能带来的利益。”

在理论上，机会损失理论亦获得广泛的认可，如早在 20 世纪，学者即认为：“一种将来可能运用到的资源或能够谋利的机会被剥夺，构成一种确定的损害。”当下主流的观点亦认为：“若该实现盈利或避免损失的机会是可靠的，则其被剥夺的事实构成一个可赔偿的损害，人们可以将它理解为有利之或然性的确定丧失。”

其之所以认可机会损失，有两个原因：①《法国民法典》第1382条采取宽泛的保护模式，其未限定侵权责任法的保护对象，一切具有价值之利益均可纳入保护范畴，为此，对于具有价值之机会当然属于其保护的对象。在受害人证明侵权行为造成自己机会丧失时，即可以依据第1382条的规定，要求侵权人赔偿自己的损失。②学者就机会损失理论适用于医疗损害案件，以部分因果关系进行补充的解释。除前述关于支持机会损失理论的一般理由之外，学者就机会损失理论在医疗损害案件中的适用，还进行了特别的解释。在因过失治疗行为导致治愈机会丧失而发生损害时，受害人难以证明过失治疗行为与损害之间的因果关系。对此，Jacques Boré 在一般的条件因果关系理论和充足因果关系之外提出了部分因果关系理论。其认为，就某些外部因素产生可能作用力而导致损害的案件，可以根据其导致损害的可能性，确定部分因果关系。依据统计的数据等，对责任事实与损害之间的部分因果关系认定是客观的，如就某一疾病的统计数据显示，1000位患者有500位可以康复，法官可以从科学的角度认定受害人50%的治愈机会，相应地，认为医疗过失导致损害的可能性为50%，这一推理是客观的、科学的、没有怀疑的。如此，受害人可以依据部分原因的比例，要求侵权人承担相应的赔偿责任。Vacarie 就适用机会损失理论克服因果关系认定困境，形象地称之为将为“所罗门正义”提供位置。Dolivet 认为虽然将机会损失理论适用于医疗损害案件中，会面临逃避对医疗过失行为与损害结果之间的因果关系认定，但是因因果关系的不确定性，这一理论是有必要的。即使承认存在前述缺陷，其亦是较小的恶，相反，如果不采用这一理论，则会引起更严重的问题。但是亦有学者提出质疑的意见，如 Savatie 在医疗损害案件中，并没有遇到真正的机会损失问题，其实质是法官对受害人的命运将来如何发展的无法确定的认知。在前述一般的机会损失中，因为机会已经失去，其将来究竟如何，无法确定，如导致受害人无法参加比赛，受害人参加比赛能否获奖已成为不可能知悉的情事。而在过失医疗损害案件中，当最终的损害已经发生时，机会损失的分析已不再适当或必要，应当适用传统因果关系和损害规则，依据个案不同情形授予受害人完全赔偿或完全不授予赔偿。这正如奖券在已被抽出后因他人过失而丢失时，导致机会丧失的原因是抽奖，而非其后丢失的行为。

（3）德国法上的探讨：与《法国民法典》相反，《德国民法典》第823条对受保护的法益采取列举式规定，其难以将机会作为一类独立的保护对象，其在医疗纠纷案件中，通过因果关系的推定或举证责任的导致减轻受害人的举证责任。在理论上，就是否引入机会损失理论，学者们则发生意见分歧，Jansen、Fleischer等人认为应引入机会损失理论，Stoll等人则认为机会损失理论与德国侵权责任法相互冲突，不可采纳。

①赞成者主要试图从以下几种理论为机会损失救济提供支撑。A. 从损害的角度进行探讨。如斯托伊（Stoy）在以机会丧失为探讨对象的博士论文中，从损害的角度就机会损失进行了探讨。其认为，在德国，非财产损害的赔偿受到严格限制，所以欲为机会丧失提供救济，只可能在明晰其经济价值、构成财产上损害时。就获得一定利益的机会，斯托伊认为其是为增加财产的目的而投入费用或劳务，如为成为律师取得高收入而勤奋学习、接受专业教育，就该机会的获得，受害人付出了艰辛或成本，具有经济价值，构成财产损害，受害人应就这一机会损失获得救济。但就医疗过失导致治愈机会丧失的案件，其认为治愈机会并不蕴含为增加财产的目的而投入费用或劳务，而是生命或健康本身的非财产价值，构成非财产损害，而在德国法的框架下，就财产损害的赔偿采严格的限制，这一机会丧失无法获得救济。B. 认为机会是可救济的法益。如詹森从政策性理论的角度，认为应将其作为可救济的法益。例如，假设甲突然心跳停止，若此时立即接受治疗，有80%获救的可能性。然而，在甲被送往医院的途中，因乙开车撞上救护车，使得救护车迟延10分钟到达医院。此时，甲获救可能性降到了40%。后又因内科医生丙的过失致使治疗慢了10分钟，甲获救可能性降为零。传统的立场认为，即使没有丙的过失，甲获救可能性亦只有40%，受害人亲属要证明丙的过失行为和甲的死亡之间有因果关系，是很困难的。詹森认为，在没有证据或对事实关系有争议时，以举证责任解决纠纷是妥当的，但在该案中，抢救迟延与死亡结果的事实关联性是明确的，以举证责任解决纠纷并不合理。其并不是事实问题，而是规范的问题，应依机会丧失理论处理。其认为，在德国法上，关于机会丧失问题

最古典的案例是剥夺缔结有利合同的机会，这一损失依据《德国民法典》第 252 条的规定及《民事诉讼法》第 287 条的适用，可以获得救济。但是，其是损失计算的责任充足的问题，与之不同，治愈机会的丧失是责任设定的问题，不可以民法典第 249 条关于损害赔偿范围的一般规定加以解决。因此，应否认可机会丧失是一种损害，是法政策的问题。其认为，在宪法保障的基本权——生命及身体的完整性——面临危险的情形下，私法必须为其提供保护。而对治愈机会的保护，是实现这一目的不可缺少的东西，因为受害人的生命和身体“除可能性之外再无其他可以失去的东西”。另外，就前述案件，詹森明确区分了危险的增加与机会的丧失。其指出，当身处公共道路交通中，自己或他人的人身均处于日常生活危险之中，乙的过失行为仅仅增加了甲的风险，增加的风险并不构成损害，乙无需承担责任，与此相对，导致机会的丧失则属于回复的损害，丙剥夺了治愈的可能性，医疗机构应承担赔偿责任。C. 有学者从法经济分析的角度，认为侵权人应依因果关系盖然性承担责任。（a）舍费尔（Schaefer）从比例责任的效率性的角度，认为侵权人应按照机会获益的可能性承担比例责任。其以一则案例为探讨对象，在该案中，被告举办了一次建筑设计比赛，原告在截止日前提交了设计方案，但主办方过失而未受理。其认为，从法经济分析的角度：首先，在这一案件中，若要求主办方赔偿原告全部奖金的损失，则会使得主办方就每一可能的参赛者都负担避免损害的注意义务，会导致过剩的责任、要求过剩的注意，使得主办方举办活动的水准受不良影响并使得民事主体都尽量不策划比赛。相反，在损害是否发生无法百分百肯定但已证明因果关系高度盖然性的场合，不能否定损害赔偿责任，否则会导致主办方完全不履行注意义务，并且可能会导致舞弊。就此，应依因果关系的盖然性确定的比例责任更为可取，由主办方按原告获得奖金的可能性，赔偿其损失。这样的解决方法将使得，真正的受害人并不会获得比其更少的赔偿。亦不会使得其获得本不应该获得的赔偿。并且，如此可使得加害人更有效率地履行注意义务，如初赛时与决赛时，机会价值不同，履行注意义务的程度亦随之不同。（b）瓦格纳（Wagner）的比例责任论。与前述单纯的案例不同，过失治疗案件中的机会丧失问题更为复杂，其涉及患者个体的差异、医疗水准、损害是否可回避等一系列问题。其假设，在没有治疗过失时，10人中有4人最终患病，6人康复；在有治疗过失时，10人中有7人最终患病，3人康复。倘若在这一案例中，可以确定过失治疗行为导致哪3个人最终患病，该3人应当获得全部的赔偿，剩下的4人不可以请求赔偿。但在医疗过失案件中，通常这3个人并不能确定。于是，可以考虑以下“与失去治愈可能性相对应的比例责任”“与增加的损害相对应的比例责任”“对所有患者承担的比例责任”三种可能的比例责任承担方式。第一，生病的7人，若没有医疗过失，均有60%回复健康的概率，7人各自可以请求该损害的60%的赔偿。这一结论，亦可解释为，假设患者为100人，其中70人生病，另外，这70人中的60%的人，即使不接受治疗亦会康复，那么接受过失治疗导致生病的概率是42%（0.7×0.6），生病的70人中的42人是因为医疗过失而生病的。如果这42人可以确定，该42人可以获得全部的损害赔偿，另外的28人不可以主张任何赔偿，如不能确定，这70人可以主张70分之42（60%）的赔偿。以上的比例责任，得出与机会丧失理论相同的结果，瓦格纳称之为“与失去治愈可能性相对应的比例责任”。第二，在上述案例中，在没有过失医疗时，10位患者中，4人会生病。与此相对，在接受过失治疗时，10位患者中的7人会生病。因此，过失医疗新增3人损害，医疗机构就其新增的损害，应负担赔偿责任。在这3人无法确定的情形下，应在生病的7人中分配。亦即，医生应对这7人所受损害的7分之3（43%）负担赔偿责任，瓦格纳称之为“与新增损害相对应的比例责任”。第三，这一新增的损害，并非在实际生病的7人中分配，而是在接受过失治疗的10位患者中分配。由此，医疗机构应对每位患者承担10分之3（30%）的比例责任，瓦格纳称之为“对所有患者承担的比例责任”。就这三类比例责任，与失去治愈可能性相应的比例责任，最为可取：第一，对所有患者承担的比例责任，将导致实际上遭受损害的受害人无法获得充分的救济。第二，医疗机构按与治愈可能性相对应的比例责任承担责任的总赔偿额，较之按与追加的损害相对应的比例责任承担责任的总赔偿额要多。前者共需赔偿4.2（7×0.6）位全部患者赔偿额的损失；后者仅赔偿3位新增患者的损失。之所以如此，在于：一方面，若没有过失治疗行为而康复、后因过失治疗行为而生病者的比例是 42%（0.6×0.7）。另一方面，若没有过失治疗行为而生病、后因过失治疗而康复者的比例是 12%（0.4×0.3）。以 10 人的患者团体考量，前者 4.2 人与后者 1.2 人相差 3 人，与新增患者的人数一致。亦即，问题在于应否从因过失治疗行为而患病的 4.2 人中，扣除应过失治疗行为而康复的 1.2 人。就此，不应扣除，因为在侵权行为使第三者获益时，不应就受害人的损害与第三人的获益适用损益相抵规则。其认为就法条依据而言，确定比例责任的条文是《德国民事诉讼法》第 287 条，依据该条规定，在当事人对损害是否发生、损害发生的程度及应赔偿的利益发生争议时，法官应根据案件的所有情事自由裁量予以决定。

②德国的大多学者从德国法的实证规则出发，认为不可就机会损失授予比例赔偿。A. 斯托尔认为，在对法益进行具体列举的德国法中，难以将治愈机会作为独立的法益，只可以违反保护性法律为机会损失提供救济。首先，依据法国侵权责任一般条款，治愈机会作为法益，不存在任何障害。而在对权利进行个别列举规定的德国法的解释论上，机会损失不能作为一种独立的法益加以考量，只可作为一种归责形态，从医疗机构实体法义务的角度进行探讨。其次，其认为，当患者处于迫在眉睫的危险时，医疗机构应负担采取与之相适应基本治疗措施的义务，医疗机构未能采取相应的医疗措施，即应对由此导致的机会丧失，承担赔偿责任。就可为何种程度的机会提供救济，亦应从实体法上进行回答，患者迫在眉睫的危险性越大，克服该危险的措施越简单，对患者予以救济的可能性就越高，在患者处在异常的迫在眉睫的危险、采取简单措施即可克服该危险时，即使导致微弱的治愈机会丧失，医疗机构亦应承担赔偿责任。而就其损害赔偿数额，斯托尔认为即使没有医疗机构的过失，损害亦可能发生，医疗机构的过失行为将受害人从一般生活上的危险中解放出来，因此，对这种利益需进行损益相抵。B. 瓦格纳在 2006 年第 66 届德国法律人大会及同年的卡尔斯鲁厄论坛中提出其前述的比例责任观点，遭到与会者的激烈批评。（a）梅迪库斯认为，医学上的可能性会伴随时间的经过而发生变化。因此，即使存在有关可能性的数据，亦需每年更新。这样，瓦格纳重视经济分析的观点并不会产生好的结果。因为伴随诉讼的发展，当事人会选择对自己有利的数据，并由此对纠纷的和解产生不利的影响。另外，

比例责任观点认为，按现行法无损害赔偿请求权的仅有20%治愈可能性的患者，亦可以请求赔偿损害的20%，会带来增加诉讼的可能。（b）穆勒认为，依据现行法，当加害行为是损害的唯一原因，受害人无共同过失时，侵权人应承担全部赔偿责任。因此，在有高度治愈可能性而可认可医疗过失行为与损害之间的因果关系时，考虑受害人的病状减责，是不可能的。依据《德国民事诉讼法》287条的规定确定比例责任，缺乏实体法的依据。（c）托比兹（Taupitz）认为，德国侵权责任法以侵害法益为侵权责任构成要件，但依瓦格纳的模型，导致法益价值的降低就肯定责任，并不妥当。

（4）机会丧失之赔偿思路。就导致获得一定经济利益的可能性丧失案件，应如同法国那样采取机会丧失理论，因为此时行为与机会损失之间的因果关系是明确的，其问题不过是对机会损失的损失数额的评价。但在导致治愈机会丧失的案例中，无论因果关系认定路径抑或机会丧失解决方式，均有缺陷。前一方式的不足，已在对美国实践的梳理部分进行了阐述，后一解决路径亦并没有像学者所想象的那般美好：①其从加权的角度实现了统计学上的总体平衡，但是并未考虑具体受害人的个人因素、实际病情，会导致个案不公。例如，假设受害人原本存活机会为40%，那么在100位病患中，会有40个人将最终治愈而存活，该40个人的亲属，本应享有全部的损害赔偿请求权，而非仅为40%的损害赔偿请求权。②其忽视了量变与质变的关系。当受害人具有90%治愈可能性时，其心理压力较小、康复可能性非常大，而当治愈可能性降低到49%的时候，康复的可能性已经不大了。而按机会丧失理论，依据机会差额计算损害赔偿额的算定方法，将过失治疗导致受害人治愈机会从90%降到60%，与过失治疗导致受害人治愈机会从40%降到10%同样对待，是不公平的。为此，应区分50%以上的机会丧失及50%以下的机会丧失。

①相当因果关系的认定。就受害人生存机会在50%以上的案件，可直接适用相当因果关系的判断，认定侵权行为与最终损害结果之间的因果关系，要求侵权人就受害人的最终损害结果，承担全部损害赔偿责任。有学者对此提出质疑，认为若侵权人仅引起受害人95%生存机会的丧失，责令其承担100%的损害赔

偿责任，将造成过度赔偿，与损害填补原则不符，这一反驳，难能成立：第一，机会丧失理论系旨在补救传统因果关系应对路径不足之补充解决方式，非在于代替传统因果关系解决路径，在受害人亲属能证明受害人原本存活机会超过50%，从而依据盖然性因果关系认定方法，认定侵权行为与受害人损害之间的因果关系时，并无适用机会丧失理论之必要，如此，亦可实现侵权责任法的损害填补目的。第二，要求受害人证明侵权行为与发生损害之必然因果关系是不可能完成的，受害人的治愈机会无法绝对正确地评估与鉴定，专业机构经统计所给出的治愈机会比例，亦不可能是其从数以百千计的绝对相同案件中统计出的比例，而是依据其出于经验性判断认定治愈的可能性。第三，即使就生存机会并非非常高的机会丧失，虽然受害人无法非常优势地证明其治愈的可能性，但因侵权人的行为导致了机会丧失、剥夺了受害人的治愈机会，侵权人不能因为自己过失行为导致的受害人无法证明不确定性而获益，此时，应只有受害人证明其治愈之机会超过50%，侵权人应就最终结果承担全部赔偿责任。

②机会丧失的赔偿。在受害人治愈机会低于50%的时候，可适用机会丧失理论，将生存机会损失的本身作为一种损害。要求侵权人赔偿生存机会损失之依据有三：第一，治愈机会本身就是一种利益，侵权人剥夺了受害人的治愈机会就必须赔偿该机会损失，使受害人回复至如同侵权行为未发生的状态，不能仅仅因为受害人无法证明侵权行为与最终损害结果之间的因果关系而免除侵权人的责任。第二，治愈机会属于对未来继续生存或恢复健康的期待，应为人格完整及人身不可侵犯性等概念所涵盖。侵权人剥夺受害人对继续生存之期待，导致受害人的健康恶化，亦可认为其侵害受害人的身体权或健康权，应承担侵权责任。第三，受害人享有获得相当医疗水准治疗之期待。在医疗机构为患者提供治疗时，患者享有获得适当治疗之期待，在医疗机构未提供与之相适的诊疗时，虽然不能证明过失治疗行为与损害之间的因果关系，但是医疗机构侵害了患者获得医疗机构相当医疗水准诊疗之期待权，亦应承担赔偿责任。因为将损害界定为受害人的机会丧失，故就机会损失之赔偿额，应以依最终损害计算出的赔偿额乘以受害人治愈可能性予以确定。

（二）间接受害人之损害

1. 间接受害人损害的三种类型

欲探讨就间接受害人的损害是否授予救济，必须首先对间接受害人之内涵与外延有清晰的认识。而我国学者关注于对其进行如何定义，是徒劳无功、毫无意义的。欲指导实践、对解决问题有所裨益，正确的道路应是对间接受害人的损害有清晰的类型化的认识。对此，其包括以下三种类型：（1）不真正间接受害人遭受的损害，如在直接受害人生命权受侵害时，其近亲属支付医疗费、护理费用、丧失本可获得的扶养费等。从表象上，这些均是间接受害人遭受的损害，但其实际上是直接被害者所遭受的损害，为此称之不真正间接受害人遭受的损害。就这些损失，间接受害人当然可以向侵权人请求赔偿。就医疗费、护理费用，系受害人的固有利益损失，不过是由间接受害人支付而已，间接受害人可以类推代位权的规定而请求侵权人赔付，我国《侵权责任法》第 18 条第 2 款亦明确规定，“被侵权人死亡的，支付被侵权人医疗费、丧葬费等合理费用的人有权请求侵权人赔偿费用”。而就死亡赔偿金，其系近亲属本可从直接受害人处获得的利益支持的丧失，实质由直接受害人的损害转换而来。（2）定型的附随损害。侵权行为在给直接受害人造成损害时，常常给固定的一定范围的第三人造成损害，主要为因直接受害人的死亡，其近亲属所遭受的精神损害。就此类定型的附随损害，亦应获得救济，因为：第一，具有可预见性，且满足相当因果关系之判断标准。第二，其范围是确定的，并不会导致对不特定的人遭受损害。但其与前述不真正间接受害人遭受的损害不同，此类损害是间接受害人自己遭受的损害，其行使的赔偿请求权亦是间接受害人基于自己遭受的损害而对侵权行为人所享有的赔偿请求权。（3）狭义的间接受害人所遭受的损害：是指在个案中出现的第三人因直接受害人的损害而衍生遭受的损害。例如，第三人因目睹受害人遭受侵害的场景而发生震惊损害，与直接受害人具有一定的合同关系的第三人因受害人遭受的损害而随之产生的损害，如雇主因雇员遭受损害而停业或业绩下降。日本学界将狭义间接受害人损害分为近亲属损害和企业损害。此类损害的发生具有或然性，并非具有一般的可预见性，亦是对间接受害人之损害应否授予救济进行探讨的问题点所在。

2. 狭义间接受害人之损害救济

（1）对于狭义间接受害人应否获得救济的判断，属于因果关系问题：因直接受害人的损害而给第三人连锁带来的衍生损害是否应获得救济，并不属于保护范围的问题，而是因果关系的判断问题。如甲致乙死亡，随之使得乙的雇主停业、舞伴因此而无收入、合伙人生意受阻；甲毁损桥墩，同时导致铁路营运的延误、停运的火车上的乘客因等候和转运而蒙受损失、乘客未能与第三人签约蒙受商业利润损失。在侵权行为导致人身或财产权益损害时，因直接被侵害的人身、财产处于社会生活关系之中，成为日常生活关系锁链的一环，随之会导致以该标的为中心点所建构的网络的毁损。这个网络可以做无限制的扩展，"受害人—与受害人、被侵害人有关联的第三人—与第三人有关联的第三人"。因此，其要解决的问题是如何确定法律上因果关系的问题，以合理的判断标准斩断因果关系锁链。对此，虽然各法域或比较法研究未将损害做清晰的分类，但是其亦意识到在某些时候，因果关系将在判断损害应否获得救济中起到至关重要的作用，如就前述的毁损桥墩案件，巴尔教授认为，越靠前、因果关系较近的损失，就越可能获得救济，越靠后、因果关系较远的损失获赔的可能性越小。在同样的船舶撞坏了铁路公司桥梁的案件中，丹麦西部高等法院判决船主当然必须赔偿桥梁的维修费用，但对于其他船在这5天修理期间不能从桥下通过而导致的损失，法院认为是"非直接的"因而不能获得赔偿，其应通过法律因果关系的认定作为是否给损害提供救济的标准。PETL的注释文本同样总结认为，应通过判断行为与损害的因果关系是否密切，来确定损害是否属法律上可赔偿的范围。

（2）对除与直接受害人具有身份关系的间接受害人，不提供救济。①对与直接受害人具有身份关系的间接受害：第一，范围的确定性。因为受害人的近亲属的范围是确定的，对这一损害的赔偿，并不会导致对不特定的人遭受损害。第二，生活关切性。因间接受害人与直接受害人生活的密切相关，其基于对直接受害人的关切、情感及生活关联，往往伴随直接受害人的损害而遭受，对间接受害人遭受损害是可预见的，对间接受害人授予损害赔偿亦是对生活事实的尊重、公平的。

如德国，在听到配偶死亡时，受害人发生休克，在可救济的损害考虑范围之内。但是，要求侵权人对间接受害人承担赔偿责任，必须满足相当因果关系的认定。②对与直接受害人毫无关联的第三人或基于与直接受害人的合同关系而遭受损害的间接受害人：第一，若要求侵权人承担责任，将会导致水闸效益，使行为人负担过重的赔偿责任。一方面，会引发诉讼爆炸而导致法院的运作陷入瘫痪；另一方面，也会严重妨碍行为自由，使得人们动辄得咎。如计划举行某次音乐会的某个男高音，由于受到第三人的伤害而不能参加音乐会，导致该音乐会被取消。当然，该歌手遭受了一笔收入损失，但同样，他的钢琴伴奏师及所有期望从音乐会中获益的其他人，如经理、服装裁缝、餐饮店老板、勤杂女工、戏票销售者等等，都同样受到了损失。如果他们都有权请求加害人赔偿，那么可能会导致“不可计数的人有权获偿”，并引发“无限的风险”，并最终产生一笔巨额赔偿额。第二，间接受害人往往因为合同关系而与直接受害人而有关联。那么，侵权人实质上侵害的是间接受害人的债权，按照大陆法系的通说，区分侵害绝对权与侵害相对权，仅在故意以违背善良风俗的方法侵害他人债权时，方可获得救济。

3. 对纯经济损失的回应

纯经济损失这一概念的存在意义仅限于对损害进行表象性的描述，对解决问题，没有任何实质性的意义，而且作为描述性概念，其存在亦只会徒增分歧。如就纯经济损失，理论探讨常常列举的两个案例：一是电缆案件，甲挖断乙的电缆，从而导致使用乙电缆供电的丙公司停业受损；二是律师导致遗嘱无效案件，甲律师受乙委托为其立遗嘱，后因程序瑕疵导致遗嘱无效，使本可依遗嘱继承的丙丧失继承利益。与此相类似的另一个常被示例的案件是，甲向乙借款，乙为了解的甲清偿能力及信誉，而向甲的开户银行询问甲的信誉状况，银行出具不实证明，乙无法回收借款而遭受损失。就此：（1）电缆案与堵车案件有何不同？甲挖断了乙的电缆，导致使用该电缆的丙无法用电而遭受损失，同样，甲引发交通事故或将道路的桥墩撞断，使得丙因此而无法通行而错失签约机会，或者使得送往医院抢救途中的丙因此而丧失救治的机会，这两者又有何不同？倘若后一情形亦可称之为纯经济损失，诸如甲导致乙受伤入院，因乙是公司核心技术人员，公司因此而停产歇业，似亦可纳入其中，那么纯经济损失和广义的损害又有什么区别？(2)电缆案件与律师导致遗嘱无效、银行出具不实信息案件又有多少相似性？果如学者所言，纯经济损失的难点在于，其将会使行为人面临对不特定的人承担不特定责任的风险，犹如卡多佐在Ultramates案中所述的“水闸理论”，“如果因为轻率、不假思索之失误，未能从表面现象中发现真实，就课以过失侵权行为责任，将会使会计师面临在不特定的时间中，对不特定人员负不特定责任之危险”。这一问题仅在电缆案件中存在，在律师导致遗嘱无效、银行出具不实信息案件的案件中并不存在，后者的损害对象是特定的、损失数额大小均是特定的，并且行为人对此均是可以预见的。如果说“不特定人、不特定责任”是纯经济损失的必要性，那么后述两个案件与此又有何关联性？并且，果如学者所言，纯经济损失与造成损害的原因之间的因果关系过于遥远，其存在盖然性的因果关系认定问题，在后述两个案件亦并不存在。同样，所谓行为人对损害结果的发生不具有可预见性，要求行为人对损害承担责任将导致其承担过重责任、限制其行为自由之观点，在前述两个案件中均不存在。（3）纯经济损失这一大杂烩概念将导致本来清晰的问题复杂化，如德国法与英美法特别是美国法均有纯经济损失的表述，但是两者的内涵与外延根本就不相同，德国法上的纯经济损失系与其第823条区分保护规则相对应的具有特定内涵的概念，而英美法中的纯经济损失则是一个纯描述性概念术语，其包括不正当竞争乃至侵害知识产权造成的损失，《侵权法重述（第二版）》包括多种仅导致经济损失的类型总结，但与德国法上的纯经济损失并不相同。我国学者受之误导，将两个法域本不同的内容融合在一起，如将违反保护竞争或者消费者的竞争法导致的损失、违反反垄断法相关规定导致的损失、其他严重侵害企业正常经营活动导致的损失，均纳入纯经济损失范畴予以探讨，其不过是侵害无法类型化的技术障碍性权益所导致的损害，当然可获得救济，将其纳入纯经济损失之中，只会徒增困惑，使得清晰的问题复杂化。（4）就对纯经济损失这一描述性概念所囊括的各类损害是否应授予救济，还是应回归至前述的可救济损害判断路径予以具体的认定。首先，将故意侵权排除在外，但如前述，故意仅指对导致受害人所主张救济的损害结果存在故意。然后，就过失导致损害，分为两种情形，一是直接损害，此类损害典型如律师导致遗嘱无效案、出具虚假信息案。在前述两个案件中，因遗嘱无效而丧失本可获得继承利益的继承人，是该遗嘱无效的直接受害人，遗嘱无效直接损害的就是继承人的继承利益；同样，在出具虚假信息案件中，虚假信息损害的就是接受信息者。为此，就此直接损害，受害人可以主张救济。二是间接受害人因直接受害人的损害而遭受的衍生损害，如损害电缆案件。挖断电缆直接损害的电缆所有人的财产权，使用电缆者系因电缆毁损而随之遭受衍生的损害，就此类损害，如前述就狭义间接受害人部分所述，一则因为若对其授予救济，将会使得行为人面对不特定的人、不特定的损害承担责任；二则因为此时间接受害人系基于与直接受害人的合同关系而遭受损害，行为人实际是侵害了直接受害人与间接受害人合同关系的履行，对此在行为人非故意时，一般不应获救济。而学者就纯经济损失探讨的结果，如前述结论基本相同，如张新宝教授将纯经济损失分为反射损失（即因此前损失进而反射发生的损失，典型的例证是电缆案件）、转移的损失（在基于法定或约定原因，原本应由初始受害人承担的损失被移转至次级受害人承担，如甲公司的原告因侵权人的侵害而在 3 个月里失去了工作能力，甲公司依劳动法仍须向雇员支付工资）、因公共设施损害而发生的损失（如道路交通肇事堵塞）、基于对特定信息披露内容的信赖而发生的损失（如审计事务提供不真实的审计报告、银行对特定机构的错误评级，导致受害人的决策）、因专业服务或者建议信赖发生的损失（律师未尽职责导致遗嘱无效，前单位的推荐信贬低了员工的工作能力使其未能获工作机会）。第 1、3 类属于间接受害人遭受的衍生性损害；第 2 类实非损害可否获救济的问题，而是后文所述的损益相抵问题，就雇主继续支付的工资，若适用广义的损益相抵规则，则雇主可向侵权人行使代位权，若不适用广义的损益相抵规则，而适用多重资源规则，受害人既可以继续受领工资，亦可以要求侵权人赔偿。第 4、5 类属于直接损害。对此，第 1、3 类受害人不可以主张救济，而 4、5 类受害人则可要求侵权人赔偿损失。依前文可救济损害判断路径得出的结论，与张新宝教授认可的可授予例外救济情形的梳理，基本相同。

四、责任范围之可救济损害

在认定侵权人应对受害人的某一损害承担责任之后，进而需明确侵权人应对受害人因此而产生的哪些损失（损害）承担赔偿责任？如甲驾车误伤乙，使得乙为此支付了医疗费、产生误工损失，并因此而不能看心爱的乐团表演、参加单位组织的出国旅游，后乙又因无法接受因事故落下残疾的事实而抑郁自杀身亡，就此，甲应就乙的哪些损害承担赔偿责任？再如甲开车撞毁乙的汽车，使得乙为此花费了维修费用，并在汽车送修期间租赁了一辆车而花去了若干租赁费，甲应否赔偿乙的租赁费用？而这是被我国学者所忽视的问题。既有立法仅对人身损害赔偿项目进行了列举性的规定，仅有理论亦相应地仅就人身损害赔偿项目进行了探讨，缺乏对责任范围基本理论的认知与研究，更缺乏关于责任范围的一般规定。

（一）确定责任范围的路径

1. 德国以两方面的区分为线索，明晰侵权损害赔偿范围问题。（1）区分现实损害、结果损害和第二次现实损害。现实损害是侵权行为导致受害人法益现实所遭受的损害，如身体或健康的受损、物的毁损或物的使用遭受剥夺或遭遇障碍，其系成立侵权行为损害赔偿责任之基础。结果损害是因第一次现实损害所导致的具体损失，包括被害法益本身价值的减少或因回复本来面貌之需所应付出之费用，以及因法益本身所遭受的现实损害进一步所衍生出的财产损失，如乙因伤而支付的医疗费用等，后者如乙因此两个月不能上班而遭受误工损失，其是对因现实损害而产生的损失数额的计算。第二次现实损害是与第一次现实损害结果在性质上不同的其他的现实损害，乙受伤后嗅觉出现严重障碍，误食了发霉过期的食物，造成腹泻。（2）区分属于责任成立构成要件部分的“责任成立因果关系”（Haftungsbegruendung Kausalitaet）与属于法律效果部分的“责任足现的因果关系”（Haftungsausfuellung Kausalitaet）。前者是认定行为人的行为与受害人现实损害之间的因果关系，依此一般地在行为人和权利人之间合理地划定权利保护与行为自由的界限；后者则是在已经确定侵权人对某一受害人的现实损害应当承担赔偿责任之后，明晰侵权行为与受害人结果损害、第二次损害之间的因果关系，其主要系探讨责任客体的问题，亦即损害赔偿的法律效果到底要伴随因果关系的蔓延展开到何种程度？其不再是一般地划定行为自由和权利保护的界限，而是就具体所发生的各项损害，如何在侵权人和受害人间做出一个适当而合理的分配。与此相对应，第一次现实损害在“责任成立的因果关系”上系抽象的存在，无需关注其范围和大小，只要满足责任成立的构成要件即可；在“责任足现的因果关系”阶段，重点系在于法律效果的开展，亦即损害及赔偿额的确定，必须关注结果损害的具体范围与大小。

2. 与德国区分“现实损害、结果损害、第二次现实损害”不同，日本的实务与理论，将后两者置于一起分析，并将其界定为损害赔偿范围问题。就如何确定损害赔偿范围，在理论上有广泛的争议：

（1）“《日本民法典》第416条等同于相当因果关系”的早期学说。《日本民法典》关于侵权损害赔偿范围没有作明文规定，仅416条就违约损害赔偿范围进行了规定:“损害赔偿的请求,以赔偿因债务不履行而产生的通常损害为标的;虽因特别情事产生的损害，但当事人已预见或可以预见该情事时，债权人也可以请求赔偿。”面对立法规定的缺失，石坂音四郎引入德国的理论学说，认为损害赔偿旨在使受害人回复至如同侵权行为未发生时同一状态，故损害赔偿的范围由因果关系决定，只要认定了受害人的损害与侵权行为具有因果关系，侵权人即应承担赔偿责任，而就因果关系的判断，应采相当因果关系标准，即，依据一般的观察，可认定损害系行为的结果，即认定行为与损害之间具有因果关系。而第416条关于违约损害赔偿范围的规定，即以预见可能性为判断标准，因此，关于违约损害赔偿范围的规定同样适用于侵权损害赔偿。此后，鸠山秀夫亦主张依据相当因果关系的规定，作为确定侵权损害赔偿范围的标准，并同时第416条的规定就是采取了依相当因果关系确定损害赔偿范围的规定，这一关于违约责任的规定，同样适用于侵权损害赔偿范围的确定，第1款是对一般情形赔偿范围的规定，第2项是对损害赔偿范围的扩张。以富喜丸案件的判决为契机，相当因果关系及类推适用第416条的观点成为通说。在该案中，受害人的船舶富喜丸于1915年被侵权人的船舶大智丸撞沉，受害人提起诉讼，请求侵权人按照1917年船舶最高价格减去从保险公司取得保险金赔偿船舶的损害，同时请求侵权人赔偿自己在船舶碰撞前已和第三人签订的租船合同从沉没第二个月至同年12月月末为止的租船费，以及从1916年1月到1919年12月为止的租船费所带来的可得利益。大审院认为侵权损害赔偿可以类推第416条的规定，其认为，受害人利用其独特的技能、特别的设施、其他该物的特殊适用收益可得到异常利益的特别情形的场合，因侵权行妨碍该获益时，只要损害与侵权行为之间有因果关系，就应认可受害人的损害赔偿请求权。但是，如此，将会使得侵权人承担过于宽泛的、无限责任，与现实生活不符。一般观察，仅在认定的相当范围内让其承担责任，此外不课以责任是符合法理，符合民法第709条以下的规定的。因此民法第416条的规定不过是明确共同生活关系中的人的行为和其结果之间存在相当因果关系，其不仅限于适用于违约责任，同样可以类推适用于侵权责任损害赔偿范围的确定。物的通常使用利益的可得利益的丧失包含在因侵权行为产生的通常损害之中，但受害人因物的特殊使用收益失去可得利益的请求赔偿时，则应以《日本民法典》第416条第2款的规定为依据，必须举证证明侵权行为当时预见的将来确实可以得到的利益或者有可以预见的特别情形。为此，驳回了受害人关于租船租金的损害赔偿请求。此后，侵权行为亦应适用《日本民法典》第416条的相当因果关系说，不仅占据了学说上通说的地位，而且在判例上也得到认可，即以通常所生的损害为赔偿对象，因特别情事所生的损害仅在当事人可以预见时方获得赔偿。

（2）保护范围说。平井宜雄认为，将《日本民法典》第416条等同于相当因果关系，犯了显然的基本的错误，相当因果关系和第416条的机能完全不同。德国法就侵权损害赔偿采取完全赔偿原则，相当因果关系是完全赔偿原则指导下的损害赔偿法构造的结果。在完全赔偿原则之下，不问当事人有无预见的可能，不论是通常损害还是特别损害，只要认定损害与侵权行为之间的因果关系，侵权人即应完全赔偿该损失。而按条件说的因果关系，侵权人对其导致的所有损害都需要承担责任，为此以相当因果关系加以损害赔偿范围加以限制。而《日本民法典》第416条关于违约损害赔偿采取限制赔偿主义，以赔偿一般损害为原则，特别损害仅在责任人可预见时方可获得赔偿。为此，将第416条与相当因果关系相等同是错误的观点。平井宜雄为此提出了以“事实因果关系、保护范围、损害的金钱评价”代替因果关系分析工具的观点，其认为关于损害赔偿范围的确定，并非是因果关系的认定问题，而是政策性的价值判断问题，应以事实因果关系和政策性的价值判断代替相当因果关系。具体而言，在侵权人故意时，其应就与侵权行为具有事实因果关系的全部损害承担赔偿责任。在侵权人过失导致损害时，应依侵权人对受害人具体的损害是否有防范义务而予以确定，亦即引入“义务射程”的概念，以回避损害义务所及射程作为损害赔偿的范围，被侵害的利益越重要、行为导致的危险性越大，损害赔偿的范围亦就越广。

（3）预见可能性学说。清水兼男认为平井宜雄就第416与相当因果关系关系的分析是正确的，但是其排除预见可能性对损害赔偿范围的限制的做法，是不足取的。并且，其所主张的区分主观因素的政策性价值考量的做法将会导致司法的不统一。应类推第416条关于预见可能性的规定，以之作为确定损害赔偿范围的标准。

（4）危险性关联说。石田穰认为应区别“第一次损害”与“后续损害”。对侵权行为导致的第一次损害，只要侵权人有故意或过失，即应承担损害赔偿责任。损害赔偿范围仅解决第一次损害之后发生的后续损害救济问题，后续损害能否构成损害赔偿的对象，是已经成立的侵权行为责任涉及的范围问题，不能以故意、过失加以限定，而须依据“危险性关联”这一基准界定。判断第一次损害与后续损害之间有无危险性关联时，受害人因受伤而住院，后因体质虚弱患上流感，即与第一次伤害具有危险关联性，而在侵权人毁损受害人的标的物，因受害人订立异常高价转卖标的物而产生的异常损失，则与第一次损害没有危险关联性。前田达明教授虽同意危险性关联说，但认为就第一次侵害适用义务射程说，就后续的第二次损害，应采用危险性关联说。就第一次损害，如甲伤害乙公司正在与丙公司商谈合同的丁，因丁无法继续商谈合同而导致乙公司未能与丙公司签约，使得该机会被竞争对手取得，此时，若甲系竞争对手所派故意损害丁，应赔偿乙公司的损失，若甲为过失导致乙受伤害，则需考量甲对乙公司有无保护义务，其应区分侵害法益的重要性以义务射程范围加以确定，就假设情形，并不属于义务射程范围。就后续损害，则应采取石田穰所主张的危险关联性判断标准。

依笔者拙见：1. 泛泛地就损害赔偿范围展开探讨，难以为实践提供清晰可供操作的指导，欲解决损害赔偿范围问题，仍然需借助于类型化手段。就此，德国、日本最后已形成共识，德国式的区分与日本危险关联说的区分方式已经相同，均将损害区分为“现实损害、结果损害、第二次损害”，这一区分亦是本书就责任范围之损害所采纳的区分的路径。但是，日本的危险关联性说存在明显的缺陷，即忽视对主体的区分，将间接受害人的损害仍然纳入损害赔偿范围中探讨，而这一问题是责任成立的问题，而非损害赔偿范围的问题。为此，责任范围需要的探讨的是两个方面问题：（1）就因现实损害所产生的结果损害，哪些应获得赔偿？就这一问题的探讨，主要是在侵权人和受害人之间合理地分配损失，既要避免使得受害人遭受损害而无法获得救济，亦要避免使侵权人负担过重的责任，使其仅因一次不小心的过失而陷入万劫不复的深渊。（2）就后续的第二次损害，侵权人应否承担责任？就这一问题的探讨，其不单单是对受害人保护和避免行为人承担过重责任的平衡问题，而且还关系原因力是否中断的认定。2. 就对结果损害的赔偿范围问题，不可进行一般化的空洞分析，而需结合结果损害的类型进行有的放矢的分析，如甲导致乙受伤，乙为此支付了医疗费、产生误工损失，并因此而不能看心爱的乐团表演、参加单位组织的出国旅游，如前文所述，应结合一般损害与特别损害、固有利益损失和可得利益损失两类区分加以分析，具体如下文所述。

（二）结果损害之赔偿范围

1. 采取完全赔偿原则抑或限制赔偿原则？我国现有的通说认为，侵权损害赔偿采完全赔偿原则，这一观点是否与实践相符、在理论上是否合理，有待商榷。

（1）广泛采完全赔偿原则，个别采限制赔偿主义的各法域立法现状

通过梳理可见，在古罗马并未形成关于赔偿范围的统一意见。在中世纪，通说认为以赔偿直接利益（即固有利益损失）、通常利益（即物的客观价值）为原则，仅在例外的情形，如责任人故意或重大过失时，方才赔偿间接利益（即可得利益损失）、标的物对受害人的主观评价的特别利益。在德国普通法时期，形

成了以莫利诺斯为代表的学者所主张的限制赔偿主义与以莫姆森为代表的学者主张的完全赔偿主义之争，前者主张区分侵权人的过错程度、对损失可预见性确定不同的损害赔偿范围，后者则认为侵权人应赔偿受害人的全部损失，最后以完全赔偿主义的胜利而告终。

自此开始，与就违约损害赔偿采可预见规则的限制不同，就我们所熟知的法域来看，绝大多数采用了完全赔偿原则。《法国民法典》第1150条就违约损害赔偿规定："债务之不履行完全不是因债务人有欺诈时，债务人仅对在订立契约时所预见或可预见的损害与利益负赔偿责任。"但其就侵权责任并无该规定，而采完全赔偿原则。《德国民法典》第249条（损害赔偿的方式和范围）规定，"负损害赔偿义务的人，应回复损害发生前的原状。因伤害人身或者损毁物件而应赔偿损害时，债权人可以要求以金钱赔偿代替回复原状"。第252条（可得利益赔偿）规定，"应赔偿的损害也包括可得利益。可得利益是指依事物的通常进行，或者依特殊情形，特别是依已采取的措施或者准备，可预期取得的利益"。可见，其不区分侵权人的过错、可预见性，要求侵权人赔偿受害人的固有利益损失以及可得利益损失。我国台湾地区"民法"第216条（法定损害赔偿范围）规定："损害赔偿，除法律另有规定或契约另有约定外，应以填补债权人所受损害及所失利益为限。依通常情形，或依已定之计划设备或其他特别情事，可得预期之利益，视为所失利益。"其与《德国民法典》的规定相同，亦不区分侵权人的过错、可预见性，要求侵权人赔偿受害人的固有利益损失以及可得利益损失。曾世雄教授在著述中总结认为英美法采限制赔偿主义，这其实是以偏概全的错误观点。英美法与大陆法系大多数国家一样，就违约损害赔偿，以 Hadlley vs Baxendale 一案确立了限制赔偿模式，在该案中，原告磨坊的转轴折断，委托另一地的制造者仿制另一转轴并委托被告立即转送，被告并未立即转送，使得原告停工甚久。就停工导致的营业可得利益损失，法院认为，违约责任人仅限于赔偿相对人依一般情事所遭受的损害，就相对人特殊情事而产生的特别损害，仅在责任人可预见时，方可获得救济。但是，其就侵权损害赔偿，采完全赔偿原则：第一，布莱克本勋爵在 Livingstone vs Rawyard Coal Co. 一案中，对完全赔偿原则进行了经典的表述：

“损害赔偿金是为使受害人回复至受损前状态所授予的赔偿额。”该表述随之被英美法各国所转引、接受，《美国侵权法重述》起草者亦指出：“侵权责任法的主要意图在于，使受害人处于尽可能近似地等同于其在侵权行为前的一样处境”；澳大利亚奉其为根本原则；新西兰遵从这一原则；加拿大亦将其作为损害赔偿一般原则。第二，与就违约损害赔偿要求责任人可预见损失不同，侵权损害赔偿不考虑当事人的可预见性。其不仅赔偿通常损失，以赔偿因受害人特别情事取得的可得利益损失，且不以不可预见性为前提，如在与日本富喜丸案件相似的 The Star of India，Argentino，The Kate，The Racine，The Empress of Britain，Liesbosch Dredger vs S.S.Sdison 等案件中，受害人在其船舶被毁损前，与第三人订立了异常高价的租赁合同，法院均授予了租金的损害赔偿。《美国侵权法重述（第二版）》第 904 节明文总结了对一般损害和特殊损害的赔偿：“（1）一般赔偿是对有关诉讼所基于的侵权如此经常地造成，以致该赔偿的存在通常可被预料并因此不需被主张以被证明的损害的补偿性赔偿。（2）特殊赔偿是对一般赔偿对象之外的损害的补偿性赔偿。”

仅有日本、瑞士例外采用了限制赔偿主义。但这两者的初衷并不相同，《瑞士债务法》第 43 条第 1 款规定，“法官应当根据具体事实情况及行为人的过错程度确定赔偿的性质及赔偿的数额”。其实质采纳了莫利诺斯等人主张的限制赔偿主义，区分侵权人的过错程度确定不同的赔偿数额。而日本最终采纳限制赔偿主义并非立法者的本意，乃是理论及司法发展的结果。《日本民法典》仅就违约损害赔偿范围进行了规定，其第 416 条规定：“1. 损害赔偿的请求，以赔偿因债务不履行而产生的通常损害为标的。2. 虽因特别情事产生的损害，但当事人已预见或可以预见该情事时，债权人也可以请求赔偿。”并未就侵权损害赔偿范围作出规定。对此，可以如同法国那样，反面解释为就侵权损害赔偿采取完全赔偿原则。但是，受学说、尤其是前述的富喜丸案件的推动，其并未进行反面解释，而是采纳了类推适用第 416 条规定的做法。就此，与大多数国家仅就违约损害赔偿适用预见性规则不同，其就违约、侵权损害赔偿均适用可预见性规则。

（2）我国的现状及其不足

就我国立法现状来看：①区别于前述的《德国民法典》《日本民法典》我国台湾地区“民法”等，我国立法就损害赔偿范围缺乏统领性的一般规定。②就具体规定来看，我国采取的是法定限制赔偿主义。第一，依《人身损害赔偿司法解释》第 17 条及《侵权责任法》第 16、18 条的规定，仅赔偿受害人为康复而遭受的固有利益损失及误工损失、残疾赔偿金、死亡赔偿金之通常的可得利益损失。第二，就财产损失赔偿，仅有《民法通则》第 117 条和《侵权责任法》第 19 条进行了规定，前者规定：“侵占国家的、集体的财产或者他人财产的，应当返还财产，不能返还财产的，应当折价赔偿。损坏国家的、集体的财产或者他人财产的，应当恢复原状或者折价赔偿。受害人因此遭受其他重大损失的，侵害人并应当赔偿损失。”后者规定：“侵害他人财产的，财产损失按照损失发生时的市场价格或者其他方式计算。”前者第 2 款及后者，规定的都是对固有利益损失的赔偿，前者第 3 款规定的“其他重大损失”系例外为可得利益损失提供救济。故而，我国立法就人身损害仅授予对一般损害的赔偿，就特别损害不授予任何赔偿，就财产损害，仅授予对一般损害中的固有利益损失的赔偿，对可得利益损失仅在该损失重大时，方可获得救济。其采取了最严格的限制赔偿主义，甚至可以说是法定主义赔偿，理论上所言的完全赔偿原则其实是“共误”。现行法的此种规定模式，显然违背侵权损害赔偿制度的基本理念的，尤其是对财产损失赔偿的范围过于狭窄。为此，应立足于侵权损害赔偿基本理论，予以完善。根据我国现行的立法模式，最适宜的完善路径是采取限制赔偿主义，即赔偿受害人在通常情形所遭受的损害。如此，就人身损害赔偿制度，可以维持现状，仅需扩大财产损害救济的范围，将在通常情形下的可得利益丧失纳入损害救济的范围之中。就关于财产损失的具体项目及比较法出现的新发展，将于本书下文中予以具体介绍。

与我国对赔偿范围采取严格限制不同，采取完全赔偿原则的法域不断拓展赔偿对象，如就人身损害，德国司法实践依据商品化理论，认可对自由时间的损害赔偿。如某牙科医生从 1985 年 1 月 1 日开始休息三周，1 月 8 日因侵权人引发的交通事故而受重伤，数周在医院接受治疗，受害人请求侵权人赔偿其失去休息时间的损害赔偿。德国联邦法院认为，在劳动合同关系中，劳动者放弃休息可以获得补偿，同样，劳动者亦可以通过金钱购买他人劳动力而换取休息时间，为此，在劳动力不足的情形下，休息快乐具有商品化的价值，为此，其支持了受害人的请求，对其失去休息时间授予赔偿。

（三）第二次损害

第二次损害，是因其他因素的加入，引发了与第一次现实损害性质不同的损害或扩大了第一次现实损害程度。其包括因第三人行为的介入、受害人行为的介入及受害人自身异常情事因造成第二次损害三种情形。

1. 因第三人行为的介入而导致损害的发生。如甲将乙撞伤，其后在送去治疗的过程因为遭遇交通事故而身亡；如甲将乙撞伤，送往医院救治，因医生的过失导致受害人的死亡。就此类情形，侵权人应仅对其第一次现实损害承担责任，对第二次损害不应承担责任，因为虽然侵权行为是第二次损害的诱因，但遭遇交通事故、医疗过失是日常生活风险，并非因侵权人辐射出的特别风险，至于如何划分侵权人与后续侵权人的责任，属数人侵权责任分担的问题。

2. 因受害人行为的介入而导致损害的发生，或因受害人自身体质而导致损害的发生。前者如甲将乙孕妇撞伤，乙在治疗的过程中服用了大量的药物，遂因担心药物对胎儿健康造成不良影响而决定堕胎，由此支付了相关费用，并因失去胎儿而遭受了精神损害。再如，甲将本是意气风发的乙撞成严重残疾，乙终日郁郁寡欢而患有抑郁症，并因一时误念而自杀身亡。后者如在甲引发交通事故导致乙受伤住院，乙因体质虚弱而患上流感。就后一种情形，因为受害人无行为的介入、亦无过错，侵权人应对该损害承担赔偿责任。对此，《美国侵权法重述（第二版）》第 458 节亦明文总结认为："若侵权人对他人所受伤害承担责任，而该伤害因降低该他人的活力而使其特别易于罹患某种疾病，则该行为人也应对该他人因活力降低而罹患的此类疾病承担责任。"就前一种情形，因有受害人行为的介入，且损害由受害人自己的行为所致，侵权人应否对受害人的第二次承担责任，则存疑问。在日本，就交通事故—现实损害—精神抑郁—自杀这一类案件，侵权人应否对最终的自杀损害结果承担赔偿责任，各法院的判决结果不一。如在最判

1976年10·3号案件中，受害人因交通事故受伤，连续三周存在意识障碍，脑器官出现实质变化、脑表萎缩、记忆力严重衰退、视力严重障碍、出现性格变化，在事故发生的约半年后自杀，因及时发现而获抢救，事故发生一年后恢复体力，并通过锻炼而开始参加工作，但在上班后的第三天被发现在公司仓库内自杀。一审法院认为，事故和自杀之间具有条件因果关系，但是很难认定性格变化而导致的自杀是人身伤害的通常结果，很难认定侵权人应当预见受害人自身之状况。二审维持了一审判决。受害人一方上诉，最高法院认为，事故和受害人自杀之间不具有相当因果关系的原审判决是正当的。在1991·9·9号案件中，昭和五十九年，侵权人因交通事故导致受害人左膝盖骨骨折、头部受伤、颈椎扭伤，因遭受严重的精神刺激，受害人接受了1年的治疗。在接受一年治疗后，受害人继续工作，一周复诊3、4次，此后工厂搬迁而退休获得退休金，并因受害人“头痛、颈部痛、眼睛疲劳”症状而认定残疾。受害人后来自杀。一审法院认为根据受害受伤时遭遇的精神打击、恢复的欲望及本人性格倾向等认定，病患者的自杀率为15%，是全人口自杀率的30倍到58倍之间，而且受害人因灾害性神经症状而自杀是通常人可以预见的可能，因而认定受害人患灾害性神经症状而自杀与交通事故之间具有相当因果关系，同时考虑受害人心因，减轻受害人80%的责任。二审法院认为因脑器官的变化而导致自杀是通常可预见的，维持了一审判决。最高法院亦维持了一审的判决。对此，《美国侵权法重述（第二版）》第455节总结认为：“如果侵权人的过失行为造成他人精神错乱或失常，在下列情形下，其亦应对该他人在精神错乱或失常期间给自身造成的伤害承担责任：（1）该他人的精神错乱或失常妨碍他意识到其行为的性质及其所包含的伤害的确定性或风险；（2）该错乱或失常使他无法抗拒由其精神失常引发的冲动，而该冲动剥夺了他按照理性主宰自己行为的能力。”第456节总结认为：“如果侵权人的过失行为给他人造成身体伤害，侵权人亦应对下列伤害承担责任：（1）由该身体伤害或造成该伤害的行为导致的恐惧、震惊或其他精神干扰；（2）由此类精神干扰导致的进一步身体伤害。”此类案件的本质是判断侵权行为与最终损害结果之间有无因果关系，就此，可以相当因果关系标准予以判断，以一个正常的理性人的标准判断行为与损害之间有无因果关系，如就堕胎案件，可结合治疗的时间、服用药物的种类及其药性大小认定其对胎儿可能的影响，倘若一般人在此种情形下会选择堕胎，那么甲应赔偿乙的损失。就自杀案件，应考量交通事故给受害人精神造成的影响，倘若仅仅是受害人无法接受残疾的事实而自杀，不应认定侵权行为与死亡结果之间的因果关系，倘若交通事故如同《美国侵权法重述》所总结的，导致受害人精神错乱而无法控制自己的行为，可考量交通事故造成受害人精神异常的程度而认定其与自杀结果有无因果关系。

3. 自然因素引发损害。如甲引发交通事故，不仅将乙的车辆撞坏，而且因处理纠纷使得乙错过航班并不得不改签下一航班，而该航班不巧地发生了意外。就此类案件，依据生活风险之相当因果关系理论可较为容易地得出清晰的答案。生活风险理论是由德国学者 E.von Caemmerer 率先提出的关于因果关系认定标准的理论，其系指受害人在公平合理的法秩序下的日常共同生活中，必然会面临风险，该风险是受害人必须承受的危险，受害人在生活领域因日常生活风险而遭受损害，应自行承担该不利后果。按照该理论，受害人因改签航班而发生意外空难，属于日常生活中所面临的风险，即使没有侵权行为的发生，其亦同样面临这一风险，同样可能遭受这一损害，造成损害之核心力量并非前述的损害，而是风险，故，就此不应要求侵权人承担赔偿责任。

第二章 侵权损害赔偿中可赔偿损害的确立及其规制模式

在明确了“何为损害”这一概念上的问题之后，在侵权法为受害人开启损害赔偿请求权之前，需要明确侵害人应当对哪些损害承担赔偿责任。侵权法永恒的主题即是均衡权益保护与行为自由。在责任的严苛程度和自由的行使边界之间保持合理的平衡，侵权法才能作为侵权损害赔偿有效的指引和计算工具。

当受害人因为加害人的某种行为遭受事实上的损害之时，其可以依据侵权法的指引寻求损害赔偿请求权的开启，但关于受害人的所有损害事实而言，不可能不加分辨地纳入损害赔偿请求权所保护的范围之内，而是需要进行筛选和限制。无论是从单个侵权行为人的利益出发，还是为了自身生存的愿望，侵权法都必须将那些过于“遥远”的损害从其体系中排除出去。并且，“损害”这一概念依赖于对它加以规定的法律制度，作为系统化的标准有一个最大的方便：它使得我们能够将侵权法与无因管理和不当得利区别开来。因此，侵权法上的损害指的是对事实意义上的损害进行筛选之后被纳入侵权法所调整范围的损害。

换个角度来看，侵权法的工作之一就是确定责任的承担——由谁承担，如何承担，承担多少。而“承担”是个动词，“责任”则是其后所接之宾语，失去宾语的动词恐怕也会丧失其在语辞中的意义。邱聪智指出：在法律规范原理上，使遭受损害之权益，与促使损害发生之原因者结合，将损害因而转嫁由原因者承担之法律价值判断因素，即为“归责”意义之核心。因此，可归责性是法律确定侵权责任归属的重要考量因素，是侵权法进行价值判断的核心标准。学者指出：对于将损失转由他人承担来说，侵权法是特定文化阶段中的伦理道德观念以及社会、经济关系，在极其特殊的程度上的产物和反映。这句话可以从另一个角度理解为侵权法本身的内涵是对于现实社会实际运行的价值体系和被认可的价值内容的汇总与明确，而其体系的科学性和合理性程度决定了整个侵权法的立法结构和生命力。

对于“归责”这一内容的重视致使我们不得不将目光投向侵权法对于损害的保护范围究竟为何，而为了对此问题进行界定，可赔偿损害的概念也随之兴起。以《荷兰民法典》和《欧洲侵权法原则》（CPETL）为代表的新时期立法的文本之中，逐步引入了关于“可赔偿损害”这种新的理论模型。该理论模型将动态发展变化的社会状态和立法者关于价值的权衡与考量紧密地结合起来，除了反映社会主体共同的意志之外，也保持着法律本身的逻辑性和严密性。在重视过错的传统理论体系中，“可赔偿损害概念”的引入强化了对于损害论的研究，为理论研究的滞塞找到了新的疏通点，也为进一步明确侵权法上损害的保护范围提供了可能性。本章将通过引入可赔偿损害的概念，并从侵权法价值层面对该概念的合理性作出证立，同时研究可赔偿损害在宏观上的保护模式，即权利和利益究竟是等同保护还是区分保护，区分保护的合理性又该如何证明。最后通过比较法上对于可赔偿损害的规制模式，为我国《侵权责任法》对于可赔偿损害的体系和其解释论之内容寻求更多可供参考之要点。

第一节　可赔偿损害概念的合理性分析

一、可赔偿损害的概念及产生背景

（一）产生背景

从构成社会的共同契约的角度来说，并不是先有一个社会，而后这个社会再为它自己制定规则；相反，正是共同规则的存在，才使得那些类似一盘散沙的小群体结合起来并组成了社会。理性人以牺牲自己的部分自由为代价缔结了成立共同体的契约，目的是以相互间具有强制力性质的法律约束来确保更多的自由能够得到最终实现。或者可以说，我们生活在法律之中，并以法律作为处世准则，法律是剑，是盾、亦是威慑。制定法文本的内容宣告实际上是社群经协商达成的妥协，它源自社群当前信奉的背景性政治道德体系。从立法的历史角度来看，如此之模式代表了由共同自由的集结而形成的国家正式宣告了共同体最为普遍的目的和信念，也是确保社群实现自由的有利条件。

从民法本身的发展角度来说，近代民法到现代民法发展变化的过程中，自己责任向社会责任的方向发展。近代民法强调个人因自己自由之意思自治而致使他人遭受损害或不利益的情形，行为人只有在故意、过失时，才承担民事责任。而现代民法中由于公害事故、交通事故、缺陷产品致损事故等大量受害的发生，使支持个人的自己责任的社会、经济伦理发生动摇。与此相应，代替个人的过失责任，产生了过失推定、无过失责任和严格责任，此外还导入了社会保障性质的受害补偿制度。从民法发展变迁的事实不难看出，无论是自己责任之近代民法还是强调社会责任之现代民法，都对必须进行填补之损害做了法律价值上的限制。区别在于自己责任时期学理上更多的关注“过错”本身，所做之判断皆围绕“过错”这一核心，直到社会责任时期，学界开始更多地关注损害本身所产生的新类型，或者说，新的责任类型的产生源自于新的损害事实的出现以及损害形态的产生，对于“损害”之研究也从过去躲在“过错”身后“犹抱琵琶半遮面”的尴尬位置“轻舟已过万重山”地来到了被给予更多关注和研究的台前。关注法律对于损害评价的更重要的意义还在于，正如法谚所言，当个人按照法律规定主张自己应有的权利时，他已不再是为一己之私利而斗争，而是为法律实现而斗争，为国家法律秩序而斗争。在《普鲁士普通邦法》中，不法行为被当作损害赔偿之债的一般发生原因，而损害被定义为“人的身体、自由、名誉或者财产状况的恶化”。这是在近代民法典历史上损害概念的首次成文化。格老秀斯在讨论侵权法时，曾表示“损害是指某人拥有的物少于归属于他的物的状态，不管该物是纯粹依据自然法，还是依据有关所有权、合同和制定法在内的由人制定的某种法律而归属于他的”。在法国，罗贝尔·波蒂埃采纳了格老秀斯的观点，但是他并未列举可以得到赔偿的损害的不同类型。申言之，对于权利和利益的全面且完整的保护需要我们对于侵权法上的损害进行进一步的探究，而反过来，对于法律意义上损害的研究也是我们对于权利和利益完整行使并可获得救济的首要之务。

从侵权法的角度来说，理性之人欲通过理性之方法，如制定法律，以最大可能地将现实生活中可能遭受或已经遭受的损害所导致的对人目的实现的不利影响，控制在一个合理的范围内，从而保证获得相对的确定性并保证人之目的的实现。其最为核心的功能之一在于填补损害。如果进行简单的语辞分析，不难看出，所谓的“填补损害”包括了“填补”和“损害”两个方面。“填补”主要包括了赔偿的方式和赔偿的范围，而“损害”则难以用一言蔽之。在最朴素的法情感上，损害应该是所有的不利益状态。但是如果对受害人的利益不加限制的进行宽泛的保护，则可能使损害范围的界定与人的行为自由之间的天平失去平衡，使得侵权法上的损害赔偿制度丧失了均衡性。对于损失负责的人很可能有以其他道德上相关的方式进行补救的义务，比如道歉。只是不存在进行赔偿的道德上或法律上的矫正正义义务。这表明，赔偿义务以其他实践为条件。为了对侵权法对于损害的保护范围予以界定，“可赔偿损害”的概念被提出，以解决社会不断演进的背景下侵权法对于权益的保护问题。

（二）可赔偿损害之概念

对于我们为什么要明确某一问题的基本概念，有学者指出：法律概念对于法律体系和法学而言具有根本性，在法律推理中发挥着首要功能。其一，很多时候需要由解释者对法律概念的语义进行确证或具体化；其二特定法律概念是引发特定法律后果的前提，而不是相反；其三，法律概念的语义构成目的论证的界限，具有评价或证立的功能。如对于“可赔偿损害”这一概念的界定，不仅包含着立法者及司法者对于这一类型或性质的损害作出了一个统一的界定，更包含着对于其中包含的权利或者利益的正当性有了先行的价值判断，概念是思维的重要工具，而法律概念是法律规范的基础。因此，我们必须对“可赔偿损害”这一概念做深入的研究。

就损害的概念而言，大陆法系国家只有少数几个国家的法律对此直接做出明确之规定。《荷兰民法典》第 695 条规定：根据损害赔偿的法定义务应当予以赔偿的损害包括财产损害和其他损害，后者以法律赋予获得相应赔偿的权利为限。但是也并没有对什么是可赔偿损害做出界定。《奥地利民法典》相较于《荷兰民法典》则对于损害概念的规定则更为精确，在第1293条给出了一个损害的定义。该条规定："损害是指某人的财产、权利或人身遭受的一切不利益。"但实际上该条规定的出发点是自然意义上的损害。2007年的《奥地利侵权责任法草案》第1293条也继承了这种奥地利民法上的传统，规定："损害是指任何人就其人身、财产或者其他受法律保护的法益所遭受的不利益。具有金钱价值的不利益为财产损害，其他的则为非物质损害。"从语辞的变化上不难看出，《奥地利侵权责任法草案》中的规定明确了"受法律保护"这一评价标准，也就是说，一项损害获得保护的前提是它应当得到法律的规范评价与承认。而《欧洲侵权法原则》在受到《奥地利民法典》相关条文启发的影响下，在第二章"损害"的大标题之下，于第2：101条"可赔偿损害（Recoverable Damage）"中规定："损害体现为受法律保护的利益遭受物质或者非物质的侵害。"（Damage requires material or immaterial harm to a legally protected interest.）《欧洲私法的原则、定义与示范规则》则创造出"与法律相关的损害（legally relevant damage）"的概念。其中强调了损害是对于权利或者法律保护的利益的侵犯。

从条文的文本中可以发现，《欧洲侵权法原则》就赔偿问题明确规定，并非所有的不利益都可以被视为损害。就侵权法而言，只有那些被法律认定为可赔偿的损害，方才具有侵权法上的可以开启损害赔偿请求权的意义。而从条文的文本中可以很明确地提取可赔偿损害的相关要素，或者说我们可以对于可赔偿损害下一个一般意义上的概念：所谓可赔偿损害，即是被法律所承认且受到侵权法保护的法益遭受侵害的结果，是侵权法施加其保护的对象。

尽管《奥地利民法典》并没有明确表述出法律保护的字眼，而通常也认为主要第1293条主要针对事实上的损害状态，但其中使用了"权利"（Recht）的表述，而权利本身便包含着受法律确定的保护意旨（该问题会在后文中予以详细说明），那么与权利并列出现的"财产"和"人身"作为表述利益范围的用语，自然也毋庸置疑地含有受法律保护的意味。

与此相对应，卡尔·沃尔夫（Karl Wolff）将损害描述为“在法律上能够被理解为不利益的状态，即法律上的利益较之于此前发生减损”。也是强调了可赔偿损害的受法律规范评价和筛选的性质。在此意义上，从最新的发展趋势上进行考察，损害的实际发生并不是作为赔偿损失这一救济方式开启的必要条件，例如很多欧洲国家的法律制度承认名义性赔偿，它是在没有具体损害时，宣称某种权利被侵害的方式，这被称之为“权利宣示或确权功能”。

前文已述，法律在各个自然人或者法人之间就各种法益作出定纷止争的判断，赋予每个主体以主观权利或利益，因此只有在侵害了受法律保护的权利或者利益的前提之下，才可能发生侵权法上所保护之损害。学者指出，侵权法旨在保护法益的归属（Schutz der Güterzuordnung），从而亦保护法益的权利人。如果法律对法益作出归属划分，则表明，依据价值判断所享有的利益具有正当性，法律应当保护此种利益。那么，显而易见的是，侵权法对于非法利益的保护态度不言自明——侵权法并不保护非法利益。

例如，A 提着一袋海洛因在街上行走，B 驾驶机动车因超速撞伤了正在穿过马路的 A，A 身体受到伤害，同时袋中之海洛因因撞击掉入旁边的下水道内。A 因此向 B 请求人身以及财产的损害赔偿。若以事实上的损害为视角，则 A 身体受到伤害和海洛因的灭失均为损害事实。但可赔偿损害本身就包含了对于损害事实法律上的评价，因此，A 身体受到伤害会被评价为 B 侵犯其健康权并可以认为是可赔偿损害；而海洛因的灭失则无法被评价为侵犯 A 之所有权，持有国家禁止持有的海洛因只能被认定为其享有的非法利益，亦无法开启损害赔偿请求权，不属于可赔偿损害。

（三）可赔偿损害的特征及排除认定的情形

对于前文进行总结得出，所谓可赔偿损害，是指客观存在的，且法律认可的能够予以救济的损害，其具有以下两层基本涵义：第一，依据一般情形属于法律所明确规定的可予以救济的损害范围；第二，依据案件特别情形可归责于行为人的损害后果。

鉴于可赔偿损害的特征，可以做如下之解说：从法律方面来看，损害必须具有可赔偿性，侵权法上的损害与日常生活中的损害并不是同一概念，即使是日常生活中的损害，但不是可赔偿损害，也不是侵权法上的损害。此外仍有两点内涵需要特别注意：其一，损害应当是一个已经完成的状态；其二，损害的界定是由具体的保护范围所规制的。换言之，侵权责任法必须在行为人的自由（包括活动自由、行使权利自由）与他人固有利益乃至可期待利益之间作出平衡。

根据该特征，我们可以将如下类型的损害进行排除。

第一，微额损害。微额损害，也称微小损害，是指受害人所蒙受的至为微小的损害，其特点在于，损害是微小的，而且是经常、频繁发生的。如图书馆里新来之人因拖动椅子而发出的短暂噪音；乘坐公共交通工具时相互拥挤而造成的轻微不适。法谚早已指出其中蕴含的价值衡量："法律不管琐事"，一方面是避免诉讼的泛滥以及司法资源的浪费，另一方面以上的微额损害实际上也只是主体自由向外延伸中的正常摩擦，应当属于可容忍的范畴之内。当然，在何为微额损害的认定上，法官应当依据社会一般观念、法秩序的整体精神来考虑，尽可能谨慎地作出认定，避免任意裁定，而与受害人保护的立法目的相违背。

第二，非法损害。它是指与非法行为密切联系的损害。可赔偿的损害必须是合法的，不是与违法行为密切相连的损害。非法损害不能受到保护，是因为作为整体的法律秩序必须得到尊重，而侵权法的保护不能覆盖法律秩序所禁止获得的利益。例如某人过失撞落他人手中拿持的一包海洛因，海洛因落入公路上的污水中受损。

第三，侵害人身权益导致的轻微精神损害。我国《侵权责任法》第22条规定，侵害他人人身权益，造成他人严重精神损害的，被侵权人可以请求精神损害赔偿。从条文中不难看出，精神损害赔偿的适用必须以受害人遭受了严重的精神损害为前提。而"严重"一词，即指超出了社会一般人的容忍限度。其实类似于第一条目的微额损害，只不过这里特指轻微的精神损害，从价值的考量上具有相似性。

第四，侵犯财产权益导致的精神损害。排除此项的主要原因有二，其一是此时精神损害的判定以及请求权的开启缺乏明确的指引，容易导致法院自由裁量权的过度伸展，其二是侵害财产权益中的精神损害往往较轻微。

第五，其他类型的法律不予救济的损害。基于法政策的考量，某些损害被刻意地排除了。例如，在工作物致害责任中，纯粹经济损失被排除在可赔偿损害之外，这也是为了避免给工作物所有人等强加过重的责任。此外，危险责任中，法律往往也不救济纯经济损失，这也不是可赔偿损害。

二、可赔偿损害概念的合理性证立

阿列克西指出：法必然提出正确性宣称，而严格说来，只有有能力进行行动与言说的主体才能提出宣称，意味着只有创设、解释、适用与实施法律活动的人，包括立法者与法官方能提起。而这种宣称之中隐含着“特定法律行为在内容与程序上是正确的”这一评价，而在此正确性之中即暗含着“可证立性(justifiability)”。因此，对于任何法律上的概念的提出都必须包含着正确性的宣称以及可证立性的担保，同时使每个处在法律体系之中的理性人都对这样的正确性表示认可与接受。而法律上的概念本身是一种以必要的方式将现实和理想联结在一起的实体，不能被缩减为一个仅涉及自然类别或者纯粹客体的内容，而必须与现实相关联进行考量，将客观的非理性现实与主观上理性的体系架构向贯通，才是一个概念进行正确性宣称的正确方法。

将视野拉回“可赔偿损害”这一概念本身，对于因个人之行为引起的现实损害进行法律上的涵摄，主要涉及法律目的的正确认知与法律规范的理性运用。法律目的的正确认知可谓重中之重，正确的认知可以为现实损害的法律涵摄提供正当性的说明，并奠定法律对于现实损害处理的基调和方向与法律目的的正确认知不同，法律规范的理性运用主要是解决将抽象的学说概念以及法技术通过合理的方法予以运用，解决法律目的中所抽象的立法价值最终得以实现的问题。那也就是说，如果将可赔偿损害作为一个区分具体损害形态的方法论上的统领，那么我们必须证明这个概念在法体系中存在的合理性，若缺乏合理性证明，则无法理性的运用侵权法上可赔偿损害的方法解决立法上的价值实现和司法上的运行畅顺等问题。

欲寻找可赔偿损害的合理性来源，我们必须将该概念重新放置于侵权法的体系中加以观察考证。可赔偿损害起源于侵权法对于法律意义上损害概念的界定，那么对其合理性的证明就必须回到侵权法的视野当中去，通过分析侵权法本身的目的与功能，以及其在经济学上的成本考量，最终得出关于可赔偿损害概念的合理性的相关佐证。正如对于案件的考量我们需要在大前提和生活事实之间进行眼光的往返流转，在对于可赔偿损害的合理性证明中，我们也需要将眼光往返流转于可赔偿损害本身的性质与侵权法的价值体系之间。

（一）合理性之一——侵权法的功能与目的

我们在用语中称的“侵权行为”或者“侵权责任”，在大陆法的语言中的表述其实更多的是“不法行为”或者是“不法事实”。法语的表述为“Des delist”，德语的表述为“unerlaubte Handlungen”，意大利语的表述是“Del fatti illeciti”，荷兰语的表述是“Onrechtmatige load”，西班牙语的表述是“De los actos ilicito”，葡萄牙语的表述是“Factosilicitos”，日本语的表述是“不法行为”。从语言的亲缘性来说，日本语的表述最为容易理解和接受。而上述列举的语词中不难发现传统大陆法语言的表述和罗马法中的传统表达不谋而合，在罗马法中对应的两个拉丁文是“iniuria”和“delicturn”。“iniuria”一词由否定性前缀“in”和名词法“ius”组成，直接翻译过来就是不法的意思。“delictum”一词从动词“delinqere（偏离正确的道路）”派生而来，意为“过错、冒犯”。因此不难看出，传统大陆法语言的表述更加符合我们所称的“侵权行为”这个事物的本质。

从上述的语辞分析中不难看出，侵权法所规制的事实，主要是被法律价值体系进行评价后，价值为负的某种行为以及其造成的结果。这也是可赔偿损害这一概念的核心内容——即对于事实损害进行筛选和评价，使得对于损害的保护程度与对行为人自由的限制程度达到动态的平衡。这也是侵权法的目标之一，因此，欲寻找可赔偿损害这一概念的合理性，必须要回到侵权法本身的功能和目的上进行全局性地观察。

侵权法的基本目的在于对民事权益进行充分保护的同时，使受害人的权益得以补救和回复，即转移和分散社会上所发生的各种损害。因此，侵权法最基本的立足点在于确定受害人受到的哪些损害可以请求加害人予以赔偿，或者依据损害的性质以及与其他要件的联动使受害人自担损害。从立法的目的和宗旨的角度来看，保护权益、损害救济才是侵权法的根本任务。在传统侵权法上，侵权法的功能有预防性、惩罚性、补偿性、教育性等等。随着责任保险和社会保障制度的引入，侵权法的预防性和惩罚性功能在不断减退，而补偿性渐强。

这种转变的体现在对于损害的认知之上。现代社会，造成事故之活动可能皆为合法且必要，而事故发生频繁，损害巨大，受有损害者众多，而却难以证明侵害人之过失。现代社会意外事故造成巨量的损害且发生频繁，以专注于过错责任为核心的传统救济制度难以胜任填补之任务，在此情况下，就要求对传统侵权法的过失责任主义予以修正，借助对于损害的实质属性的研究，创设合理制度——可赔偿损害概念的提出即为重要一步。

而在近代侵权法抽象的个人主义基础受到强烈质疑的背景下，具体个人关怀的理念开始登上主流舞台。所谓具体个人关怀最为看重的核心因素是受害人应否得到救济，不再强调加害人道德上的非难性以及主观权利受到侵害的状态，而是对受害人进行必要的填补，使其得以在物质和精神上获得必要的满足，以维护其人格的完整，维持基本正常的生活。人们期待侵权法能够在保障个人基本生存的基础上建立相应的国家机制，因为法律所强调的重点已经从承担过错转移到补偿损失。申言之，当侵权法的首要功能回归到填补损害上时，侵权法更多地将制度关怀给予受害人，对于受害人所受损害之救济和保护，成为一种共识。

我国《侵权责任法》也在第 1 条中规定："为保护民事主体的合法权益，明确侵权责任，预防并制裁侵权行为，促进社会和谐稳定，制定本法。"该条文中"保护"二字乃明文之规定，而救济之意则被规定在第 2 条中："侵害民事权益，应当依照本法承担侵权责任。"可以说，《侵权责任法》中的条文文本和立法倾向也反映出前文所述的侵权法功能之转变。

前文已有论述，"填补损害"之语可以拆分为"填补"与"损害"，既然强调填补之功用，就必然要明晰何损害是可称为侵权法上可以基于赔偿请求权的损害，可赔偿损害的提出可谓顺应时事，合理性不言而喻。

（二）合理性之二——矫正正义的价值内涵

1. 矫正正义的内涵及与分配正义的关系

由于侵权法本身是一个伦理的规范系统，其本身就要经得起伦理和规范方面的检验和评估。除去审视侵权法的功能和目的是否满足正当性的检验标准，还必须追问侵权法本身是否贯穿了我们关于正义的认知。温里布（Weinrib）认为侵权法的存在及其内容是因其体现了每个人都应该对自己行为负责的这种朴素的正义，并且正当化的实现必须依据这种正义的价值判断。易言之，侵权法的价值一方面在一定程度上在于它功能设置和目的方向的正确及合理性，另一方面又在于它所服务于的善，或者说所仰赖的正义。为此我们必须回到哲学层面，将侵权法的内容与哲学链接，以探寻可赔偿损害概念的合理性。

侵权法哲学在某种意义上已经非常古老了，对其深究不难发现，侵权法问题与哲学的交汇肇始于亚里士多德的《尼各马可伦理学（Ethics Nicomachea）》一书。在书中亚里士多德提出了分配正义（Distributive Justice）和矫正正义（Rectificatory Justice）的区分，前者涉及荣誉、金钱和其他物的分配，后者在交易中发挥着矫正的作用。这里的交易包括资源和非自愿的交易，非自愿交易包括盗窃、抢劫、虐待、侮辱等。不过也有学者分析认为自愿的交易不属于矫正正义的范畴，亚里士多德的具体正义包括分配、矫正，以及交易中的正义。然而他只是提供了法律矫正侵权行为的"矫正功能"的概述。

以亚里士多德的正义理论为起点，其矫正正义的骸骨开始被赋予血肉。托马斯·阿奎那（Thomas Aquinas）及其追随者们在中世纪及近代早期发展了以矫正正义来解释侵权法的学说。他们认为任何人都不得通过给他人造成损失而获得利益这一原则来解释侵害或者对他人造成损害承担赔偿责任的原因。这一类相关的学说甚至被认为比当代理论法学的学说更好。

现代侵权法理论中，学者主张侵权法可由矫正正义而获得最好的解释，将作为侵权法核心概念的损害、因果关系、赔偿、过错等结合在一起，恰恰反映了矫正正义的原理。科尔曼（Coleman）认为矫正正义系针对人的行为所引发的损失，而在具有规范重要性关系的当事人之间形成的补偿要求，即当身处同种不幸的情况下，可以获得同等之救助的权利。进一步说，矫正正义是个人有义务对其应负责的不当损失予以赔偿的原则。也就是说，在损失属于不法，并且行为人对导致损失负有责任时，其依矫正正义负有赔偿受害人损失的义务。不难看出，科尔曼的解读中也包括了对于损害的规范意义的评价，即需要损害本身具有不法性。

亚里士多德的矫正正义理论确实可以为侵权法的合理性宣誓提供一个合适的解释路径。矫正正义指向于分配格局被破坏时的关系处理，而这正是侵权法本身特质所在；侵权法正是在既有秩序被破坏时才发挥作用，旨在矫正被颠覆的平衡。

对于矫正正义本身而言，其更多的是作为方向性的指引，并在宏观上为侵权法的发展方向提供航线，其无法直接作为可供使用的概念或规则，但却可以为概念或规则的合理性证立提供最有力的支持。

区别于划定利益归属方式的分配正义，矫正正义通常需要通过法律解释和价值衡量，通过司法程序在个案中得以实现。这就要求在具体的案件事实面前，侵权法本身有必要对相关要素作出规范评价和价值衡量，比如加害人的过错程度，因果关系的远近及贡献度，损害的性质以及是否是可赔偿的损害，这些内容都需要结合个案的现实情况参照矫正正义之要求来进行判断分析。

申言之，侵权法基本对应着矫正正义。区别于分配正义为利益划定格局并经由权利立法决定其最终归属的模式，矫正正义已经预设了一个权利已然存在的背景，而这个权利已被放置的理想背景正是来源于分配正义所做的工作。矫正正义之目标就是恢复被破坏的分配格局，对既有格局是否被破坏以及所需恢复之程度都需要依照分配正义所预设的利益分配之格局来进行的。一定意义上可以说，分配正义的终点，正是矫正正义的起点，分配正义之中的价值需要通过矫正正义来实现。

2. 矫正正义与侵权法的客体保护

对于侵权法所保护客体来说，可以对其下一个宏观的概念——主体因其自由意志所欲追逐之利益或所欲获得之满足。立法对于利益之保护最为常见的形式即是将其规定为权利或者通过设定义务的行为规制模式。立法程序确认并宣示了一系列的权利，并构建起了一个相对完整的权利结构；同时通过设定义务的方式确定了对主体的行为规制。侵权法本身就是为了权利和利益的保护而产生的，在权利和利益格局的完满状态被打破时，侵权法的矫正功能就会发挥其应有之功能，试图恢复被破坏的完满状态。

前文已经多次论及，侵权法本身并不是单纯的条文规则的集合，而是一个需要在个案中进行价值判断的体系。其规则大多是技术性的规则，区别于物权法、婚姻法这些具有强烈固有性和本土色彩的法律。申言之，侵权法所进行的价值衡量在不同法域之间具有普适性，这样的普适性也来自于矫正正义的价值观的一致性。而在司法实践中，由于权利规范的抽象性和利益边界的模糊性，需要借由矫正正义的方法对分配正义已经给定的分配背景作出解释性甚至填补性的工作，而这正与可赔偿损害这一概念的内涵吻合。而对于矫正正义而言，一个人不能悬而未决地不特别针对任何人而享有要求赔偿的矫正正义请求权。

因此，分析损害的实质属性，明确损害界定的范围，有助于明确的特定矫正正义请求权是否存在，且是否有足够之力度以至于相应的损害赔偿请求权被侵权法所允许开启。

通过理论考究不难发现，“可赔偿”是一个具有相当弹性表述，通过加入矫正正义对于完满状态填补时所进行的利益筛选和价值衡量，在受害人和加害人之间达成一定的平衡，不至于使受害人承担过分苛严的责任。侵权法在立法目的上就需要从无限的利益损害中选择出被法律所认可的“可赔偿损害”，而“可赔偿损害”这一约束性质的概念的使用，也使法官在认定侵权责任时有了更大的政策考量空间，便于通过利益衡量的方法实现个案公平。因此，这一概念成立的合理性再一次被印证。

（三）合理性之三——侵权法的经济成本考量

1. 对于效率的追求与稀缺性的存在

法律和经济有着天然的非常密切的关系，可以说法律制度的安排对经济行为有着直接的影响，可以促进亦可以阻碍经济的发展，而法律本身就是社会经济发展的产物。因此对于法律本身的经济学观察和研究就显得十分必要。

对侵权法进行开创性的经济研究始于 20 世纪 60 年代，代表性人物是科斯

（Coase）和卡拉布雷西。科斯认为经济学家将目光投向法律领域的缘由是在交易成本存在并且非常高的情况下，立法或者司法实践直接影响着经济行为。该分析的起源来自于边沁的功利主义观点,即人们在生活的各个领域都将效用最大化。而在侵权法领域，侵权法的经济本质是通过责任的运用，将那些高交易成本造成的外部性内部化。外部成本的用语由庇古（Pigou）提出，在火车行驶时产生的火花给铁路边农民的稻谷产生损失的案件中，他认为稻谷的损失不仅仅是铁路的私人成本问题，而是外部成本（社会成本）的问题，由于农民是社会的成员，因此必须强制铁路部门将这一成本内部化，否则会有过多粗心大意的铁路建设。而卡拉布雷西则在构造一个全新的、有效率的处理意外事故的法律系统的过程中指出，事故法能够造成三个方面的事故成本的减少。其一是减少事故的数量和严重程度，其方法是对于导致事故的行动或者活动的禁止；其二是关注于减少由事故产生的社会成本，方法是涉及事故损失的转移和分担；其三是减少处理事故的管理成本，方法是在价值之间进行平衡的工作。苏力也指出：法律经济学不在于发展理论的体系，而在于解决问题，因此它是经验的、归纳的、案例的。

有效意味着社会成本最小化，此时的预防水平达到最优。侵权法律制度应当为人们提供一种选择最优预防水平的激励机制。界定侵权的第一个因素就是损害，受害人想要获得赔偿，必要条件之一就是受到了损害。再一次说明，损害事实本身并不能决定侵权损害赔偿请求权的开启，损害事实必须经过侵权法规范体系的价值评价之后才可以被认定为法律上的损害，也就是可赔偿损害。经济学把损害解释为受害人效用水平的降低，而法学上的损害应当指向那些不法的对受害人造成了不公平的损害。损害作为确定损害赔偿金的标准，包含两层含义：一是对促使侵害人尽到合理注意义务的激励机制产生影响；二是确定了由谁来承担事故风险。而适当地使加害人承担侵权法上损害赔偿的义务，可以促使侵害人主观上对预期事故成本加以预测并有效地行为。同时，损害赔偿范围的界定会对侵害人采取预防措施的激励产生影响。

但是，与人类的需求相比较，社会可以提供给人们的满足是稀缺的，或者说，稀缺是指人们的需求与社会资源相比较呈现出的状态。稀缺性也暗示着选择的约束条件，每个选择都必须在一定的约束条件下来进行。所以面对稀缺性，人们不得不做出选择，理性人所谓的选择建立在对于所有可得的信息进行分析之后，对于各种可能性的成本及收益进行分析。

同时，随着社会之演进，经济的发展同时导致了风险的极大增加，作为事实状态之损害时有发生，因此而请求损害赔偿之人众多，一旦全部允许赔偿，犹如水闸开启，法院诉讼增加，难以负荷，请求赔偿之范围将无止境。

2. 威慑功能与侵权法制度的运行

作为侵权法直接的外在功能，侵权法的救济功能的运转取决于具体个案中所判处的救济如何有效地执行，这就涉及帕累托最优的问题。

帕累托最优（Pareto Optimality），也称为帕累托效率（Pareto efficiency），是指资源分配的一种理想状态，假定固有的一群人和可分配的资源，从一种分配状态到另一种状态的变化中，在没有使任何人境况变坏的前提下，使得至少一个人变得更好。帕累托最优状态就是不可能再有更多的帕累托改进的余地；换句话说，帕累托改进是达到帕累托最优的路径和方法。帕累托最优是公平与效率的“理想王国”。

为了满足帕累托最优的内涵，除了有效地执行侵权法的救济功能之外，同时还需要将侵权法理解成一种对于加害人的威慑手段，对加害人未来侵权行为的威慑作用则取决于被告在支付赔偿金之后对判决做出的反应。但是这种威慑手段往往会受到侵权法结构和内容的限制。学者也指出：将威慑视为侵权法间接的外在功能时，侵权法对于危险责任的威慑将超过对于一般过错侵权的威慑，这可能和最终获得赔偿的可能性有关。在侵权损害赔偿得以实现的可能性较高的领域中，侵权法相比那些损害赔偿可能性较低的领域要产生更大的威慑作用。总之，在评估侵权法作为一种威慑手段的有效性时，我们不仅需要思考侵权法的结构和内容，而且需要考虑其作为处理侵犯理论上应受侵权法保护的利益而被认为应当受到制裁的行为的一种手段，在实践中的应用方式和程度。从上述论点中不难看出，侵权法的威慑功能与对于法律保护利益的赔偿可能性密切相关，而界定法律保护利益的首要方法就是通过可赔偿损害的概念对于权利和利益进行筛选，确定合适的保护范围以及适当的赔偿可能性，来平衡侵权法的威慑作用与对行为人自由限制之间的微妙关系。

易言之，尽管侵权法所产生的威慑可以分为一般威慑和特殊威慑两种类型，但是区别于需要通过政治程序集体作出的、针对特定行动而产生的特殊威慑，一般威慑在竭尽所能地鼓励理性之人选择更为安全的行为方式以及降低自己行为的危险程度。那也就是说，理性之人需要知道自己的何种行为是安全的，或者某个行为的安全边界在何处，或者我们也可以说，需要知道何种行为将产生损害，某个损害的可赔偿边界在何处。综上所述，可赔偿损害概念在法经济学上的合理性被再一次证明。

3. 与汉德公式的微妙联系

汉德公式来自于一种特定的权衡过失之方式。美国侵权法将过失界定为“未能（在具体场景下）尽到合理的注意”或者“制造了不合理的风险”。其中的关键要素就在于“合理”。把握了“合理”，就把握了开启过失责任领域的金钥匙。

所谓的“合理”，指的是相同情境下理性人会尽到的注意，对于此之衡量，可以通过权衡行为涉及的不同利益确定注意义务的内容。申言之，确定注意义务的内容要在风险的大小，包括事故发生的盖然性和预计后果的严重性，与采取特定预防措施的难度、花费以及其他困难之间进行权衡。基于此，美国法官伦内德·汉德（Learned Hand）提出了著名的汉德公式，即如果损害发生的盖然性为P，可能发生的损害的严重程度为L，行为人避免损害的负担为B，那么当B<PL，而行为人未能采取避险措施时，行为人未尽到合理注意，即可认为行为有过失。

当然这样纯粹数字公式化的经济学公式也受到了批评，弗莱明（Fleming）即认为过失无法被还原成经济学上的公式，理性人也不仅仅是工于计算的经济人，更何况，法院自己都很难对公式中的数据取得精确的量值。正如汉德法官自己所指出的，组成汉德公式的任何一个要素都无法定量化，生命、健康、自由这些要素很难被换算成金钱的量值。我国学者也有持类似观点者，但其实相关注意义务的产生、内容和范围源于许多无法穷尽之因素。除因其本质而无法加以归类的法律政策之考虑外，可预见性（损害事件的现实可能性）、可能的结果之严重性、导致损害发生行为的社会价值、避免危险的费用，社会的合理期待和社会保障都发挥了一定的作用。汉德公式的提出本身是为了用经济学的方法解决法理上的认定责任成立的困难，将人作为某种利益的载体而不是从理性价值的角度判断与人相关的权益及可能性。而个人追求自身效率的最大化的过程中如果将自己的利益置于他人的利益之前，则这种效率反而会被侵权法视作需要矫正的对象。不可否认的是，结果确实是判断行为是否合理的一项指标，主体应当避免采用无效的方法浪费各种机会，而应根据行为的有效性，对目的的适合度、效用及后果等来判断我们的各种行动。而对于汉德公式而言，在加入某些新的思考角度的情况下，仍有适用的余地。

因此，当我们用法理的视角观察汉德公式中的几个要素，会发现无论是盖然性、可能的严重程度（预见性）以及避免损害的成本，都无法脱离对于损害本身进行法律上的价值评价的工作。以上几个要素的轻重多寡，很大程度上受到被侵害之权利或者利益本身的性质而决定。比如在严重程度（预见性）的标准中，汉德公式基于分配正义的角度判断与受害人相关的原始利益分配状态是否是合理的，通过法律价值判断新的分配可能性是不是可能或合理的。用损害的表述来说，就是对于原始状态而言的不利益变动是不是合理的，或者说变动后的状态是否是不可容忍并需要回复原状的，或者更简洁地说，损害是不是可赔偿的。而盖然性和成本之计算也无法跳脱出此藩篱。申言之，几个要素的动态权衡需要以损害是侵权法上的可赔偿损害为前提，对于非法利益造成的事实损害本身并没有适用汉德公式的必要。

比如在财产损害和人身损害的场合，判例中也存在着相应的区别，尽管被掩盖得较深，但仔细观察仍能发现一二。

Blyth vs Birmingham Water Works Co. 一案中，原告因水管冻裂而起诉自来水公司，称其未将水管埋得足够深是导致损害的原因，应认定自来水公司有过失。法院并未支持，原因是此次冰冻系无法预料的严重，发生概率极低，将水管埋得更深之预防成本大于损害乘以盖然性，因此自来水公司不成立过失。

而在 Hendricks vs Peabody Coal Co. 一案中，一个 16 岁的男孩在被告废弃的

充满泉水的露天矿坑里游泳之时受到伤害。被告煤矿公司明知将矿坑作为游泳池，可能会因水下隐蔽之凸起造成人身损害，但却未采取任何预防措失。法院认为只要用价值 1.2 万至 4 万美元的钢丝即可封闭整个水面，与男孩受到伤害的风险相比，成本微不足道，认定煤矿公司有过失，而判决了对于原告有利之结果。

对比上述两个案例不难发现，在 B<PL 这个公式中，代表可能发生的损害的严重程度的 L 往往与损害本身的性质相关联。第一个案例中，自来水公司从客观损害事实上来说侵犯了对于水管的使用权，这仅仅是所有权的一个权能，在极寒天气这一不可抗力的条件的阻止下，损害的严重程度被极度压损了。而在第二个案例中，男孩受损的却是实实在在的健康权，是人身权这一大类别下的一项独立权利。侵权法为保护主体的权益为第一要务，健康权的位阶很显然高于所有权的一个单独的权能。那么损害的严重程度自然是水涨船高，汉德公式的适用也不会产生什么疑问了。学者也承认了这种层级的区分，对于人身利益的保护一般都高于财产利益，侵权法长久以来都将人身安全利益置于财产和经济利益之前。申言之，首先要明确某个损害是可赔偿的，在此基础上在继续研究其中涉及的权利或者利益的位阶，并最终获得符合矫正正义观念之结果。这就需要考虑利益本身是否是被界分的定型化利益还是尚未得到完全、终局界分的利益。这之中存在着保护强度上的差异。如果仅仅从一般理性的角度来看，以铁丝覆盖水面需要 1.2 万至 1.4 万美元的钢丝，而深挖土地埋设水管所需的花费可能远小于这个数值，但是数值的比较并不能正确地反映汉德公式判断过错的内涵，更不能体现可赔偿损害与汉德公式微妙的联系，还是需要我们深挖概念或者思维进路之内涵，才能对其中的核心价值做出正确的认知和解释。并且，公式化的表达强调了权衡的意味，这也同可赔偿损害的思维方式相一致。

至此，可赔偿损害这一概念使用的合理性从三个方面被完整证立，其中也提到了对于可赔偿损害的保护范围的界定，接下来就将对此范围界定之权衡，做出相关的论述。

第二节　可赔偿损害的规制模式

任何一个侵权法规范都应当有一个明确的保护范围，原因之一是法律条文背后都有其所指向的价值选择，保护范围的大小以及强弱都是被选择的价值的法律体现及现实投影，因此，保护范围的不明确及界定不当会有损法律的确定性并使得保护强度差强人意。可赔偿损害作为开启侵权损害赔偿请求权的钥匙，对其之规制决定着侵权法本身对于主体权益保护和行为自由之间的相互关系。前文已述，“可赔偿”之表述已经暗含着法律价值本身对于损害事实的评价，侵权法作为一个理性所支配的法律，不能要求一个行为不谨慎的人对他人因其行为所产生的一切损害承担责任。有学者认为可赔偿损害解决的问题包括责任成立和责任范围，其实无论是责任成立抑或是责任范围，都需要从损害事实出发，通过法律条文及价值对于该损害的性质和赔偿正当性来源作出证立。法律评价为正当性之损害是责任成立前提条件，而在正当性证立过程中对于损害事实的拆解和价值判断决定了最终可能获得损害赔偿之范围。而在进行细化的解剖工作之前，有必要从条文文义和制度体系中探寻可赔偿损害的规制模式，从中或许可以寻觅出更多的启发。

一、比较法上可赔偿损害的规制模式观察

（一）通过类型化的方式明确损害所指向的范围。

这是罗马法及英美法上的典型做法，即要求民事主体在一定的社会交往中为特定的作为或者是不作为的一种规制模式。

早在罗马法时代，人们就将侵权行为划分为“私犯”与“准私犯”，前者指行为人自己实施加害行为对他人私权的侵犯，后者则指被告虽然没有实施加害行为，但是基于法律规定需要对他人造成的损害或物件致人损害承担责任的情况。

优士丁尼列举了4种私犯的形式：盗窃（furtum）、抢劫（rapina）、非法损害（damnum iniuria datum）和侵辱（iniuria）。侵辱这一形式中包含了对于个人尊严的保护，某种程度上类似于现今所说的名誉之保护，而非法侵害的本质则是损害。罗马法上对此的分类方式是采取适用不同类型之诉的方式来区分损害之中所包含的利益内容，在《学说汇纂》第九卷中，损害即以诉讼程式之不同被分为几种类型：动物损害之诉、泼洒或抛掷物损害之诉、他权人损害之诉等。

英美法继承了罗马法上的类型化方式的规制方法，理论上他们并不热衷于给侵权行为或者损害的规制下一个精准的定义，原因在于其认为侵权行为和侵权责任种类很多，差异性很大。学者甚至认为：侵权行为作为诸多偶然性判决和司法政策的必然结果，对蕴含着这种内在不一致的侵权行为进行概念的规制，是天真且不得要领的。这一思维的出发点也和英美法上可诉求之损害的保护范围较广有一定的联系——人身损害和财产损害之外，还需承担疼痛(Pain)、痛苦(Suffering)、丧失快乐或舒适（Amenity）等不具有直接金钱价值的损失，即所谓无形损害。从整体上看，损害规制的基础是判例法，在一些特殊情形下，尽管通常认为没有损害，也可以通过允许提起诉讼的方式来获取保护。

在美国侵权法上，对于损害本身的界定涉及甚少，损害赔偿的规则和有关责任规则因为法律对于损害的类型化划分而变得比较模糊。损害在其法律体系中被做了各种类型化的区分，如故意侵权及其下包括的殴打、威吓、非法监禁、精神伤害、侵犯土地、侵犯动产、侵占动产；过失侵权及其下包含的违反注意义务、违反成文法责任；严格责任及其下的危险责任、雇主责任等类型。比起损害本身的界定，类型化的工作是明确具体保护之利益范围，以更方便于补偿性损害赔偿金的计算。所谓补偿性损害赔偿金，即是对侵权人因过错侵犯受害人而获有利益，受害人因此承受损失的回复性质的赔偿金，即由于伤害而造成的必然变化之回复所产生之花费。而在美国《第二次侵权法重述》12A中也对此选择倾向作出了明确规定："该文本中所有'损害赔偿'之表述都指的是由于某人因侵权致使他人受害而产生的金钱数额。"

这种类型化规制的特点是直接指出法律所指向的法益保护范围，通过类型化的方式直接为裁判者框定了损害的实质属性，以便于损害赔偿金的计算。但此种模式缺乏弹性，无法全面考虑社会交往的复杂性。在事实损害的新形态不断涌现的今天，很难通过案例法上的既判力对于可赔偿损害的范围作出扩张性的规制，但其全面列举之思路，仍值得借鉴。

（二）完全开放的确定方式

《法国民法典》第 1382 条和第 1383 条规定的仅仅是一个极为宽泛的损害概念，几乎包括了所有情况下的保护可能性，只要是过错致人损害都要承担赔偿责任，也就是说可赔偿损害的保护对象究竟是权利还是利益在所不问。因而这种完全开放式的规制方式被学者称为“世界上范围最广、射程最远的侵权责任制度”。概而言之，这两个条文表明，如果被告因故意过失造成了原告的“损害”，他就要承担责任。法国《民法典》没有解释“损害”所指为何。法国法院不得不自己着力加以确定。

在对于可赔偿损害如此开放的界定模式基础上，需要满足过错（Faute）、损害（Dommage）和因果关系（Causalite）这三个要件，因此对于损害这一要件的解读是十分重要的。

十九世纪后半叶以来，随着社会的发展，损害类型的多样化特征致使法国学界开始重新检讨过去的损害论。仅仅考虑损害现实性、直接性、确定性和个人性这样单纯的平面式考量已经不能通用于现世之新的损害类型。

在《法国民法典》诞生二百余年的时间中，法官通过解释关于侵权法的条文使得对于开放的损害规制模式进行了限缩，主要表现有如下几点。1. 增加了受侵害利益合法性的要求。在相关判例提出“何处有损害”这个疑问的基础上，“受法律保护之利益遭受侵害”这一判断方法被提出，法院在此学说的基础上认为需要考量利益受到法律保护的正当性价值与直接受害人之间的关系，为可赔偿损害的界定加入了新的限定条件。2. 损害的确定性要求的缓和。在赛马案中，法院认定了具有射幸因素的获利机会（夺冠可能性）的丧失，将确定性扩张适用于高几率的情形下。3. 考虑损害本身的性质——权利的正当性自证。斯塔克（Starck）在 1947 年提出了担保理论，其基本论点在于，应当站在受害人的立场去考虑侵权损害赔偿的问题，法律对其保护的正当性来自于权利受到损害本身应当给予保护的正当性。另一个方面，法国法上对于违法制定法规则就自动征引过错，置于违反的是否是致力于保护个人利益的制定法，抑或受到的损害是否在其保护范围之内，都是没有关系的。法国的法律制度推定每个人都知晓法律，这就规定了一个严格的注意义务。

然而现实中的情况是非常复杂的，经过限定后依旧宽泛的保护范围可以让更多受损的法益得到侵权法体系中的救济，却将如此棘手的甄选问题交给了裁判者全权处理——由于法官在保护范围内对损害的解读与认定自由裁量权过大，容易威胁到司法的公正性和统一性。

（三）概括有限列举可赔偿损害的实质属性

此种模式以《德国民法典》为代表，《德国民法典》第 823 条第 1 款中详细地列举了五种具体的权利作为绝对权的法益——生命、身体、健康、自由、所有权。此外留了一个开放性的缺口——“其他权利”，后世因此依据判例生成出一般人格权和营业权。因此在第 823 条第 2 款及第 826 条中分别增列了“违法保护他人法律”及“故意背俗”的责任认定模式。第 823 条第 2 款通过寻找其他特别法中所规定的利益来填补绝对权保护的王者地位，而在第 826 条中则试图引入善良风俗来证立损害的不可容忍和可赔偿性。

《德国民法典》继受了《法国民法典》的历史实践经验，与法国法对于损害救济无比慷慨不同，德国法则要谨慎许多。不但在第 249 ~ 253 条规定了有关损害赔偿范围和评价方式的一般规定，明确了完全赔偿原则和损害赔偿的计算方式，更在第 823 条第 1 款、第 2 款以及第 826 条当中开创了以保护客体为区分标准的三分法模式。学者认为：对于损害，存在着规范的保护范围的问题。只有那些属于针对侵害的规范的保护范围内的损害，才会获得赔偿。借此，行为人无需对其违法行为的所有损害后果承担责任，即排除“自陷禁区”（versari in re illicita）规则的适用。以上三个条文将可赔偿损害的客体区分为绝对权、受法律保护的利益和一般利益，并规定了不同强度的保护与不同力度的救济。分述如下。

1. 绝对权本身是法律对于拥有权利之人以外的其他人自由的限制，因此法律对其只保护最为有效和充分。需要注意的是，除去第 823 条第 1 款明确列明的生命权、身体权、健康权、自由权、所有权之外，所谓“其他权利”是那些按照所有权的方式而设计的权利，并不包括人格利益，这也是学界发展解释出一般人格权的诱因之一。而所谓的其他权利还必须拥有归属效能、排除效能和社会典型公开性三个特征才能认为是权利。

2. 违反保护性法规而开启损害赔偿请求权的案型中，首先必须从相关保护性法规中解读出法律的保护目的，损害必须符合保护目的才能被认为是可赔偿的。此外，单纯违反保护性法规的情况不能直接导致责任，若无过错也可能违反该法规时，则仅过错情况下可以产生赔偿义务。

3. 对于一般利益，仅在行为主观恶意且客观违背善良风俗之时方可获得救济，认为是可赔偿损害。

德国法之所以采取如此之规制模式，理由有三：其一，立法者不愿过多限制自由。其二，对于人身利益而言，希望由习俗和道德保护调整人身权益。其三，对法官的不信任。

立法论上追随德国法立法例的还有我国台湾地区“民法”第 184 条，这完全是对于德国法立法例的照单全收。相类似的还有《埃塞俄比亚民法典》第 2027 条、第 2030 条第 1 款、第 2035 条第 1 款；同样的考量模式还有《荷兰民法典》第 6：162 条。该条认为不法行为必须被理解成是对他人之权利以作为或者不作为方式之侵犯或者以作为或不作为的方式违反制定法上的义务、违反善良风俗、违反与社会日常生活相关的对他人人身和财务的必要注意。而《瑞士债法典》第 41 条第 2 款规定：“违反善良风俗，故意造成他人损害的，应当承担赔偿责任。这和《德国民法典》第 826 条几乎是孪生兄弟。”而第 41 条第 1 款中规定：“任何人因为不法之行为给他人造成损失或伤害，无论故意还是过失，都将强制承担损害赔偿责任。”学界对其之解释有两点：其一，将违法性损害理解成对人以及绝对权之侵害；其二，对于某种保护人身或是财产的行为规范的违反。1966 年的《葡萄牙新民法典》第 483 条第 1 款规定：“因故意或过失不法侵犯他人权利或违反旨在保护他人利益之任何法律规定者，有义务就其侵犯或违反所造成之损害向受害人作出损害赔偿。”和《德国民法典》相关的三个一般条款的表述极为相似。《阿根廷民法典》在第1066条前半、第1071条第2款、第1075条三个条文中也规定了类似德国法的三个一般条款，和德国法模式在条文的实质上没有差别。

比较特殊的是《日本民法典》的内容。修正前的第709条规定：“因故意或过失侵害他人权利时，负因此而产生损害的赔偿责任。”严格地将保护范围限定于权利之上。该条并没有采用不法性的描述（尽管在日本侵权法被称为不法行为法），也没有类似于《德国民法典》第823条第2款和第826条的规定。大审院在1925年发生“大学汤”案件的判决要旨中指出，在侵权责任存在之场合，责任承担之目的在于除去违反法律所产生之恶果。将损害之对象限定为具体的权利则会损害赔偿请求权的救济产生局限，因此需要加入违法性的考虑。至于如何判断违法性，日本的学说理论则完全倒向德国法模式。末川博认为“权利侵害”是指侵权行为的本质要件的违法性表象，比如即使不存在权利侵害，有违法的利益侵害即成立侵权行为。民法设立侵权行为制度赋予受害人损害赔偿请求权，是为了给因故意或者过失的违法行为遭受损害的人获得平等的保护，而不能解释为有差别的保护。而2004年日本现代语化改革对709条之修正被认为是以侵害利益为焦点，并没有改变基本构造。同时日本法在立法上加入了“相当因果关系”的概念。《日本民法典》第416条规定：“因债务不履行所生之损害赔偿，以因债之目的通常可能产生的损害为限。”

相当因果关系这一概念脱胎于对于德国法上因果关系相当性内容的重新解读，学者认为需要对损害赔偿的范围作出限定，而方法就是通过“相当因果关系”的理论来与侵害人的预见可能性相匹配。也就是说，加害人无需承担与加害行为原因结果有关的全部损害，而是需要相当性这样法律上的判断，许多情况下现实中的事态是由各种各样的原因造成的，因此在追踪事实上的因果关系流程中有可能扩散到没有边际的范围，让加害人赔偿全部是不恰当的，因此必须进行一定的法律上的价值判断，将应该赔偿的损害限定在一定的范围内，也就是相当因果关系这一概念的功能。

尽管德国法模式被视为争相效仿或是解释论所依赖的一个方向，但其依旧过于狭窄，因为权利和利益的保护冲突是非常常见的，某些新型的利益内容或许会因为法律的滞后性尚未纳入成文法所明确保护的范围之内，因此界定可赔偿损害的实质属性内容更加依赖于现实的价值裁量而非预先设定好的套路思维。

（四）动态体系的个案判断方式

《欧洲侵权法原则（PETL）》从动态系统理论出发，通过明确列举确定利益受侵权法保护范围所需考虑的要素，为实践中界定保护范围提供了可资参考的要素，为裁判者的司法适用制定了一个弹性的框架。这样的思维进路应当是解决可赔偿损害中实质属性要素迷思的重要创新。《欧洲侵权法原则》提供的框架内容包括被保护权利的价值顺位，权利的公示性，权利和利益的区分，加害人的过错程度，以及公共利益的考量。

《欧洲私法的原则、定义与示范规则（DCFR）》采用了“具有法律相关性的损害”的表述方法，在第Ⅵ-2：101 条第（1）款的规定中，其指出了具有法律相关性的三个要求：第（a）项是在该章下有具体规定，这实际上就是一种有限的列举方法；第（b）项是损失或者伤害是因为侵犯法律在前项之外所赋予的权利而产生的，这是对权利的保护；第（c）项是损失或者伤害是因为侵犯值得法律保护的利益而产生的，这是对利益的保护，值得注意的是利益的限定范围是值得法律保护（worthy of legal protection），在第（2）款和第（3）款的规定中，其指出第（1）款（b）项和（c）项的所规定的权利或者利益必须是在公平合理的情况下才构成法律相关性的损害，具体的考量因素包括归责基础，损害或迫近的损害的性质与实质性原因，遭受或者将遭受损害之人的合理期待以及对公共政策的考量。

如此之规定的原因，是对于平衡权利和自由，需要应对和考察多层面、多样性的事实，就此以动态系统性的参考规则为规制方式，明确法官裁判时应当考量的重要因素，为司法提供指导，限制法官的自由裁量空间，也使得当事人的可预见性增强，值得借鉴。

二、我国《侵权责任法》所选择的规制方式

侵权法之立法首先需要解决的问题是立法模式选择的问题。前文已述，在大陆法系典型的侵权法立法模式有以法国法为代表的一般条款模式和以德国法为代表的概括有限列举的模式。有学者进一步分类指出一般条款模式又分为全面的一般条款模式和有限的一般条款模式。

我国《民法通则》第 106 条第 2 款规定："公民、法人由于过错侵害国家、集体的财产，侵害他人的财产、人身的，应当承担民事责任。"该条为侵权法的保护对象预设了宽泛的范围，实际上为利益的保护提供了请求权上的基础。而实际上，1986 年 2 月公布的《民法通则（草案）》（修订稿）第 104 条第 2 款规定："公民、法人由于过错侵害社会公共财产，侵害他人财产、人身权利的，应当承担民事责任。"此处明确了"权利"这一限定性要件，但是在正式颁行的《民法通则》中则删除了"权利"二字。这表明立法者也认为将侵权法的保护对象限定为权利是不妥当的，需要将合法利益纳入规制之中。实际上除了第 103 条、第 117 条第 2 款、第 119 条、第 122 至 127 条都用了模糊的表述方式——"损害他人财产、人身"而不是具体的民事权利，在解释论上为利益保护留下了空间。尽管《民法通则》的规定有点类似于《法国民法典》第 1382 条的开放性模式，但是实际上，在司法过程中法官很少适用《民法通则》的上述条文来保护利益，而是通过将利益解释为权利的某个内容来实现类推的间接保护。从本质上来看，就是通过权利的保护来征引利益侵害的不法性。

在制定《侵权责任法》的过程中，究竟应当采取哪一种侵权责任一般条款，产生了很大的争议。学者基本上主张采取大的一般条款，而立法机关对于一般条款的态度存在着从坚持小的一般条款模式到采纳大的一般条款模式这一倾向的转变。但是究竟该何去何从，《侵权责任法》用条文的形式最终给出了选择。

我国《侵权责任法》兼采了大陆法系与普通法系的立法模式，采用了独特的"一般条款 + 类型化"的模式，该法第 6 条第 1 款关于过错责任原则的规定才是真正的一般条款，第 2 条实际上是对《侵权责任法》所保护的所有权利和利益的概括说明，而不是侵权责任的一般条款。程啸也指出：《侵权责任法》第 2 条

第 1 款也并非是什么大的一般条款，而只是对《侵权责任法》的保护范围的宣誓并明确适用范围。即处于立法政策上的考量，仅对某些比较特殊的侵权行为作出类型化规定，而通过一般条款来解决新型人身权益和财产权益的保护问题，从而有效地实现自由与安全的协调，适应社会变化的需要。

综上所述，《侵权责任法》第 6 条第 1 款关于过错责任原则规定是真正的一般条款，而第 2 条第 1 款是对于《侵权责任法》权益保护功能的宣誓，并在第 2 款中对于可能成为可赔偿损害的权益类型进行了有限的类型化列举，类型化的方式为区分和深入认识现实中各类损害提供了可能。杨立新在相关座谈中曾指出，学界正在努力进行侵权行为的类型化工作，已经将侵权行为分成了 270 多种。然而张新宝指出这样的列举方法可能存在问题，至少需要七八十条相互间并不统一的标准才能划分出如此多的类型，且掌握起来很困难。在存在一般条款的前提下，列举的工作是无法穷尽的，这样无法穷尽之列举需要法院通过借由一般条款的弹性来实现。

而在 2017 年 3 月通过的《中华人民共和国民法总则》第五章中，于第 120 条规定："民事权益受到侵害的，被侵权人有权请求侵权人承担侵权责任。"并在第 110 条、第 114 条、第 118 条、第 123 条中规定了民事权利的类型，此模式还是延续了《侵权责任法》所确立的规制模式。

申言之，有限的列举无法穷尽全部已有的权益类型和新的利益形态，而还是需要回归一般条款的解释论工作来解决。因为在侵权责任法的体系中，试图做一个一劳永逸的列举是不可能的，有必要通过一般条款的弹性来解决无法穷尽列举的弊端。

而对于可赔偿损害的规制而言，《欧洲侵权法原则》和《欧洲私法的原则、定义与示范规则》中所采取的动态系统的评价方式尽管在某种程度上扩大了司法者的自由裁量权，有可能引起司法审判的恣意，但这种多要素共同考察来确定损害是否是可赔偿损害的思路更加符合将那些随着社会发展不断涌现的利益形态纳入侵权法保护体系过程中的合理性证明需求，为相对静态的成文法框架提供了解释进路上的可能性，值得借鉴。而采取动态系统的模式进行可赔偿损害的规制的前提就是将权利和利益进行区分保护，实际上这也是德国法模式中三个一般条款的规制思路的延续，为了在后文中进一步解剖可赔偿损害的实质属性，有必要对于权利与利益的区分保护做出合理性证明。

第三节　权利与利益区分保护的合理性证明

一、对《侵权责任法》名称的误解

一有损害，即应有赔偿，就如其反像，不管损害如何发生，皆无需赔偿，都非现实世界应有或曾有的法律制度，损害赔偿皆有其控制因素。控制因素有多重，从损害客体来观察，不失为可行的第一步。法律中的权利和利益众多，但绝非所有的权利或者利益在遭受损害后，都需要或都能得到侵权法的保护。其原因在前文中也有过表述，即侵权法需要协调权益的保护与自由的维护这两项基本价值。这两者相互之间是此消彼长的关系，对民事权益的保护越强，对人们行为自由的限制就会越多。现代社会中，人们的经济地位具有交互性，今天要求保护其权益者就是明日力图维护自由之人。侵权法既不能大包大揽地保护所有权益，将所有权益的不利变动视为可赔偿之损害；也不可能置身这个充满风险与损害的世界之外。因此，对于可赔偿损害的保护模式和范围，需要科学合理地界定。

翻看不同地区和国家的侵权法教科书或相关文献，不难发现其对于保护范围的界定都包含了权利和利益的表述。如："我国（中国）侵权法保护的范围非常广泛，既包括各类民事权利，也包括相当种类的民事利益：既保护人身权益，也保护财产权益""侵权行为法旨在权衡行为自由和权益保护，规定何种行为，侵害何种权益时，应就所生的何种损害，如何予以赔偿""被害人之权益受侵害时，课予加害人损害赔偿责任""只有基于一项侵害法益所造成的损失后果，才可以提起侵权法上的赔偿损失之诉""在一般不法行为的要件中，对于他人权利的侵害与是与过错要件并列的""侵权损害的对象是个人的利益"。仅从学说的角度即不难看出，侵权法所指向的保护对象不仅包括权利，亦包括权利之外的利益，而对此二者保护的模式和强度应作何解，却颇有争论。

《侵权责任法》作为一部规制侵权行为的成文法，其本身就可能存在名实不符的问题。根据《侵权责任法》第 2 条和第 6 条第 1 款的规定，可知该法不但保护权利，也保护利益，所有关于侵权行为保护范围的疑问可能都因此而生。这样的名实不符导致了《侵权责任法》的名称和其保护范围并不符合，《侵权责任法》保护的范围远大于其名称所含的意味。中文的“侵权行为”一词最早于清末编定《大清民律》草案时才开始应用，其第八章名为“侵权行为”，该章下第九百四十五条规定：“因故意或过失侵他人之权利而不法者，于因加侵害而生之损害，负赔偿之义务。”而实际上在此之后就有学者认识到上述名实不符的问题，我妻荣指出：“《中华民国民法典》第 184 条既不以侵害权利为要件，则不得谓侵权行为的名称为适当。”

二、《侵权责任法》第 6 条第 1 款解释论疑云

《侵权责任法》第 2 条和第 6 条第 1 款被认为是“一般条款 + 列举模式”，学界认为，相比于德国法的有限列举模式造成的保护范围狭窄和法国法的单纯一般条款模式造成的诉讼水闸的过大开启，该模式能够扩大《侵权责任法》的保护范围，并通过一般条款的弹性赋予了法官高度的自由裁量权，使得通过法官造法的方式使得该法能够与时俱进。但司法者实际上却在相关文献可查询的记录中更加偏爱德国民法的列举模式，理由是德国民法典第 823 条第 1 款和第 2 款，以及第 826 条规定的三种侵权行为类型几乎能涵盖所有的一般侵权行为的案型，相比于高度抽象概括的法国法模式，德国的立法例为判断侵权行为提供了比较具体的方法和原则，能够较好地避免解释和适用上的分歧。

尽管学者的意见最终被立法者所肯定，但是《侵权责任法》颁布之后，该法第 2 条第 1 款规定：“侵害民事权益，应当依照本法承担侵权责任。”“权益”被认为是将权利与利益置于一处的合成词。第 6 条第 1 款依旧使用了“权益”的表述，但对利益保护的具体方式保持沉默，有关利益保护的问题仍然是学界与实

务界所共同关注之焦点。而学者也指出对于第 6 条第 1 款的理解也不能仅从文意解释的角度将其认为是法国的开放保护模式，而应该采取体系解释的方法，进行一个目的性限缩，按照德国模式解释。司法者甚至指出“一般条款＋列举模式”仅仅是一种学术理想，在司法实践中几乎毫无意义。最高人民法院在指导侵权案件之审理上，历史性地走向了类似于德国法模式的解决方法，这一模式在今后的司法实践中仍然应该被坚持。

实际上，争论《侵权责任法》确定的“一般条款 + 列举模式”还是德国法上的“列举模式”孰优孰劣的问题，很大程度上是争论权利和利益究竟是区分保护还是等同保护这一问题上。对此我国学界也产生了较多的争论。

三、我国学界对此问题的争论

杨立新指出，从性质上说，侵权行为法更多的是一部权利保护法，凡是民法所确认的民事权利和所保护的利益，都属于它保护的范畴。其内部原因是民法的基本内容由三部分构成，第一部分赋予权利，第二部分是行使权利的规则，第三部分是权利的保护。尽管杨立新强调了权利重要性，但他随后就指出其实保护的范围仍然包括合法的利益，如其他人格利益。侵权行为损害的不仅仅是权利，并不是所有的权利都能被侵害，也不仅仅只有权利才能被侵害，比如利益，由此推知，可以认为侵权行为法所保护的应当是权利和利益。

尽管立法者在《侵权责任法》的立法解读中指出：“《侵权责任法》对民事权利和民事利益在保护程度和侵权构成要件上不作区分。”理由是权利和利益在界线上较为模糊，很难清楚地划分。但这并不意味着立法者本身对于权利和利益两种保护对象在立法时没有相应的认知，其在立法解释相关的论坛中曾经指出：还没有任何一本教科书清楚地划分权利和利益，然而立法者也不敢接受将侵权法保护的对象进行权利和利益并列规定的方式，亦不能仅写其中之一，最后选择了“侵害民事权益”的表述方式。从上述表述中可以看出，立法者对《侵权责任法》有权利和利益两种保护对象有了明确的认知，但囿于区分上的困难，最终选择了概括的方式。但这并不意味着权益区分保护在我国立法上没有体现，在《最高人民法院关于确定民事侵权精神损害赔偿责任若干问题的解释》第1条中即将人格权利和人格利益分为两款，并为侵害人格利益设计了“违反社会公共利益、社会公德”这一特别的保护要件。立法上或许我们可以认为等同保护权利和利益是立法者的意图，但在司法实践中，这是很难实现的。王利明是立法者所坚持的“等同保护论”的拥趸，他在其论文中指出：我国《侵权责任法》没有对权利和利益进行区分，并据此确定不同的构成要件。其理由正是引用了上文中立法者所给出的理由。而在其较新的论文中，甚至采取了“侵权责任法分则体系越完善，对权利的保护越充分”这一表述，甚至跳出了《侵权责任法》第2条第1款的框架，将利益排除在外。持类似观点的还有陈忠五，他指出：权利与利益特性上的不同，如果有必要予以不同程度的保护，应具体落实在侵权责任既有责任成立要件上，而不宜据此作为侵权责任类型化的基础，使权利和利益的侵害，适用不同的法律原理。

更多的学者认为应当对权利和利益进行区分保护，即通过德国的“列举模式”对《侵权责任法》第6条第1款进行解释。于飞应当是赞同区分保护的观点中旗帜鲜明的领军人物，他认为权利和利益的区分应当符合德国学说中对于权利的三个判断标准：归属效能，排除效能和社会典型公开性。葛云松甚至直接为立法者的“等同保护模式”敲响了警钟，他指出：如果单纯从文义的角度解释《侵权责任法》第6条第1款是危险的，这意味着将要保护所有的民事权益且采取相同的保护强度，这是灾难性的，必须根据德国法模式对其进行目的性限缩，从而对权利和利益进行区分性保护。

从效果上来看，在解释论上通过借鉴德国法模式进行权利和利益的区分保护看起来是合理的，但是问题在于，权利的本质就是利益，那么在此前提下强调权利和利益的区分保护究竟是否合理，权利和利益的关系无法解决，德国法模式的借鉴就从源头上被否定了，因为无法对于两个相同的事物采取两种不同的价值判断手段。

四、对于德国法模式的再解读

法学方法总是展现了两个相互冲突的趋势：一方面，是对于什么将被视为合理的规则尽可能的精确化；另一方面，是承认完全的精确化既不可能达到也不可欲。德国法模式就完美地呈现了这一两面性，前文已有描述，《德国民法典》第 823 条第 1 款、第 2 款以及第 826 条形成了从权利到法定利益再到一般利益保护的自洽的规制模式，给予了裁判者足够的指引，增加了法的确定性，也增加了行为人对于自己行为的可预测性。但是该规制模式对于可赔偿损害的确定而言，实际上范围过小了，人格利益需要通过进一步解释才能获得侵权法上的保护，而一些新形态的利益很难被此规制模式所确认。

让我们回到德国法模式的三个一般条款，其思维进路可以理解为从权利保护到利益保护的一套行为规范，规范着行为人在不同情形下行为义务违反的后果。行为义务可以分为三类：单纯民法上的行为义务、民法以外的法律义务和法外的行为义务，《德国民法典》第 823 条、第 826 条的三个规范模式正好对应了这三种行为义务的类型。以下将对每个义务进行分析。

民法上的行为义务一般对应着权利相对的义务，立法者为已经拥有清晰边界的利益附加了权利工具，这是立法者对于普世认可的价值判断的法律固化，这些利益通常是最为核心且重要的，而权利本身具有不可侵犯的特征，为了满足这样的特征就必须为他人课以义务。

民法以外的法律义务的确定程度要具体分析。在某些成文法（如行政法）中大量规定了特定场合的具体行为义务的类型，这些义务比较容易从条文之中剥离出来，其中的利益类型也相对容易进行解读，在此情形下对义务的违反比较容易认定损害的存在，同时对过错的认定亦有助益。在成文法并未规定具体行为义务的情形下，也就意味着其中的利益类型需要进行解读和筛选，单纯保护公共利益的法律并不能成为民法上行为义务的要求。

法外的行为义务最不确定，但对一个人课以法律责任必须符合“期待可能性”理论，即只有在加害人对自己的行为义务有所预见，但是仍然违反该行为义务导致的损害才能课以责任，因此只有在行为人故意的情况下才构成侵权责任，这在德国法中被称为第826条的限制功能。对过错要件的严格要求应该是建立在存在可赔偿损害的基础上，倘若行为人故意侵害，却未有损害发生，则其承担损害赔偿请求权的可能性即微乎其微，但此种情况下对于损害的认定可能是困难的，因为既没有权利工具的帮助，亦无其他部门法条文规范的转介，那么对于利益的分析和筛选需要有一套可行的方法。

综上所述，由于权利和利益本身在性质和保护强度上就存在着巨大的分别，那么权利和利益因受到侵害而造成事实上的损害时，为其选择不同的认定可赔偿损害的规制模式是一个必然的选择。前文已述，《日本民法典》在2004年现代语化改革后为第709条增加的利益保护内容可谓是将权利和利益分而视之的一个典型例证和立法倾向。也就是说，我们需要对权利和利益进行区分保护。

五、权利和利益区分保护的合理性依据

（一）权利与利益在保护力度上的差异

实际上，从规范说对于损害概念的理解开始，侵权法本身开始从关注权利遭受侵害的救济，认为损害赔偿是对于权利保护的方式。权利一般来说都兼具法律正面规范和反面救济这两个特征，或者说具有积极权能和消极权能这两方面之权能。而利益一般则处于引而不发的状态，隐藏在成文法背后，人们只能从观念中感受到它的存在。侵权法领域的第一个类型化，也是最基本需求度最高的类型化，就是“过错不法侵害权利（绝对权）”这一类型。尽管权利的本质是享受特定利益的法律上之力，但权利这一“外衣”的使用实际上已经暗含了立法对于某些重要利益的肯定性评价。方新军也指出，权利的本质不是利益，权利只是利益的保护工具之一。法律的目的确实是为了保护利益，但是法律保护利益并非只有权利这一种工具，立法者可以通过单纯设立义务的方式（行为规范）的方式保护他人的利益。

绝对权本身具有最确定的内容，边界最清晰，最不需要利益衡量，最宜于通过立法的方式加以确定，能够实现事前规则上的确定性和事后处理结果的妥当性之间的微妙平衡。德国学者也指出，绝对权都是高位阶的法益，并且具有可以

被感知的表现形式，所以，这些法益都具有凌驾于个案之上的，明确的应受保护的范围。绝对权之侵害排斥法官在个案中自由进行价值衡量可能产生的恣意，而侵害权利本身即可征引违法性，相较于绝对权在法律体系中的地位而言，对其施以如此之保护是适当的。

利益则不同，一方面利益本身没有一个明确的内涵和外延，或者说缺乏一种可以被一般人所感知的表现形式。它体现了法律的消极承认，消极承认一方面肯定其合法性，另一方面则是提供相对薄弱之保护。如拉伦茨和卡纳里斯说，“若给予纯粹财产和一般行为自由以类似这种最高标准的全面保护，这是非常可疑的，在实践中也根本没法实施，因为这种保护总是与加害人同位阶的财产和自由利益向冲突”。此处的质疑想必是德国法模式三个一般条款之外的其他利益。而一项利益是否为“法秩序所否定”，只有在确定的案型之下才可以得出结论，而被侵害的利益位阶，仅是决定个案中相应损害是否可以得到赔偿的因素之一。尽管《德国民法典》第 826 条违背善良风俗致害他人的情形似乎已经能涵盖所有的利益，这样的涵盖更多的意义可能是消除部分损害类型划定的意义，却更加需要在个案中具体讨论哪些利益遭受到了损害，进而哪些损害可以被评价为可赔偿的损害。这也正与第 826 条的本意相符，暗含着价值评价的意味。

最后，权利和利益等同保护的思路实际上还是让利益搭了权利应受保护正当性的便车，这样的考虑似乎有些杞人忧天，反倒使得权利和利益本身的保护变得模糊起来。因为新类型的利益未必确定到能够通过权利工具予以保护的程度，或者是还没有必要上升到运用权利工具予以保护的程度。不适用权利工具保护不代表不予以保护，进行区分保护，分开审视更有利于给予权利和利益充分的保护。

（二）权利泛化问题亟待解决

在侵权责任领域通过对损害的解释达到对权利和利益进行等同保护的目的是不成立的。损害作为一个事实概念，其本身并没有承载价值判断的功能，不是通过对损害的解释筛选过滤利益，而是应该通过对利益的解释筛选过滤损害。因为尚未进入法律评价的损害作为事实状态，但是事实判断显然是无法代替价值判断，因此司法实务中要求只有法律上的损害才能赔偿，即只有侵害法律保护利益的损害才能得到赔偿—可赔偿的损害。损害的事实判断只有在损害本身是侵权法上所保护的权利且侵权责任成立的情况下，才对具体的赔偿范围产生影响。而不同于权利保护的正当性暗含，利益保护需要一套特别的遴选和排除机制，“在一片灰色中继续寻找合理的确定性，直至这一合理性的边界”。而这一寻找工作相比是痛苦而困难的，因此将利益张贴某种权利标签的行为在司法上比比皆是，权利泛化的问题导致在请求侵权损害赔偿只是对于损害所保护的客体言必称“权利”，似乎加上“权利”二字就有了正当性基础和应赔偿之理由，这样的粗线条的解释以及对于具体合理性证明的逃避往往造成了更多问题，后文中将详细分析。

（三）效率和公正的考量

效率与均衡是贯穿在整个法律制度中的核心理念。法律制度的设计潜意识来自效率的要求。因此，权利和利益在侵权法地位上的区别还可以从经济法的角度加以佐证，预防权利侵害的成本比预防利益侵害的成本要低，这也是为什么生命权、健康权和物权成为权利类型的典范，而竞争利益成为利益类型典范的原因，同时也是法律就权利和利益侵害分配不同的举证责任的原因。利益保护的过分扩大很可能的结果是导致对自由的过分限制。

侵权事故一旦发生，并且达到法律认为需要进行干预而因此产生了赔偿问题的时候，侵权事故的损失就已经是确定地发生了，事故的成本也已经付出。关于赔偿的法律规则所面临的问题是，如何在当事人之间进行损失的分担。因此，侵权损害赔偿的法律规则首先需要决定这种后果由哪一方当事人来承担。在决定由哪一方当事人承担损害后果时，需要考虑诸多因素。侵权行为产生一种成本，这种成本究竟应该成为行为人的私人成本，还是成为社会成本，这两个选择也是侵权法中的重要的选择。换个说法，就是利益保护的限度与主体自由的限制之间的角力和博弈。

哈特在其著作中曾经明确指出：“借助于明确的法律规定，许多道德原则也许可以在各个不同的方面被引入法律体系之中，并构成法律规则的一部分。”而法律体系的稳定性部分地依赖于法律和道德的这些对应。哈特认为在实证法中需要有最低限度的自然法内容，原因是实证法中存在开放结构，而这种开放结构的存在是因为语言的不确定性。尽管语言一般都有一个确定的中心含义，但同时也可能会有一个有争论的暗区地带。在暗区地带里，这些语汇的意思既不能明确地被适用，也不能明确地被排除。正是这个暗区地带里必然存在着道德和法律的交叠处。对于利益的保护来说，这样的暗区即是当利益本身的性质和边界存在疑问之时，我们需要回到自然法的价值判断和立法者进行价值判断后所规定的权利两者之间，即利益的筛选和权利的射程。

不妨思考一下如下的案例：假如某人在公共场所抽烟，其抽烟的行为应该是源于个人的自由，我们况且将此称为一种权利，如果许多人在公共场所吸烟，使得他人被迫吸入烟尘，在实际损害没有产生之时，我们很难言称不特定人的健康权受损，在尚未危及健康的程度之前，对于被迫吸入二手烟的烦恶似乎只能通过公权力的行政管理加以调控。然而民法的本位已然从权利本位过渡到社会本位，行政管理的公权力的实际权源应当是个人权利所凝结而成的社会利益。因此应当认为权利是法律用以保护利益的工具及手段，而某种社群利益亦有可能是众多个体权利的结合体，为了进一步说明，有必要对利益和权利做进一步解读。毕竟侵权法不仅应当成为一部受害人权益保护的责任法，同时也应当成为一部维护社会行为自由的法。

第三章　可赔偿损害中权利的保护及其局限

现代权利理论起源于古典时代的权利观念，而无论是古典还是现代的权利理论，都指示着某种特定的利益分配机制，相比古典时代主体根据德性、能力、社会地位等依据该社会中存在的正义观念相称的利益分配，现代权利观念则具有明显的主观性特征，这种权利观念强调的是，任何个体在本性上都追求自我利益，彼此之间难免产生激烈的冲突，为此，法律体制以赋予“权利”的方式，在法律层面上认可个体某些类型的利益，并且确保将依据个体的权利主张，运用法的强制力来保障权利中所内含的利益的实现。从现代的权利观念中不难看出，个体多种多样的利益诉求是权利形成的先决条件，而利益的诉求具有现实的物质与精神效应，是主体更倾向于选择的行为模式，因此也可以认为是社会秩序建构的大前提。

从人类社会建立规则之初，便不曾选择对所有损害加以救济，而是在众多的损害之中撷取若干重要者，予受害人法律上之救济权利，而将大量的损害，经由法律之网加以过滤，使其成为人类共同生活所必须忍受之损害而由受害人自行承受，任何一个法律制度都需要一个过滤器，以将可赔偿性损害从不可赔偿性损害中区分出来。因此，法学家和法律政策开始转向新的思路，即解决一个个受损个人的现实救济问题，也许是实现人文关怀的更真实努力。在新的法律政策下，“不幸与不法之间的界限发生了移动，即损害越来越少地被作为不幸接受。损害通常更多地被看作是应得到补偿的，而进行补偿的一个手段就是认为有应予赔偿的不法行为存在。人们期待侵权行为法和损失赔偿法能有助于保障个人的基本生存……法律所强调的重心已从承担过错转移到补偿损失”。

如某人与珠宝店签订合同，购买某款钻石戒指用以向女友求婚，然而珠宝店违约未能交付，导致某人与其女友分手，承担了严重的精神痛苦，在此情况下通常也只能依违约责任获得赔偿，而很难通过侵权行为法的保护来开启精神损害赔偿请求权。因此民法中的损害是经过裁剪的有限范围的救济，民法所谓“全部损害赔偿”，“实并非损害之全部，而只是其一部而已”。而作为民法乃至整个法律世界中最为重要的内容之一，权利的保护在侵权法这一以权利和利益的救济为核心目标之一的部门法上，有着至高无上的地位，无论在立法还是司法过程中，无不体现着对于权利保护的重视及依赖。鉴于此，有必要对权利本身的概念与本质做解剖，探寻权利这一概念对于侵权法上可赔偿损害这一概念的影响。

第一节　权利的本质与受保护当然性证立

一、何为权利

“权利”一词，系外国法律名词之意译，在拉丁文中为“ius”，在法语中为“droit”，在英语中为“right”在德语中为“Recht”。日本学者初译为“权理”，后改译为“权利”。中国法律上的“权利”一词，来自日本。人群共处，各有主张，涉及不同的利益，不免发生冲突。为维护社会生活，自须定其分际，法律乃于一定的要件之下，就其认为合理正当者，赋予个人某种力量，以享受其利益。

罗斯科·庞德指出：“社会科学的任务就在于发现下述各方面的手段：第一，如何在满足人们的权利主张和要求的过程中不断减少浪费现象的手段；第二，如何在满足人们的权利主张和要求的过程中不断减少摩擦现象的手段；第三，如何使这一过程在满足不断增长的人类需求的方面变得更为有效的手段。”约瑟夫·拉兹也指出：说某人拥有某项权利实际上就是在说该人拥有赋予他人对应义务的充分理由。该理由来自于这项专属于他的权利本身。权利正义理论的深邃意义在于直接为社会现实利益和财富正当分配与有效保障，进而为实现社会的公平正义提供一种方法论上的可靠手段。

那么何为权利呢？对此之学说主要有如下几种。

（一）道德权利

权利首先指道德上的权利。这一观点被格老秀斯所主张，他认为权利首先指一种道德上的资格，一种理性动物所特有的并且是与生俱来的道德品质。在《战争与和平法》一书中，他进一步指出：权利一语，还有另外一个意义，在此意义上，Right 一词是指个人所具有的一种道德品性（moral quality）。康德则认为道德伦理会给主体施加一种责任，即把权利的实现作为个人行为的准则。而所有的权利都伴随着一种不言而喻的资格或是权限，对实际上侵犯权利的任何人施加强制。在此意义上道德权利将法律上之权利包含其中。黑格尔进一步指出，道德是主观意志的法，在其发展过程中，主观意志进一步规定在它的对象中所承认的自身的内容，使之成为真实的概念，表达某种客观性的普遍存在。申言之，不难看出在道德权利的概念范畴里，权利本身是一种存在于自由意志之下的资格，是一种具有先验与先在特性的社会存在。

（二）自然权利

自然权利的观念在西方的历史十分悠久，可以追溯至苏格拉底对于人生和礼俗以及善恶之物的研究。古典自然权利理论由苏格拉底始创，为柏拉图、亚里士多德、斯多亚派和托马斯·阿奎那所发展。

苏格拉底将法律与自然等同起来，把正义与合法相等同。自然与法律的分别，对于苏格拉底和总体的古典自然权利理论而言，一直保持着充分的重要性。古典派们要求法律要依循自然所确立的秩序，而当论及自然和法律之间的合作时，自然的一部分有效性就被预先假定了，他们提出了自然权利和法定权利之间的分别，或者说自然的德性和人为的德性之间的区别，这实际上是对于权利与自然和理性之间关系的一种认知。而所谓正义就是善，正义就在于给予每个人应得之物，但由于恶法之存在，为了将正义之中的善得以留存，需要将自然正义的本质独立于法律。

十七至十八世纪，在理性和民主的旗帜下，霍布斯、洛克、卢梭、柏克等学者发展了现代的自然权利理论。以霍布斯为代表的学者们表现出对于传统的蔑视，并将“天赋权利”的概念引入传统自然权利学说的体系之中，指出世界上每一个个体都享有与生俱来的保全自己“生命、自由和财产”的权利，并且认为这些权利是不应被任意剥夺和侵犯的。每个个体都应竭力以保存其身，每个个体都有这样的最高的律法与权利，即是按照天然的条件生存与活动。洛克也指出，自然状态有一种为人人所应遵守的自然法对他起着支配之作用，人和人之间是平等且独立的，任何人不得侵害他人的生命、健康、自由和财产。而卢梭用“每个人都生而自由平等，他只是为了自己的利益，才会转让自己的自由”来描述社会契约的构成。而转让这种自由的结果除了缔结成一个社会整体之外，还获得了某种积极权利的范式——人拥有权利就是拥有某种自由。自然法思想与自然权利观念对当时及此后的西方社会产生了深刻的影响。不仅在于觉醒了人们的权利观念和权利意识，同时开启了运用自然法原则与自然权利指导权利制度实践的新时代。

（三）法律权利

权利的概念被人们所熟知还是因为其在法律中之体现。换句话说，法律权利就是在主权国家的实在法中得到具体反映与体现的权利。尽管许多哲学家否认自然权利或非制度性的道德权利，但法律权利的真实性却很难被质疑。这是由于法律权利的基础是法律，立法者在法律中用精练的语言来达到复杂的对给定群体进行法律保护的目的。康德亦指出：自然的权利以先验的纯粹理性原则为依据；实在的或法律的权利是由立法者的意志规定的。并且，在法律权利中蕴含着国家和社会个体的矛盾对立，法律可以宣布某种行为违法并进行相应的制裁，法律也可能直接规定人们得为或不得为某些行为，无论是何种情况，都得依靠人们对于法律的尊重来进行行为规范。这样的尊重应当来自于法律本身的强制力，来源正是主体为了更大限度地实现自身的自由而让渡的一部分自由。法律权利具有意义上的双重性，一方面是对于行使自由的许可和保障；另一方面是对于滥用自由的限制与惩戒。对于法律权利而言，当原始社会因生产分工的进步打破了人类“原始共有”的枷锁，私有财产制的产生及其被认为是神圣的，组成社会的成员对于财产的占有和支配的利益需求不断提高，法律化的权利即是人们对于自身和占有之财产所寻求的一种可以依赖的保护方式，也是社会发展进步过程中制度框架变革的必然需求。综上所述，法律权利的出现和存在与一定的社会历史条件有密切关联。如同人类社会的其他社会存在一样，法律权利的产生和存在必须立足于隶属于一定社会基础的现实情境之中。所谓的社会基础既包括经济的因素，也包括政治、法律等以及与其相关的其他一切社会因素。

前文所述的三种权利在理论内涵和社会意义上都有着明显的区别。道德权利和自然权利主要是一种社会观念，一种表达人类的社会思想、权利目标而存在并且更多地体现为应然意义上的权利类型，相比而言会提出对于秩序和利益更高的要求和期望。而法律权利是一种以法律制度化形式存在于法律体系中的权利类型，是社会制度化的产物。

从现实意义的考量上来说，法律权利较之上述其他两种权利类型具有更为积极的社会意义和现实价值。权利制度的设计与运转的合理性程度决定了社会进步的速率以及社会福祉增加的幅度。因此，作为成文法的侵权法中的可赔偿损害中所规制的权利，也应该限定为法律权利。

此外需要进行说明的是主观权利的概念。法律作为客观规则而存在，但并非所有的法律都赋予公民以主观权利。只有当公民藉由某一规则而获得法律上的权能，为了自己的利益要求他人为、不为一定行为，或者承受一定的容忍义务时，才可以确认该项客观规则构成了公民的主观权利。所谓“主观权利”并非强调权利有主观与客观之分，而是强调权利为主体所享有，可在遭受侵害时获得司法保护的可能。主观权利以客观规则为依据，并通过客观规则来实现。当然，“主观权利”和“客观法律”的区分来自于德语，因为语辞相近可能造成误解。吴从周认为中文语辞中“权利”和“法律”本身并不存在混同之可能，因此强调主观权利和客观法律之区分似乎无必要。在法律权利的框架内，直接使用“权利”一语即可。阿列克西对此也持相同的观点。

二、权利的本质及相关学说之争论

在权利的意识觉醒，权利的概念出现之后，关于权利本质的讨论逐渐甚嚣尘上，对于权利本质的理解必将影响到权利在侵权法上被规制为可赔偿损害的合理性程度。同时，如前文所述，权利和利益因其法律赋予的保护力度的差异导致需要进行区分保护，而保护力度的差异的解读，也需要先从权利的本质的相关学说中进行分析，读书是眼光往返流转的过程，而对于侵权法上损害论所规制的权利而言，需要将眼光往返流转于权利的本质和侵权法本身功能和目的，以期获得一个全面的解读。

（一）意志说

意志说的经典表述由温德沙伊德所提出："权利是法律规则所赋予的意志的支配力或统治力。"意志说最为符合权利概念的历史发展脉络。在公元 14 世纪之前的社会中，包括古希腊和古罗马在内都不曾存在一个明确的权利概念，原因是这些社会都是以整体主义占据主流的社会。梅因指出："罗马人并没有得出或者完全得出法律权利的概念，人们第一次获得对于权利的释义是从边沁和奥古斯丁的相关分析中总结而出。"权利概念本身是个人主义兴起的产物，而个人主义与自由意志主义在发展线索上是暗合的，因此权利概念也是自由意志兴起的产物。前文所述的关于主观权利和客观法律的区分即是意志说的某种表达，因为法律制定出来的时候只是客观存在的法律，只有当主体根据自己的自由意志去主张这个法律的时候，这个法律才变成他的法律，也就是主观的法律，这就是他的权利。这个表述的理论来源应当是奥卡姆（Ockham）所主张的对于法律权利应当从客观解读转向主观经济、社会状态以及伦理上的合法性。权利概念提出的目的在于在此概念影响下的人与物的和谐比例，并最终获得自然或宇宙的理想秩序。

在哲学领域由康德首先对权利的意志说进行了完整的说明。意志自由被其确定为实践理性的三项公设之一，即"必须预先认定，人是可以不受感性世界摆布的，能够按照灵明世界的规律，即自由的规律，来规定自己的意志"。而实践的诸原理是包含有意志的一个普遍规定的那些命题，这个普遍规定统率着多个实践的规则。如果这个条件只被主体看作对他的意志有效，这些原理就是主观的，或者是一些准则（Maxime）；但如果那个条件被认识到是客观的，即作为对每个有理性的存在者的意志都有效，这些原理就是客观的，或者是一些实践的法则（Gesetze）。因此，权利本身包含了一定程度的内在复杂性，在相关领域内个人意志的最高性即意味着权利人为特定行为的容许性，不可侵犯性（相关的行为干涉将违背平等与自由），以及权利人享有放弃其权利的决断等。在康德看来，自由被界定为唯一的自然或人类权利。所有其他“传统”意义上的权利都必须符合规定于自由定义中的理性证立条件。

康德强调个人意志自由的法律哲学为权利的意志说提供了深厚的理论基础，萨维尼、凯尔森、费希特、谢林、哈特、韦尔曼和斯坦纳等学者均从自由意志的角度说明权利的本质。

权利的意志说在大陆法系和英美法系均有着大批的拥护者，如哈特所提出的“选择理论”、韦尔曼的“支配理论”等等。尽管意志说最为符合权利这一概念产生和发展的历史，但也受到了许多质疑。从个人主义层面上来说，如果个人主义本身受到整体主义或者社群主义的质疑时，权利这一概念存在的理论基础就失去了，同时由于在此情境下个人意志被无视，那么权利和法律就成为了同义词。另外的质疑从关于权利本质是什么的角度出发，认为意志不是权利的本质，而本质究竟为何？有认为是利益者，亦有认为是资格者（实际上还是回归了自然权利的概念）。

综上所述，意志说的核心在于权利是主体在法律之指引下依据自己的自由意志所进行的为了自身获益而进行的努力和争取。

（二）权利否认说

正如前文所述的整体主义或者社群主义对于个人主义所提出的质疑，对于个人主义的反驳就造成了权利概念的合理性来源失去了。

迈克尔·桑德尔指出，个人主义和社群主义的区别在于：作为个人主义意义上的自由主义是追求自我实现和意志的权利实现，而社群主义是追求共同目标的共同体意识约束。整体主义者认为社会本身就是一个有机体，社会作为一个整体是优先于其组成部分的个人的。每个人相对于全体而言都负有某些义务，但面对全体，严格意义上人们不拥有任何其他权利。

但是上述的批评很难自圆其说，因为相关学说都过于地否认了人对于社会演进所起到的作用。尽管在古代社会中权利概念尚未明确，但这一概念的逐渐明确在于主体对于自身获益并存留住这种满足状态的不懈努力，权利概念的最终出现表明了社会价值观念的转变和人类社会的进步。而整体主义将权利本身的内容认为是一种共同的善，但是这样的理解将会把某种他人的价值强加在个人权利之上而无法尊重每个人有能力选择他自己的目的的权利。

凯尔森尽管是意志论的支持者，但他认为主观权利的起源是人的行为和社会秩序的需求，先于且不受制于客观法。客观法只是对于法律秩序状态的一种确认，其是为了保护主观权利的目的而设立的。但是凯尔森的批判更多的是针对自然权利的内容而不是法律权利的批判，而且他反而强调了人的意志在权利被客观法所固化时所体现之作用。因此，权利就是法律规范对为制裁应予执行而必须表示这样一种意志的人的关系。当事人有使适用规定制裁的有关法律规范得以实现的法律可能性。也就是说，个别规范实际上是对于权利进行认可的表现形式，只有在法律规范的适用、制裁的执行，要依靠指向这一目标的个人意志表示时，才能认为是一个属于主体的“权利”的完整表达。

综上所述，从否认个人主义的角度否认权利这一概念的存在是不合理的，纵使社会本身是一个整体，也无法否认个体的差异以及需求存在不同。而绝大部分的权利也是由权利人自由意志的行使直接实现了，而并非需要通过共同体共同目的的考量——国家机关依据法律之规定来进行救济，因此，个人意志作为权利本质的一个组成要素是无法完全否定的。

（三）利益说

利益说并不否认权利概念本身。或者说，利益说应当是解决权利与利益冲突的最早思维进路。对于利益法学派而言，利益并不仅仅指的是物质利益，它还含有人类最高利益（某种最大的善），以及道德和宗教的利益之意。利益一词要适用于法学，必须理解为其最宽泛的含义。

利益说代表性表述是功利主义的鼻祖吉米·边沁提出来的：“权利对于享有权利的人来说本身就是好处和利益。”罗尔斯明确指出，人们习惯上认为功利主义是个人主义的，但是经过思考我们将会发现功利主义不是个人主义的。因为功利原则是把人们既作为目的又作为手段来对待，它通过把每一个人的福利看得同等重要（肯定意义上的）而把人看作目的；通过允许用一些人较高的生活前景来平衡另一些较不利者的较低生活前景，又把他们看作手段。而在终极意义上，功利主义是将个人作为手段来对待的，根本原因就在于功利主义并不在人与人之间做出严格的区分。而因为功利主义想要达到最大多数人的最大幸福的目的，就必须假定个人与个人的幸福是可以替换的。但问题恰恰在于每一个人都是个别的人，他的生命是他拥有的唯一生命。功利主义对人个体的消融使得其更加偏向整体主义，因此一种令人满意的权利理论的基石，不可能在功利主义的学说中探寻到。威纳把利益理论的核心内容概括为权利的单一功能在于促进权利人的利益。更具体地说，权利是那些目的在于促进权利人福祉的成分。而拉兹将权利界定为：“X（某人）拥有权利意味着，在其他任何事情都平等的前提下，当且仅当X的康乐（利益）的某一方面是使他人承担义务的充分理由，其便能够拥有权利。”

通过利益说的描述，有一件事不言自明，那就是权利这样一个外壳中是必然存在利益的。耶林亦指出，权利的概念是以法律上对利益之确保为基础，权利是法律上保护之利益。每个权利，都表达了立法者依据他当时的观点认为值得加以保护及需要加以保护之利益——利益构成了权利的目的与前提。此外，还可以从权利实现的可能性加以说明，即所谓的“享受权利（Genu1 des Rechts）”。此概念指的是一种对于赋予权利人的利益，基于其目的之事实上运用，而使权利人享受权利的方式及内容，需视其关系、目的状况等不同情形而定。而权利的享受可能性构成每一个权利的最终目的和标准：利益本身构成权利的实体，赋予利益权利的保护力，其重要性在于，使利益在法律上有不受到妨害的地位。这个目的和标准也明确了利益说所主张的权利的两个方面的要素——实质要素（利益）和形式要素（法律之保护）。

利益说的学者举出这样一个例子：法律要求人们遵守交通规则，结果人人皆得享受交通安全的反射利益，但是此项利益并非权利，因为享受者无法向他人请求履行。

在前文中我们还曾经举例过在公共场所吸烟的事例，不妨将类似的考量用于此事例，所谓遵守交通规则而产生的反射利益实际上源自人们对于生命权与健康权完整无损的朴实希望，并在此基础上未雨绸缪地受到约束而不为一定的行为，这样所产生的反射利益实际上还是源自个体对于自身基本权利的认知与保全需要，产生的社会普适利益应当可以看作个体权利的集束形式。尽管拉伦茨、沃尔夫、凯尔森等学者批评利益说，认为权利本身并不是这些利益，而仅仅是法律形式，它为此受到保护并有权要求得到保护；权利只是形式而不是内容，是保护本身而不是所保护的东西。但是有一点必须要指出，诚然利益说有它的不足和局限，权利也确实不能等同于利益，耶林的利益理论未能说明利益是如何转化为权利的，这是一个重要的缺陷。然而利益说却帮助揭示了权利和利益的关系，如果权利只是利益保护的方式之一，那么无疑的，拥有权利外衣的利益得到优先或者当然的保护的合理性也就不证自明。

综上所述，相较于意志说强调个人意志的重要性，利益说实际上明确了个人意志所施加的对象和范围。从权利的实质要素和形式要素不难看出，权利之中的利益实际上经过了主体意志的主张和法律的保护力施加的双重过程。如此之思路类似于可赔偿损害之界定，也为权利的侵权法保护正当性加上了重磅砝码，值得关注。

（四）资格说

资格说与其说是关于法律权利的一种学说，不如说是道德权利的进一步释明。格老秀斯指出："权利是个人所具有的一种道德品质，这使得他能够正当地拥有某物或者做某事。"而对于主体而言，权利是去做、去要求、去享有、去占据、去完成的一种资格，权利人的能力并不是依赖于他的意志，而是依赖于他是否有资格这样做。但是资格说存在一个重大的问题就是容易陷入某种逻辑上的死循环：因为一个人有资格，所以他有权利，同时判断一个人有权利的标准时他有资格。由于资格说的起源是道德权利的解读，因此强调更多的是一种伦理学和社会法上的善，是主体在追求利益和获得满足之时的必要状态，而对于主体追求利益和获得满足的前提，还是行为人自由意志的行使。结果就是资格说无法反驳甚至又转回了意志说的内容。

但是资格说对于权利和义务的相关性做出了贡献，认为每一个法律上的权利都与一种法律上的义务有关，这应该源自于资格说对于权利人所谓“德”的要求。这些义务有些是积极的，有些是消极的。但相反的，义务却并不总是对应着权利，作为行为规范的义务很可能保护的是某种尚未被纳入权利框架下的利益，如前文中公共场所吸烟的案例。这可以让我们明确一点：尽管利益的概念已经成为现代社会的核心话语，但是权利并不是解决全部社会问题的万能钥匙。

（五）法力说与其他权利本质的后期学说

法力说是在意志说和利益说针锋相对、剑拔弩张的态势中被提出的。该说的代表人物是阿道夫·梅克尔（Adolf Merkel），他认为“权利之本质是享受特定利益之法律上之力”。法力说被认为是意志说和利益说的混合体。该说在日本、中华民国时期、目前我国台湾地区和新中国的民法学界都产生了广泛影响，被认为是关于权利本质的通说。

但亦有学者指出梅克尔试图将意志说和利益说融合的法力说最终被误读为将资格说和利益说进行融合，所谓法律上的力根本就不是权利人自身的支配力或是请求力，而是法律上对于权利得行使此自由意志的一种法律许可。或者说是法律制度对权利人的授权使他具有可以作为的资格。而将个人意志排除在外的做法实际上是不可取的，缺乏个人意志，将使得权利的主观性（权利人自身主张和追求）丧失，权利将等同于客观法律，这是不可取的。

另一方面，从法力说对于利益说的整合情况来看，“特定利益”的表述实际上并不包含利益说中所包含的实质要素和形式要素，仅仅指某个被归属于特定主体或是内容相对确定的利益，并没有突出利益说中的法律评价内容。

关于权利的本质的其他的后期学说更像是拼凑混合的“新瓶装旧酒”，各学说试图部分否定早期学说并将学说进行拼合以达到自圆其说的目的。其中包括法力说，地位、利益混合说，归属—控制说，多种要素混合说。这些学说都有个共同特点，就是无法将利益从权利的本质属性这个内涵中排除出去。

在对于权利本质的学说做出梳理之后，一个疑问产生了，我们究竟需要选择哪一种学说？本书并不想为相关学说的优劣程度做一个排名，然后取一木而弃森林，对于解决问题而言，并不需要完全参照或认同某一个学说，而是应该综合采纳。下定义的工作有时候并不是重点，重点是描述权利本身应有之姿态。

权利之中是包含“特定利益”的内容的，法律对于可由权利人享有之权利应当给予许可，在特定利益的筛选过程中，自由意志本身的追求方向决定了利益的类型和范围。而利益本身对于主体所带来的好处也推动着自由意志以社群集结的方式制定法律规则，同时在其描述的权利框架下通过主张权利最终得到权利的真正实践。

三、权利应受侵权法保护的当然性证立

在传统民法中，权利一直处于核心的地位。诸如“民法是权利法”“权利是民法制度构造的中轴”之类的表述，十分清楚地表明了权利在民事理论体系中的重要性。侵权法作为民法的部门法，权利在其中地位的重要性不言而喻，而为了确保这种核心的地位，需要对权利受侵权法保护的当然性做进一步证立。

民法将每个个体所享有的诸如生命、健康、隐私、财产之类的利益在法律上加以确认，遂产生了私权。民法的基本功能就是确认私权并保护私权，民法的一切制度都是以私权为轴心建立起来的。

正如借助权利之中所存在的大量个人意志对于利益满足的追求，权利制度因此而顺利产生。从利益到权利，这也是制度理性的要求在权利这一由个人意志集合而成的社群目标的价值选择所产生的概念最终得以明确之前，古代中国以所谓“礼”来平息利益追求过程中冲突的解决与利益分配的问题。尽管形式不同，但追求相同的是，古希腊用“正义”、“古罗马”用“法律”来解决相应的问题。

在对权利本质的学说进行分析之后我们得出了“权利之中包含特定利益内容”这一结论，其实这一结论是必然的。因为权利制度本身就存在很严谨的制度理性，其产生和发展绝非偶然，而是社会演进发展的必然产物。权利概念并非将

其内涵看作仅仅涉及个人的行为，还注意到个人之外第三人的存在，其内涵包括如下方面：意愿的表达、对物的占有、他人的承认。从中我们可以看出，权利的内涵其实也暗含了其形成的可能过程，即首先拥有某项利益，同时对外表达对此利益的诉求，最终获得他人——或者说是所有他人所集结之社会契约的形态——国家的承认。

利益具有庞大的内容却并没有明确的分界线，因此不同主体之间的利益追求必然会产生冲突。不同的人对于外部世界的认知和取舍亦有很大不同，加之资源总量是有限的，在对于自身利益和满足追求之时，都可能引发利益的冲突。就侵权法的角度来说：如若某人在自己的住宅内进行装潢，不慎打破水管致使水流入楼下房间，致使楼下房间之所有人的房屋受损，同时存放家中的仿冒产品被水浸泡灭失。从广义的利益概念上来说，这之中存在着利益的冲突。但如果我们为这些利益套上权利制度的枷锁，就不难发现被定性为权利的利益内容和无法被认定为权利的利益内容最终被救济的情况将会是截然不同的。

阿列克西（Alexy）指出，法律作为理性的制度化需要满足三个要素：正当制定性、社会实效以及实质正确性。而权利制度作为运转于法律体系之中的制度，也当然的符合这三个要素。

（一）正当制定性

利益的正当性评价结果在法律上表现为权利，这一点揭示出权利的本质——正当利益的法律化或制度化。

权利之所以区别于一般利益而成为权利，很大程度上就是因为权利内含的价值被确定化、客观化了，只有这样，权利才能为世人所明知，才能要求他人予以应有的尊重和注意。毫无疑问，立法者之所以给予债权人以收回自己财产的权利，给所有权人以处分自己财产的权利，就因为他推定一个债权人照例对收回其财产是有利的，而所有权人的利益按例就是别人不应干涉他对其财产的处分。立法者推定人们在某些条件下具有某些利益，而他想要保护其中的某些利益。在将利益上升至权利的过程中，立法者通常会考虑那些“积极的普遍个人利益”，如主体普遍或大都承认和接受的正当利益，这些利益往往会表现为具体的有名权利，如表征正当人身利益的生命权、身体健康权、荣誉权、名誉权、隐私权、监护权等，表征正当财产利益的所有权、地役权、抵押权、质押权、留置权、知识产权、债权等，以及表征兼具人身利益和财产利益的股权、建筑物区分所有权等复合性权利。

此外，对追求正当利益的自由以及由该自由带来的机会等普遍个人利益在法律上亦可表现为具体的有名权利、如继承权、期待权等。有学者指出，将基于自由选择的机会（尤其是可能带来实际好处的机会）等普遍正当利益在制度上上升为权利，不但跟利益理论的初衷相吻合，而且在某种程度上亦扩大或修正了利益理论的适用范围。

权利制度的正当制定性还表现在其通过基本法上的条文设置来预先为具体的有名权利设立了一般性的概括条款，包含这权利制度的目标以及合法性宣誓。如德国《基本法》第 2 条第 1 项规定："人民有自由发展其人格之权利，但以不侵害他人之权利或违背合宪秩序或道德律为限。"美国《宪法》增修条文第 9 条规定："本宪法对于一定权利之列举，不得解释为否定或轻视人民所保有的其他权利。"日本《宪法》第 13 条规定："所有国民以个人之身份受尊重。国民之生命、自由及幸福追求之权利，在不违反公共福祉之限度内，立法及其他国家政治之运作，必须予以最大之尊重。"我国台湾地区"宪法"第 22 条规定："凡人民之其他自由及权利，不妨害社会秩序公共利益者，均受宪法之保障。"《中华人民共和国宪法》在第 13 条前两款规定："公民的合法私有财产不受侵犯。国家依照法律规定保护公民的私有财产权和继承权。"在第 33 条后两款规定："国家尊重和保障人权。任何公民享有宪法和法律规定的权利，同时必须履行宪法和法律规定的义务。"作为一国基本法的宪法具有最高的法律位阶，任何下位法都应当依据宪法的精神来制定，不得与宪法相抵触。在此意义上，权利制度的正当制定性是被立法者从最高的法律位阶上被确认的，这一点毋庸置疑。

从另一方面来说，立法者在权利制度的制定过程中不仅考虑到某些利益在观念和现实中的重要性，同时也考虑到了经济成本和效用的问题。正因为权利具有成本，需要公共资源的投入，所以对于权利制度的设计而言，就必须将公共资源的实际状况纳入考虑的范畴之内。无论是通过立法的形式还是通过司法的形式进行的权利演进必然要考虑或者要受到社会财富或者公共资源的总量的影响。同时，权利设计必须要考虑在公共资源分配上的社会妥当性，正如被设计及被实施的那样，“权利保护的支出是否使作为一个整体的社会受益，或者至少使其成员的绝大多数、或者只是那些具有特殊的政治影响的团体受益”。正是因为任何权利都毫无例外地具有预算成本，都必然需要作为社会整体集体性积累起来的财富的公共资源的投入，而且，任何权利，无论是宪法性的权利还是福利性的权利，也都是最终为了或者最终有利于作为社会整体的集体性目标的实现的，所以，权利和自由，在任何情况下，都不是或者都不仅仅是私人性的东西，而是具有公共性质的公共物品。

（二）社会实效

在利益冲突不断增多的现代社会，任何个人或者团体的活动都影响着周围的人或者更多其他人的利益。因此法律本身必须要在所有的利益之中进行区分选择，对于某些利益赋予其优先于其他利益的价值判断，并且给予这种价值判断一种可以被区分识别的外在形式——权利。这种价值判断的标准实际上来自于个人意志进行主张所表达的总体叠加。换句话说，鼓励利益追求者的积极进取心和创造性而赋予其追求自由是现代法律制度一个核心价值，但这种追求目的的实现又不允许直接以他人的利益受损或者义务施加为代价。在多大范围内允许对自由予以限制决定了正义原则的具体要求或具体内容。

在此基础上，权利这一法律所施加的保护，实际上产生了一种积极的社会实效——尊重每个人依据个人意志追求并实现其自身利益的自由，但自身利益得到满足或得以实现的前提是不应当使其他个人的利益受到减损。这既是法律对资源分配的效率要求，也是法律的正义要求，从根本上还是道德或者伦理要求。但有一点必须明确，尽管效率也是法律价值体系中非常重要的内容，但是法律更为关心的应该是人的正义，或者说主体意志对于正当利益的实现。权利制度的社会实效就是对人之生存基于最基本的关心，将与人之生存相关的最为重要的利益上升成为权利正是这种目的所产生的实际效果。尽管法律没有办法让所有人都获得锦上添花的喜悦，却应当可以让所有人都有基本生存和自由的安全感。可以认为，国家有正当理由减少违法行为，主要通过将一些利益界定为权利，并且给予权利所有人避开或纠正违法行为的权利，以减少社会违法行为的发生率，这也是国家设立侵权法制度的目的。而权利制度本身就包含和实现了这种实效，因此，在权利受到侵害而产生了损害之时，将其纳入可赔偿损害的范围符合其社会实效的要求。

（三）实质正确性

如果说法治是目前所能发现的治理社会的最好方式，那么作为法治核心的权利必然以个人利益的实现与冲突的解决为内核。

权利并不是简单地被赋予一个仅有字面意义的外表，而是有其实质性的内容，即实现主体的特定利益。只有当权利体系中所体现的利益分配格局，遵循或者说大致吻合于其所在社会中客观的、超个人的正义观念的时候，诉诸于权利学说，才具有一种道义的力量，而不是一种空洞的说辞。克拉勃指出："法律起源于对利益的评估，法律之所以存在，也因为人们连续不断地评估和重新评估利益，因为他们希望利益调和，因为他们希望保障他们本身的利益和承认尊重他人利益的正当。"权利制度是至关重要的，因为它代表了多数人对尊重少数人的尊严和平等的许诺。

在此意义上，权利和法就是一枚硬币的两面，当法律制定出来的时候，它只是客观存在的规范，当一个主体基于自己的自由意志去主张这个法律的时候，这个法律就变成了他的法律，也就是他的权利。德国法学说中以此征引侵害权利的不法性理由，同样的，在《德国民法典》第 823 条第 2 款的情形下，违反保护他人法律侵害他人利益的，尽管没有侵犯他人的权利，但违反法律本身还是直接征引了行为的不法性。

正义原则要求对于法律主体的利益追求进行正当性评价，并把获得正当性评价的利益上升为权利。或者也可以理解为，如果某人拥有一项权利，则他已经获得了正义原则对他主张该权利的正义评价。

因此，权利的核心内容——"利益的实现"从实质上来看是正确的，这主要表现在两个方面：权利所指向的“利益”本身源自于法律对于广义概念下的利益的价值判断。这就平衡了人追求利益的自由和不得使其他个人的利益受损之间的界限，而“实现”意味着权利人依其自由意志主张他所拥有的权利。反过来说，侵权法上对于权利的侵害实际上是侵犯了权利人因其自由意志所欲维持或获得的已经得到法律肯定的利益。

综上所述，权利在正当指定性、社会效果和实质正确性三个方面都被证明了其受到法律保护的合理性。而侵权法作为一个部门法，其所保护的对象也必须包含权利且应当将其放置于保护序列的第一位，这也是权利制度的既定目标和必然要求——既可充分主张，也可完满救济。因此，权利受到侵害的状态作为侵权法上可赔偿损害的保护对象，具有当然性。在各国的立法与司法实践中，对于权利的规制和保护，也有显著之体现。

第二节 可赔偿损害中权利的规制与保护

一、立法上对于权利保护的重视

在解读了权利受到侵害在侵权法上应予保护的当然性之后，有必要从比较法的视野上考察各国立法对于这种当然性的表现。纵观各国立法例中对于可赔偿损害的保护范围，首先映入眼帘的一定是其对于权利之保护。当然要强调的是，侵权法上的权利，一般指绝对权。作为相对权的债权，在特定情况下采特定的保护路径，但并不采用权利保护的考量模式。

（一）德国法

最经典的莫过于《德国民法典》823 条第 1 款：“因故意或过失，不法侵害他人之生命、身体、健康、自由、所有权或其他权利者，对于该他人，负赔偿因此所生损害之义务。”该款明确指出了法律对于侵权行为而言首要保护的对象是该款所明确列举的几种权利和与所有权相类似的其他绝对权。尽管德国学者似乎更喜欢将该条所保护的对象认为是权利和利益，第823第1款实际上是通过列举的方式区分了权利和法益(Rechtsguter)，即生命、身体、健康、自由这四项是法益，而“所有权或其他权利”是保护权利的内容。但实际上“生命、身体、健康、自由”是主体之生存所需仰赖的基本利益，是人身权的大框架下的几种典型的权利。而《德国民法典》上对于权利和利益的区分保护并不需要从823条第1款中解读，因为第823条第2款实际上就是对法律规定的利益的保护，而第826条是对于一般利益的保护。因此对于第823条第1款所列举之内容，视为对于权利之保护，应当是合理的。

1. 生命权

人的生命绝对是最高的法益，无生命，即无一切。生命权被剥夺时，加害人构成侵权责任，绝无异议。但有一点需要注意，因为生命既已丧失，权利能力便已消灭，所以在侵害生命权时，所得请求权赔偿者，并非直接受害人，而是法律规定的间接受害人。

2. 身体权、健康权

身体的完整性也受到侵权法之保护，通常把对身体完整性的外来侵犯视作身体的侵害。如伤害他人身体、或破坏身体内外部的有型组织。此外，对他人施加暴行，未致发生伤害的情形，如对他人大声吼叫致生惊恐、面唾他人、当头浇粪、剪断他人发须指甲等。

健康权则以保持身体内部技能完整及良好运转为内容，对内在生命进程的破坏，对人的身体内部的物理和心里协同作用的妨害，如将HIV病毒传染他人，贩卖有毒有害食品使人中毒，制造超限噪音使人精神衰弱等。

将身体权和健康权并列述之的原因是，通常情况下，对身体的侵害也会导致对健康的侵害。身体权或健康权均在于保障个人身体完整，而且经常发生重叠。如在交通事故致人损害的案例中，受害人腿部骨折、内脏受损，这是同时侵害了身体权和健康权。

3. 自由权

《德国民法典》第823条第1款所保护的自由是身体上的活动自由，如拘禁他人，诬告他人致遭受逮捕等。德国法上的案型主要有三种：行为人为了实现其目的而关押某人；将精神病人过度地固定在疗养院中；以违反法治国的方式促使权力机关对某人实施行政拘捕或监管。

4. 所有权

所有权人对于有体物享有广泛的权能，《德国民法典》第 903 条规定："物之所有人于不抵触法律，或第三人之权利之限度内，得自由处理其物，并排除他人一切干涉。"以此可知，凡侵害所有权的权能，即构成所有权的侵害，包含物的破坏及物理上的损害、物权的处分、物之使用的妨碍、及其他物上权利行使的干扰等。

对于物权而言，侵害物权必然产生了可赔偿的损害，但需要注意的是，在单纯侵害物权的完满状态但未造成经济上的损失的前提下，损害赔偿请求权只能限于排除妨害，不得要求金钱赔偿。而侵害物权的形态包括：对于物之实体的侵害、使用权能的侵害、收益权能的侵害，处分权能的侵害。

5. 其他绝对权

《德国民法典》第 823 条第 1 款所保护的"其他权利"首先是那些按照所有权的方式而设计的权利。所谓类似所有权的方式应当是指那些具有支配性质的权利。

按所有权的方式设定的其他权利首先进入视野的就是定限物权——既可以是用益物权，也可以是担保物权。作为所有权"本质相同的减损"的期待权，同样是《德国民法典》所指称的其他绝对权。对于占有而言，在认定其应受保护之性质之前必须进行严格的限定，只有在物权保护可以达至的范围内，占有才会获得侵权法的保护。

其他的非物质财产权如专利、实用新型、著作权以及给付保护权都属于第 823 条第 1 款所指称的"其他权利"。而在家庭法上，父母对未成年子女的照顾也是一种其他权利，对其侵害则应承担损害赔偿责任，这种损害赔偿责任的来源很大程度上源自双亲与孩子之间的身份属性。相类似的情况应当是基于身份而获得的"成员权"。当俱乐部董事会违反规则不让其一个成员参加一项体育比赛时，该成员因第 823 条第 1 款获得了损害赔偿请求权。而作为排除类型，债权只有在严格限定的极端情况下才能被认为是“其他权利”。

（二）我国台湾地区法律

我国台湾地区“民法”第 184 条第 1 款前段之规定几乎等同于《德国民法典》第 823 条第 1 款：“因故意或过失而不法侵害他人权利者，负损害赔偿责任。”除了没有进行有限的列举之外，该条同样也将产生可赔偿损害之原因指向了对于权利的侵害。台湾地区学者也指出，本条继受自德国法，该处所称之权利，指的是私权利，不含公法上的权利，且不含一般法律上的利益。

对于此处，台湾地区学者存在着争议，试述如下。

1. 绝对权说

王泽鉴认为第 184 条前段的规定在于保护包括人格权、身份权、物权及知识产权等绝对权，但不及于一般财产上利益，亦即侵权责任之成立以“绝对权”之侵害为原则。黄茂荣亦从此说，其认为通过第 184 条第 1 款后段以及第 2 款之解释足以补充侵权法所保护的客体，因此第 184 条第 1 款前段所保护之对象限于绝对权。

2. 绝对权与相对权说

王伯琦和姚志明都认为，任何权利都受法律之保护，那么为何侵权法不可保护债权。应当遵从文义解释将相对权也纳入第 184 条第 1 款前段所指的“权利”之中。邱聪智认为对于侵害债权应当从严解释，而孙森众则指出只有在第三人侵犯债权足以致使债权消灭或债务人因而免除义务的情况下方可适用第 184 条第 1 款前段，反之则应当适用第 184 条第 1 款后段之关于故意背俗的规定。

3. 权利与利益说

该说认为权利与利益无区分之必要，如前文所引述过的陈忠五对于权利和利益应当等同保护之主张即为此说之核心。认为权利和利益之间常常存在着相互转化，因此第 184 条第 1 款前段之“权利”一语包括了利益在内。

综合上述三说，陈聪富指出最合适的做法应当还是从绝对权说，不包含债权和其他利益，但需要注意的是对于第 195 条所列举的人格法益而言，应当受到

第 184 条第 1 款前段之约束。这是理所当然的，因为第 195 条实际上是将《德国民法典》第 823 条第 1 款中的列举工作单独开辟了一个条文。

（三）日本法

《日本民法典》第 709 条规定："故意或者过失对他人之权利或者法律上保护的利益造成侵害的，对因此所生之损害承担赔偿责任。"该条作为"不法行为"一章的一般性条款，将保护之对象明确指向权利以及法律上保护之利益，但需要注意的是，"法律上保护之利益"一语是在 2004 年日本现代语化改革中对于民法典进行修订后新添加的，修订前的第 709 条所保护的对象就只有权利。原田度吉也指出，日本民法第 709 条的规定以过错责任为基础，专注以损害赔偿之追求为目的所设立的概括的一般条款，尽管第 709 条的条文中并没有浮现出违法性的问题，但是隐含其中，需要进一步研究。当然对于在此处所指的违法性问题的解决，最终体现为现代语化改革后添加的"法律上保护之利益"这一概念。

但是追根溯源，《日本民法典》第 709 条的规定来自于对于之前的"旧民法"第 370 条之修正，立法者在民法修正案理由书中指出："为简单的损害事实加上表示其应受保护原因的外在形式，可以防止疑问的产生。"这个形式就是权利侵害要件。而在主体之间对于损害事实涉及的利益有冲突之时，"权利侵害"这一要件就意味着涉及何利益的损害事实可以归入债权产生的原因不明了的情况得到了明确。在现代语化改革对于民法典进行修正之前，在初期判例理论上，"侵害权利"要件中的"权利"采狭义之解释方式，甚至连著作权这种法律上已有名称的具体权利都无法被认定，其代表判例即是浪曲案。

在 2004 年现代语化改革之前，《日本民法典》第 709 条规定："因故意或过失侵害他人权利者负赔偿因此所生损害之责。"在 1895 年的法典调查会上，有学者提出应当删除"侵害他人的权利"这一要件，然而起草者指出此处的权利并不仅仅是财产上的权利，也包括广泛的生命、身体、名誉、自由，侵权行为法是保护已经存在的权利的法律，并不是由此创设新的权利，同时为了避免侵权行为的责任过于宽泛，因此不能删除此要件。然而从大审院对"云右卫门浪曲唱片事件"的判决到对"大学汤事件"的判决，其在判决中发生了态度的转变，使应当得到保护的利益范围扩大到“权利”以外的对象。大审院在“大学汤事件”的判决书中指出：“凡是侵权行为先要穿凿附会于某种权利而忘记参照我们的法律观念从大局上加以考察，作茧自缚地限制对侵权行为受害的救济应该说这是极其不适当的。日本的司法机关意识到，尽管仍然需要尊崇法律条文的形式要件符合性，但对于权利的解读因为侵权法的保护目的的要求，需要进一步扩张。”

（四）其他国家相关立法例

《荷兰民法典》第 6：162 条规定：“除有正当理由外，下列行为视为不法行为：侵犯权利，违反法定义务或有关正当社会行为的不成文法规则的作为或者不作为。”该款源自于荷兰最高法院在一则判决中所表达的意见：“不法行为必须理解为是对他人之权利以作为或者不作为的方式违反制定法上的义务、违反善良风俗、违反与社会日常生活相关的他人人身和财物的必要注意。”该条和德国法模式相类似，同样地将侵犯权利作为单独之类型进行前置保护，且同样位于保护序列的第一顺位。

1966 年的《葡萄牙新民法典》的第 483 条第 1 款规定：“因故意或过失不法侵犯他人权利或旨在保护他人利益之任何法律规定者，有义务就其侵犯或违反所造成之损害向受害人作出损害赔偿。”该条体现了德国法模式的重大影响。

在西班牙语系的阿根廷，其《民法典》第 1075 条规定一切权利均可成为不法行为的客体，权利受到侵权法之保护可以说是当然的，其保护顺位仍然是第一位的。

（五）英美法的特殊模式

在英美法系国家，“救济先于权利”是一种特殊的制度设计，尤其在英国法的传统上，法学界认为法治不是一种以法典化的形式确立的各种法律制度和抽象的权利体系，而是一种以公平和公正为目标的法律理念或法律意识。国法律本身被认为是解决争端的方法，因此英美侵权责任法并没有关于侵权法保护范围的一般条款，其保护之权利也并不来自于法典之规定，而是法官在审判工作中进行的对于某种事实上的不利状态进行判定中产生的，这就是所谓的“救济先于权利”。

换言之，侵权法施加其保护之时并不以寻找权利之存在为前提，而是通过既判力的累积生成权利为其最终之结果。

（六）我国立法中对于权利保护的规制

我国《侵权责任法》在第 2 条规定："侵害民事权益，应当依照本法承担侵权责任。本法所称民事权益，包括生命权、健康权、姓名权、名誉权、荣誉权、肖像权、隐私权、婚姻自主权、监护权、所有权、用益物权、担保物权、著作权、专利权、商标专用权、发现权、股权、继承权等人身、财产权益。"并在作为一般条款的第 6 条第 1 款中规定："行为人因过错侵害他人民事权益，应当承担侵权责任。"尽管立法者用了"权益"这一合成词来表示权利和利益都能受到《侵权责任法》之保护的情况，但是在第 2 条第 2 款中所列举的内容仍然是已然被成文法所确认的有名权利，具有受保护之当然性，这一点前文已有论述，此处不再赘述。尽管立法者用了"等人身、财产权益"进行兜底，但仍然可以认为权利之侵害作为侵权法上可赔偿损害的规制范围，其地位仍然是居于首位的。而在 2017 年 3 月通过的《中华人民共和国民法总则》第五章中也有对于权利应受保护的内涵，其第 110 条明确了从属于主体的最为重要的几种人身权利类型："自然人享有生命权、身体权、健康权、姓名权、肖像权、名誉权、荣誉权、隐私权、婚姻自主权等权利。法人、非法人组织享有名称权、名誉权、荣誉权等权利。"在第 114 条规定了物权："民事主体依法享有物权。物权是权利人依法对特定的物享有直接支配和排他的权利，包括所有权、用益物权和担保物权。"并在第 118 条规定了债权，第 123 条规定了知识产权。而第 120 条可以被视为侵权法的一般条款，规定："民事权益受到侵害的，被侵权人有权请求侵权人承担侵权责任。"尽管仍然使用了"权益"一语，但从条文的结构和内容来看，权利的侵权法保护仍然是第一位的。这一点也被参与制定"《中华人民共和国民法典》侵权责任编"的学者在其建议稿中得到体现，社科院的建议稿在第 2 条规定："侵害民事权益，应当依照本法承担侵权责任。本法所称民事权益，包括生命权、身体权、健康权、姓名权、名誉权、荣誉权、肖像权、隐私权、婚姻自主权、监护权、所有权、用益物权、担保物权、著作权、专利权、商标专用权、发现权、股权、继承权等人身、财产权益。”而建议稿的第2条第1款作为过错责任的一般条款，修正了《侵权责任法》第6条第1款的规定，谓：“行为人因过错造成他人损害的，应当承担侵权责任。”不再言“侵害民事权益”而是强调损害要件在侵权法上所应被重视之地位以及其背后的价值判断。建议稿也在之后的相关条文中统一了“损害”一语的语辞使用，值得立法者参考。而不曾改变的是权利在我国侵权法上应受到保护的优先地位。

二、司法实践中产生的局限

（一）侵权法的价值取向变化所导致的局限

德国学者认为，侵权法的主要任务在于如何构建法益保护与行为自由之间的矛盾关系。1896年，《德国民法典》的立法者是将保护行为自由视为其当务之急的法律政策，并对此给予了更多的关注。而时至今日，100多年时间过去了，侵权法所倾向的重点已经随着时间的推移发生了变化，人们不能回避公民对安全的要求以及由此产生的对社会安全（soziale Sicherheit）的需求。人们期待侵权法对于损害的救济和赔偿功能能够更加有助于保障个人的基本生存，并以此制定相应的配套制度。而事实上，正是在这种期待中，侵权法以及其自带的损害赔偿之内容有了向前进一步发展的决定性动力和目标，在此意义上，法律所强调的重点已从承担过错转移到了补偿损害。这就意味着人们将目光从过错的界定转移到损害的认定之上，确定可赔偿损害的形态和范围就是其中的重中之重。随着社会的进步和发展，新类型的利益种类不断出现，新兴权利也在不断地被写入成文法的条文之内，侵权法上可赔偿损害之确定范围几乎涵盖了所有这些新的利益和权利，因此即要求侵权法将对于权利和利益的保护的重要性放在平等的地位上来思考。而在传统的关于可赔偿损害中权利的规制的模式中，除去《法国民法典》第1382条那种极为开放的一般条款模式所带来的较高的对于利益的保护可能性之外，以德国法、日本法、台湾地区“民法”上对于侵权行为“侵害权利”这一要件中“权利”一语的狭义解释，已经无法满足侵权法的救济目标之实现。在此意义上对于权利的当然保护和保护序列中的第一顺位造成了对于“权利”的狭义解释将会导致保护范围过于狭窄的局限性。

德国学者默滕斯（Mertens）指出："由第 823 条第 1 款所发展出来的判例法，已经会使《民法典》历史上的原立法者几乎无法识别出该条的原貌了。"此言非虚，从第 823 条第 1 款所列举的各项权利的解释而言，对于权利的功能性需求的变化，导致司法上不得不做出更多的符合主体追求目标的解释。比如，以财产所有权的概念而言，对于物体本身的价值的关注逐渐过渡到其所能发挥的功效——人们开始更加关注并认识到所有权之下所属的各个权能保护的独立性。这一点与前文所述的关于侵权法对于物权权能的个别关注相一致，即凡侵害所有权的权能，即构成所有权的侵害，包含物的破坏及物理上的损害、物权的处分、物之使用的妨碍、及其他物上权利行使的干扰等。而在此意义上，物权之权能会引申出更多的相关利益，无法简单地用所有权的对世效力进行保护。

若 A 用铁锤敲碎了 B 所钟爱的花瓶，此时 A 侵犯了 B 对于花瓶的所有权，毋庸置疑。但若 A 用污物涂抹 B 之花瓶，B 因此将花瓶送去专业清洗以回复原状，在此情形下，可以认为 A 妨碍了物之使用，A 侵犯了 B 对于花瓶所有权的使用权能，构成侵权，B 可主张花瓶之清洗费用。再进一步思考，若花瓶清洗之后与原物丝毫无分别，但 A 心中总有芥蒂，认为曾经被玷污之物无法为自己再次带来精神之愉悦，请求损害赔偿。此时的请求权基础就很难说是所有权或是所有权之下的某个权能，而只能说是使用权能之外可能相近似的某种利益，该如何保护，在权利这个概念的框架下可能无法解决，需要进一步扩展侵权法保护的范围，将利益纳入进来。

此外，身体权和健康权所内含的保护范围也存在扩张之需求，人们所追求的保护不仅涉及最基本的肉体的存活，还要及于一种健康的心理因素和舒畅的精神状态，在权利的框架下对于心理和精神状态的侵害所造成的损害可能会出现请求权基础寻找上的困难。但这种需求又是必然的，它集中表达了现代社会对人所赋予的含义，即人的存在是肉体和心理因素的统一体。

（二）司法判例中所体现出的局限

在日本法上，学者们也发现了对于权利保护这一要件的过度强调所带来的局限。在云右卫门浪曲一案中，大审院认为浪曲不成立著作权，所以他人未经许可将其复制制作为专辑进行贩售的行为不构成不法行为，因此不承担任何侵权法上的责任。权利的意义被狭义的解读反而导致了民法体系中最基本的正义要求无法得到实现。而实际上，“权利侵害”这一要件来自于对日本旧民法第370条的修正。第370条规定：“因过失或者懈怠致使他人受到损害之人，应当负赔偿之责任。”立法者指出，其修正此条的目的在于，在考察了各国立法例的基础上，认为增加“权利侵害”这一要件可以涵盖人之生命、财产或者名誉，对于权利之侵害即可认定为不法从而产生损害赔偿之债权，旧民法370条对此思虑不周，容易造成混乱和迷思。

“权利侵害”这一要件被修订入《日本民法典》第709条，是立法者出于如何界定损害并区分其中之善恶并确定应当赔偿之部分的考量，如果商业上通常之竞争导致一方受损，受损方可以依据侵权法的内容要求损害赔偿的话，侵权法的保护范围又将过于扩大，为了限定责任之范围，使损害赔偿符合侵权法本身之意旨，所以将侵权法产生责任的可赔偿损害之范围限定为“权利”之侵害，并选择了相对比较平稳的解释进路。将可赔偿损害的范围限定为“权利侵害”不仅可以限定损害的种类与范围，同时对权利之侵害可以直接征引不法性，并且将权利侵害作为损害赔偿的保护对象，可以通过新权利的创设来补充权利保护的范围。日本法模式上并没有像德国法模式那样对于权利做一个列举式的规定，尽管在立法倾向上立法者本欲采取德国法的模式，明确生命、身体、自由、名誉等权利，但最终在制定法上没有体现出来。

然而在云右卫门浪曲案发生之后，学界开始批判“权利侵害”要件，认为其作为确认侵权法上责任存在的必要要件，反而对主体之保护产生了不当的阻碍和妨害。大审院认为浪曲作为一种低级音乐通常以临场应变的方式进行演奏，因此承认其著作权，绝不是著作权法的精神。但最后大审院以此为由，未认可原告的损害赔偿请求权，就连大审院自己都觉得有失偏颇，认为被告的行为实际上是违反正义的不当行为。但只要原告没有“权利”，也就没有成立侵权行为的余地，也不存在侵权法上的损害。这种狭义的解释带来了极大的局限，学界也因此提出了批判。侵权法上对于权利保护的过度重视引发了上述一系列的局限，亟待寻找合适的解读方式。

三、对于权利保护范围过窄的突破

权利，指既存法律体系所明确认定的利益。法律对权利与利益的保护程度既有不同，二者即有区别之必要。而权利和利益之区分，常随时代变迁，价值衡量也有所改变，并非全然泾渭分明。因此，对于“侵害权利”中权利概念的局限，一个可行的解决方法就是扩张“权利”之语的意旨，使之能够扩张至利益之保护，以解决将损害的保护对象限定为“权利”的局限性，符合法律基本正义的要求。

（一）框架权的产生——德国法方式

当填补损害之功能逐渐在侵权法上提升其重要性之时，客观上要求侵权法扩大保护范围，以将一些未被权利化的利益纳入侵权法的保护范围之内，这就要求将“权利保护”这一要件的符合性弱化，以便于将欲保护之利益纳入第 823 条第 1 款，纳入过错责任的全面保护范畴。而在不修改《德国民法典》的前提下，第 823 条第 1 款几乎唯一的有弹性而可供扩张解释之处，就是“其他权利”。因此对于“其他权利”的含义和功能的修正是突破权利保护局限性的必要手段，而修正之产物就是代表了一般人格利益的“一般人格权”和与经营相关纯粹财产利益的“营业权”。

1. 一般人格权

在德国法历史上，个别人格权基于明确的特别规范而获得承认。比如《德国民法典》第 12 条的姓名权、《艺术著作权法》第 22 条及以下的肖像权、《著作权及邻接权法》第 12 条及以下的著作人格权，以及基于对个别人格权立法类推而产生的生平经历权及人物性格权。《德国民法典》第 825 条之规定，通过欺诈、胁迫或滥用从属关系来决定的性行为，作为人格权侵害的特别实施形式，也具有请求权基础。

而一般人格权的出现则较晚。以名誉为例，其并未被第 823 条第 1 款所列举，因此审判实践很长一段时间拒绝承认以权利之名来保护名誉，唯一可行的办法是对上述特别人格权小心谨慎地类推。其实在20世纪50年代末学者曾提出在《德国民法典》中确认一般人格权的必要性，但最终不了了之。

一般人格权的制度产生，实际上是在责任成立上的利益衡量和加害人与社会公共利益之间的衡量这两者之间进行权衡的结果。对于一般人格权而言，必须通过案件情况的比较建立起案例类型，以便在其框架之中的特别人格权的事实构成要件相靠近。当然，案例类型建构不是封闭性的，新的对于人格利益的侵犯也可以被不断地被此框架纳入其中。

但一般人格权并非一种典型权利，从归属效能的角度来说，一般人格权很难说具有归属效能。它内部所包含的利益并不是单一的，而是多重的，或者可以说是难以穷举的。而一般人格权所涵盖之利益必须在个案中进行衡量，因为无法因侵害直接征引违法性。换言之，一般人格权并不存在一个清晰而明确的边界。从排除效能的角度来说，一般人格权无法做到排除他人之干涉，因为其内容不确定，边界不清晰，加害人很难判断自己的行为的性质，而正因为此，一般人格权中所涵盖的利益与其他利益不断产生着冲突，在不存在保护优先性的前提下，需要在个案中进行衡量。从社会典型公开性的角度上说，利益主体外的他人由于利益的不确定性很难认识到该保护对象的存在，因此并不能认为一般人格权具有社会典型公开性。我国学者也认为，如果一般人格权仅仅保护特别人格权之外的人格利益，则完全不符合其创制根据。

德国联邦最高法院在一则判例中对此做出了极为清楚的表述：“在因任何一个人的一般人格权与另外一个人的一般人格权具有同一位阶、并且人格的自由发展表现为超出自身范围的发展而发生冲突的情形……如若出现争议，则需要进行界定，为此必须要适用法益和利益考量原则。”而这种利益考量很大程度上取决于许多伦理上的条件。有德国学者指出一般人格权是823条第1款和823条第2款的中间产物，这实际上是一种模棱两可的、不得已的解释。同时，由于一般人格权不具有清晰的界限，因此由德国学者认为一般人格权虽有权利之名，但并无权利之实，其本质还是一种利益。它只不过是被归属于特定人权利范围的“一种受保护的地位”。

综上所述，尽管“一般人格权”这一框架权扩张了《德国民法典》中对于人格利益的保护，但一般人格权并不属于一个典型权利，可以界定为借用“权利外衣”进行保护的一个利益集合。

2. 营业权

关于营业权之保护，德国法院认为，就业已设立及实施的营业，应当承认存有一种得被侵害的权利，可以被《德国民法典》第 823 条第 1 款规定的“其他权利”所容纳。但此处保护的所谓“营业权”，加害人必须对被害人既存且积极的商业或企业活动构成直接干扰，才可以适用。其保护之客体为商业或企业体的实质部分，及构成其经济及技术活动自然本质特征所延伸之部分。

德国法虽于一定的条件下承认营业权，但适用范围狭窄，主要的侵害类型为：（1）主张自己不存在的商标权或专利权，来使他人停止相关产品的生产。（2）传播伤害企业之事实。（3）非出于经济目的的企业抵制行为。（4）不法罢工行为。

《欧洲私法的原则、定义与示范规则》（DCFR）延续了德国法上营业权的概念，于第 6–2：208 条规定了非法妨害营业所致的损失：（1）对他人的职业或者营业活动的不法侵害造成的损失构成具有法律相关性的损害。（2）如果欧盟法或者内国法有规定，则因不当竞争给消费者造成的损失亦构成具有法律相关性的损害。

对他人商业行为的妨害，比如煽动对方的职员进行罢工，或者收买码头船员拒绝驾驶船舶离港等，都属于对于营业权的侵害。而 A 冒用 B 之论文以获得某项学术职位，致使 B 无法获得聘任时，也构成对 B 营业权的侵害。

申言之，对营业权的保护主要涵盖经营组织生产活动的正常运行，包括企业财产、信用、劳动关系和客户信息等多方面内容。至于经济组织本身享有的诸如物权、知识产权等权利的保护并不以此为请求权基础。这实际上是将企业经营领域的纯粹财产损害放入一个框架内进行集合，并借助权利之名为其开启损害赔偿请求权，其实质是一种利益的集合。

在此意义上，德国学者也指出，将“营业权”作为框架权，并不能有效地解决正当营业利益保护的问题，反而因“营业”本身在内容和专属性上的模糊无法明确的行为规范，从而难以确定保护法益的范围，甚至有产生不当限制行为自由的负面效果。卡纳里斯和拉伦茨也认为并没有必要再设立一项营业权。陈聪富也认为在我国台湾地区“民法”无必要适用“营业权”的概念。

和一般人格权相类似，营业权之概念也缺乏权利的三个典型特征，在此意义上其仍旧是披着权利外衣的利益集合，作为突破权利保护模式局限的一种方式，将更多的利益保护纳入侵权法之范畴。

（二）违法性要件的强调——日本法方式

前文已述，在云右卫门浪曲案之后，学界对于“权利侵害”这一要件产生了许多的批判，而为了解决严格认定权利而使保护范围过于狭窄的问题，引入了违法性的要件，只需加害人之行为存在违法性即可，原则上将更多的利益保护纳入了民法典第 709 条的保护范围之内。而这种转变始于大审院对于“大学汤”案件的判决。该案基本案情如下：A 支付价金从 B 处购买“大学汤”这一老字号并租赁其建筑物用于浴室经营，租赁合同到期后 B 将建筑物转租，此后仍许可第三人使用该老字号，因此 A 诉至法院请求损害赔偿。大审院判决要旨中指出，在侵权责任存在之场合，责任承担之目的在于除去违反法律所产生之恶果。将损害之对象限定为具体的权利则会损害赔偿请求权的救济产生局限，因此需要加入违法性的考虑。

鸿山秀夫在德国学说的影响下认为得以认定侵权行为责任的是违法，所以对于公序良俗的违反也应包含在内。但他仍然认为应当广义的解释权利，还是强调“权利侵害”这一要件的前提性。末川博发展了鸡山的理论，认为第 709 条规定的权利侵害要件实际上只是构成侵权行为制度本质要件的违法性的表象之一，主张即使为构成“权利”侵害，但存在“违法性”时也可以认定侵权行为的成立，在解释论上认为应当将权利侵害视作违法。民法典第 709 条之所以举出了权利侵害这一要件，是为了以此来表现不能得到法律所认可之行为，而在法律不能认可之行为中，权利侵害占一大部分。我妻荣将末川的观点做了进一步解说，认为狭义的解释“权利侵害”虽然最小限度地约束了个人的自由，但是放任了那些违反道义的行为，阻碍了社会的提高和发展。他主张：即使未侵害个人的权利，背离社会规范的加害行为仍然构成侵权行为。并且，不仅是单纯违反法律规范的场合，违反公序良俗的场合也必须认定侵权行为的成立。我妻荣同时主张区分在侵害不同利益时所产生的违法性强度来认定保护之可能性。

加藤一郎反驳了那些认为无需加入违法性要件而直接采广义解释权利方式以达到保护目的的观点，指出广义解释权利的情况下很可能造成的权利泛化的问题，同时从权利的生成方式来看，大多数情况是首先以认定因侵权行为的损害赔偿的形式得到消极的保护，之后逐渐成长起来从而作为权利的积极主张才得到承认，因此，在侵权行为的认定上一律拘泥于权利的形式是不适当的。

在判例的推动和学界的讨论之下，2004 年日本现代语化改革中在第 709 条之上加入了“法律上保护之利益”作为可赔偿损害所规制的范围，尽管学界仍有争议，但最终的结果还是以立法上变动的形式突破了权利保护的局限性，其思维之方式值得借鉴。

第三节　可赔偿损害确定中的“权利泛化”问题

随着权利意识和权利观念的深入人心，“权利泛化”的现象也随之出现。在侵权法领域，这个问题同样不容忽视。正如前文所阐述的，权利保护在各国的侵权法上的优先性都是最高的，甚至于即使欲保护某项权利外之利益，也必须套上权利的外衣才能将其保护之合理性证立，权利之影响在侵权法的意义上可谓无处不在。然而“权利泛化”的问题在司法上确实出现了，这就需要我们对于“权利泛化”问题的本身有一个认知，并在此认知之基础上提出合理之建议。

一、“权利泛化”的基本内涵

权利制度对于主体的个人自由保护的重要性不言而喻，作为“权利”一语的双重内涵，一方面，权利被看作是维护主体个人基本利益状态之完满的庇护所；

另一方面，权利又被看作是促进主体幸福和社会发展的助推器。从宏观的立法角度上来说，有学者认为我国依法治国建设的一个突出现象是权利款项太过泛滥，造成了所谓“权利泛化”的问题。这个问题的本身很有可能就是一个莫比乌斯环：对于一个法治国家的建设而言，国家、社会和人民更多的权利期待，法律权利清单的扩展和延伸，将不可避免地贯穿于依法治国建设的全过程。但对于“权利泛化”的问题，却必须始终保持高度的警惕。社会法律秩序的稳定依赖于我们正确地创制、确认和拓展那些聚合了社会和人民利益期待的新的权利款项。

“权利泛化”不仅仅是司法领域的问题，或者说是从社会学领域向司法领域的侵蚀和渗透。自 20 世纪 60 年代以来，美国社会特别地强调了权利而相应地忽视了公民对于其他人和社会所负有的义务和责任，出现了所谓的“权利爆炸”。所谓权利爆炸即在过分强调权利的片面的权利文化之下，人们按照自己的喜好去行动而不顾及其行为的后果，尤其是对他人的后果。这实际上是和权利中默认的正当性和排他性相关联的。批评者认为“权利的确认，能够成为依赖、自怜和缺乏进取心的助燃剂”。换一句话说，当道德劝说的各种努力失败的时候，权利很可能会被作为替代品而产生。

侵权法是一部保护主体权益的法律，那么要考虑侵权法上所存在的“权利泛化”，就必须把眼光流转到主体的视角之上。对个人而言，人们更关心权利到底能带来什么，现实生活中的人们，更愿意按照自己的愿望、根据自己的特定处境来理解和使用“权利”这个标签，把权利视为将对自己有益的事实、利益和行为的予以正当化的一种方法。而很大程度上，“权利泛化”的现象来自于主体的这种正当化的诉求，大量权利被自造、被表达，人们把各种事实、利益、行为自由、资格、主张、要求等都贴上权利的标签，使权利概念过度地符号化，在一定程度上超越了既有理论的框架，偏离了现行法律或者道德的准绳，显得难以规范和控制。

一般而言，现代权利都是经过道德的认可和法律的价值衡量之后，方将其纳入制度框架之内。尽管从权利的生成和发展的角度来说，“权利泛化”为新权利的生成提供了可能性以及向前推进的动力，主体在表达自己的主张时无规范或者无约定性地制造权利或许并不是什么原则性的大问题。但如果反过来，司法机关在面对这些主张和诉求时对于其中“权利”的不加区分甚至直接贴上“权利”的标签来证立相关利益内容应受保护或者成为可赔偿损害的合理性，这就造成了“权利泛化”对于侵权法的保护权益功能的消极影响。

二、我国司法案例中的“权利泛化”问题

先来看一个发生于《侵权责任法》施行之前的案例：被告吴某开车将原告唐某撞伤，唐某诉诸法院要求损害赔偿，然而在其列举的诉讼请求中赫然出现了“亲吻权”的字样，原告本人在起诉书中是这样描述的“上唇裂伤和门牙折断，使我不能感受与爱人亲吻的醉人甜蜜，不能感受与女儿亲吻的天伦亲情”。主审法官甚至在裁判理由中单独为“亲吻权”做出了解释：原告主张亲吻权是自然人享有与爱人亲吻时产生的一种性的愉悦，并由此而获得的一种美好的精神感受的权利，属人格权中细化的一种独立的权利。但是，一切权利必有法律依据，任何一种人格权，不论是一般人格权还是具体人格权，都源于法律的确认，即权利法定。纵观我国现有的法律、行政法规，均无亲吻权之规定，故亲吻权的提出于法无据。被告认为“亲吻”是人体组织某种功能，法律上身体权和健康权的保护已将其涵盖的抗辩，本院也不予支持。身体权是指公民维护其身体完整并支配其肢体、器官和其他身体组织的具体人格权；健康权系指公民以其机体生理机能正常运行和功能完善发挥，以其维持人体生命活动的利益为内容的人格权。身体权和健康权均属物质性人格权。从医学上来看，健康既包括生理健康，也包括心理健康，但作为健康权客体的健康，仅指生理健康。如将心理健康置于健康概念中，将会导致健康权的泛化，与其他人格权或人格利益混淆。原告嘴唇裂伤，亲吻不能或变成一种痛苦的心理体验，属于情感上的利益损失，当属精神性人格利益。但利益不等于权利，利益并非都能得到司法救济。被告不是以故意违反公序良俗的方式加以侵害，纯因过失而偶致原告唇裂，故本院对原告不能亲吻的利益损失赔偿精神损害抚慰金 10 000 元的请求不予支持。

本案法官的思路之清晰令人称赞，然而实践中还有许多类似的，涉及那些

法律未曾规定的看上去奇奇怪怪的权利的案件，例如“同居权”“容貌权”“养狗权”“视觉心理卫生权”“招聘权”“聊天权”“拥抱权”“抚摸权”“初夜权”“良好心情权”“相思权”“乞讨权”等等。当社会中出现一种新类型的利益需要纳入侵权法的保护范围之时，我们如何从性质上判断它是侵权法上的可赔偿损害？借助权利的外衣来保护似乎是合理的。于飞认为不能简单地用“法律已有规定是权利的就是权利，没有规定的就不是”这种纯形式化的方式来判断。尽管如此我们也无法接受任何利益都被当事人主张为权利的做法，比如上述的那些千奇百怪的权利。问题在于，法官基于何理由否定当事人的“权利”主张呢？或者说在我国现行法框架下，权利和利益的区分的必要性如前文所述，连立法者自己都是一头雾水，那么包括一些学者和法官在内，为什么还如此热衷于将自己的所有利益主张都披上“权利”这一概念的外衣。从前文所述的分配正义而言，这也是不合适的，权利之设置是为了保证分配正义实现所保持的状态，如若和利益都成为权利，那和无权利制度有什么区别呢？

再来看看另外一个较为典型的案型——“祭奠权”纠纷：原告贺某因其亲兄妹在为亡父所立墓碑上没有刻上其姓名而诉诸法院，请求法院判令被告方重新立碑，增刻其名。这本是一个再正常不过的诉求，为人子女，父母之墓碑上即应刻其姓名，否则必然招致非议。然而原告在诉求中提出的一个概念却让主审法院犯了难——“被告的行为，严重损害了原告的合法权益，请求法院判决被告停止侵害原告的祭奠权”。那么问题是，“祭奠权”是什么？法院最终部分支持了原告的诉求，然而对于“祭奠权”的解读却采取了“和稀泥”的思路，一方面认同“悼念”是一种民事权利，却没有将“祭奠权”这个所谓的“权利”归于《最高人民法院关于精神损害赔偿的司法解释》第1条第2款中的“其它人格利益”，而是称“民事活动应当尊重社会公德”。尽管在本案中法院看似认同了这样一种贴着权利标签的所谓“权利”。然而如此语焉不详不免让人心生疑窦，似乎是践行了顺水推舟的中庸之道。

在2015年之前，出现“祭奠权”字眼的其他案例中，法院对于当事人基于此“权利”产生的精神损害赔偿诉求的认同与支持十分的谨慎，在裁判理由中时而称之为“祭奠权”，时而又称之为“祭奠”的权利。有时将之纳入身份权的范围，时而又纳入其他人格利益的范畴。然而最终对于原告诉求的支持无非是在墓碑上增刻其名，抑或是移交亡者骨灰的占有等，支持精神损害赔偿的案例的比例很低。

然而如今在“北大法宝”网站上以“祭奠权”为关键字再次进行搜索，近年来的新案例有增无减，案例总数甚至已经从44个上升到了90个，其中2015年至今的案例就有35个之多。纵观这些案例，法院的判决依旧是以安抚调和为主，如责令被告告知原告逝去亲人的埋葬地点，要求被告与原告共同保管骨灰或者要求被告不得阻碍原告对亲人进行祭奠等，但是支持精神损害赔偿的案例依旧占比不高。

尽管“祭奠权”这种实际上是一项人格利益的内容被戴上了权利这一强有力的冠冕，但司法者在对此利益进行保护的过程中却仍然有些犹豫，在保护和放弃之间摇摆不定。即使为其贴上了“权利”的标签，也依旧在寻找其他的合理性依据来为此利益的保护寻找依托。

然而“祭奠权”这样一个硬是被裁判者强行承认的生造“权利”却始终无法令人满意。纵然其有着与其他权利或者是权利外利益的相似性，但直接将其解释为一种“权利”的做法本身是并不可取的。这样一个实为利益的内容却被堂而皇之地冠以权利的思维大体上是问题解决方式的进路不明造成的。裁判者无法解释这样一个非典型的利益内容，惯常套用格式化解决方法的思维无法顺利适用，于是产生了保护或是扬弃之间的两难抉择，索性为其贴上“权利”的标签，似乎这样向某种更具法律上之力的保护模式上逃逸便可以减少说理的负担，更加顺理成章地适用已有的规范本身，然而这并不是最佳的解决之道。

但在某些判决书里，法官已经意识到了这些问题，并尝试着通过解释论的方式进行解决，如从《侵权责任法》第2条第2款列举的民事权利无“祭奠权”的角度从形式上否定了祭奠权的“权利”属性，进而指出：“对逝者通过传统形式进行祭奠及决定逝者的安葬，一般只有与逝者具有一定亲属关系的人才能实施，故相对于该范围外的其他人而言，祭奠与安葬具有相对的独享性。因该独享的祭奠与安葬有可能受到他人之侵犯，进而祭奠与安葬具有了获得法律保护的实际意义，故祭奠利益与安葬利益应当是法律所保护的民事利益。”这样的证成过程值得肯定。

三、“权利泛化”问题的对策——坚持权利保护的形式主义标准

从前文论述中不难看出，在利益不能一概保护而其保护表述又不明确的情况下，为避免“判断错误”的风险以及增加受保护的可能性，法官、学者、当事人都产生了不自觉的尽量把利益转化为“权利”的心理，这就导致权利最终丧失了规范的、法技术上的意义，成为了一种价值宣示工具。

方新军指出：法院的扩张解释不能突破特定权利概念的核心意义，解释的依据是事物本质的相似性，否则法院无异于通过解释创设新的权利类别。例如最高人民法院早先将隐私纳入名誉权进行保护，这显然违背了事物本质相似性的原理。分析可知，名誉是指一个人的社会评价，而隐私是一个人不愿让外人知道的信息。侵犯隐私的核心应当是对于相关核心的私密性的侵害，而侵犯名誉权的核心应当是对于正面评价的减损，因此侵犯隐私不一定会导致名誉的减损，甚至在某些情形下会导致名誉的提高，比如某人在不透露姓名的情况下捐赠款项兴建了敬老院等公益设施，如若公开其捐赠行为无疑是侵犯其隐私，但其名誉反而会因此而提高。在《侵权责任法》第2条第2款确立隐私权这一权利类别之前，最高人民法院通过违反善良风俗的方式进行保护，这种思考模式值得赞同。

在权利的保护上形式主义的标准是我们应当遵循的，《侵权责任法》第2条第2款规定的“等人身、财产权益”，其中的权利只能是立法者在随后的立法中新规定的权利，法院不能创设出新的权利类别。原因是，只要能够通过法律解释和法律内的法的续造能够解决的问题，就绝对不应该采取法律外的法的续造方式。进行法律外的法律续造必须满足两个前提条件：其一，必须是真实的法律问题，对于法外空间的问题不能进行续造；其二，仅凭单纯的法律解释和法律内的法的续造不能解决问题，而且立法者长期不能发挥作用，以致产生一种真正的法律紧急状态。

然而超越法律的法的续造在中国的司法实践中已然出现，如2001年《最高人民法院关于确定民事侵权精神损害赔偿责任若干规定的解释》（以下简称《精神损害司法解释》）于第1条第1款第3项规定了现行民事法律中并不存在的人格尊严权和人身自由权，实际上在中国现有法律规定的基础上，没有必要通过法律外的法的续造方式去创设出以上两种权利。因为《宪法》第37条和第38条已经明确规定人身自由和人格尊严不受侵犯，我们只需要通过《民法通则》第7条将其转介入民法即可。而实际上《精神损害司法解释》第1条第2款通过兜底条款的方式已经用其他人格利益包括了人身自由和人格尊严，最高人民法院创设权利的做法实际有僭越立法权之嫌。

但同时需要指出的是，坚持权利保护的形式主义标准只是意味着法官在司法实务中不能随意创设新的权利类型，但是这并不意味着法官不能对法定的权利类型进行解读，将欲保护利益本身对应某种具体权利或具体权利的部分权能，或者我们可以用另外一个表达方式——权利的射程。若欲保护利益的在欲对应权利的射程之内，射程越近，则此利益的保护合理性就越高。

第四章　可赔偿损害中利益的规制及其扩张

在继续接下来的讨论之前需要明确一个前提，即追逐利益是人类最基本的心理特征，尽管“利益就是行动的唯一动力”的说法过于绝对，但“天下熙熙皆为利来，天下攘攘皆为利往”也算是正确表达。利益的范围要远大于权利，权利之外毋庸置疑地存在着广阔的利益空间。而所谓“利益”一语，实际上并不是一个法学名词，而是一个社会学名词。通常利益指人类用来满足自身欲望的一系列物质、精神需求的产品，某种程度来说，但凡是能够满足自身欲望或者能够带来满足感的事物，均可称为利益。通俗地讲，利益就是好处。“所谓利益，就是人们受客观规律制约的，为了满足生存和发展而产生的，对于一定对象的各种客观需求。”而在《牛津法律大辞典》中，利益（Interests）的词义指那些个人或团体寻求得到满足和保护的权利请求、需求、愿望或要求，而这些必须要结合社会中人们之间关系的秩序来考虑。国家的法律制度并不创造利益。利益是由个人、集团或整个社会的道德的、社会的、宗教的、政治的、经济的和其他方面的观点而创造或消灭的。法律制度本身只是承认或者拒绝承认特定的利益是否值得由法律加以保护。

在之前的章节中我们进入了权利的大门，而现在，即将要穿过权利的大门，去研究那些权利之外的利益，以及它们是如何被规制为侵权法上的可赔偿损害的。

第一节　可赔偿损害中利益的相关问题概述

一、利益法学之“利益”的界定与向价值法学的转向

（一）利益法学的形成及其主张

利益法学起源于法国及英国的“实证主义”（Positivismus），也就是经验主义（Empirismus）与唯物主义（Utilitarismus）。边沁的功利主义在英国本土并没有开花结果，而是漂洋过海影响到了19世纪的德国，而耶林正是那个直接受到边沁功利主义影响的人。

经济自由主义型塑了19世纪前半页主流政治理论设计的国家类型。在19世纪后半叶，经济自由主义为了社会目的的提高日益提高对于经济过程的规制。人们开始为了追求自己的利益而解放天性并自由追逐。而边沁的核心信仰即是（包括契约自由在内的）个人自由的神圣性，其依据是个人必定是“什么才最有利于自己的福利”的最佳判断者。边沁同时也指出，利益是一个最高位的分类标准，在其上已经没有其他属类，而一个利益如果能增加快乐或者是减少痛苦，它就是能促进利益或者有益于该利益。这种观点实际上也符合人类大脑的主观反映——在通常的场合，所谓关于利益的伦理判断即是某人在脑内所形成的直接印象，而所谓利益即是在直观印象和感觉的基础上发展产生的。

耶林受到边沁及其学生密尔的学术观点的影响，在1877年的作品《法律中之目的》中的语句完全就是受到边沁的影响而写成的：“决定法律与非法律，只能根据一个对所有的利益——物质的与精神的、暂时的与永存的、现在的与将来的、个人的与普遍的利益——谨慎的衡量，才能达成。每一个特有的法律关系都是透过这个利益特有的团体而创设下来的，这样的思想，长久以来一直都是我的基本思想。”

利益法学是以在19世纪的德国占主导地位的概念法学的对立面出现的。相较于概念法学强调依科学和逻辑建构法概念的体系，利益法学则强调法学的使命在于研究法的适用，研究法律实务的技术，追求“生活研究和生活评价优先”。

而利益法学中执牛耳者当属被称为“利益法学之父”的菲利普·赫克。他认为“法律是社会中各种利益冲突的表现，是人们对各种冲突的利益进行评价后制定出来的，实际上是利益的安排和平衡”。而在赫克的学说中，其所理解的“利益”的概念就成了整个学说的起点和基石。前文已述，耶林受到边沁和密尔的学说所影响，而赫克的利益法学学说又是继承了耶林关于利益的思想后发展出来的。耶林的利益概念深深地影响了赫克对于利益的看法，他也将利益界定于最广的意义之上，并不仅仅指物理上的存在，也包括非感官的、理想上的利益与享受，并强调任何一种对这个词所做的质的限制都必然会造成而且也已经造成了对这个方法的彻底误解。

赫克在他对于利益的认知基础上，进一步提出了他的学说：他认为在现实生活中，各种利益并非平行和谐的，而是往往处于相互冲突对峙的状态，这种状态的出现是因为现实生活不可能满足所有存在的欲望，法律在这些愿望中必须有所择取，正是这些利益的冲突形成了法律上的诫命。在司法上，法官应当受到制定法的约束，法官是立法者的助手和仆人，但其不能盲目地服从，而是考虑到法律的精神和意义，为主人的利益状态设身处地地思考。赫克同时指出，按照利益法学的原则，要评价地形成诫命，必须要由法官先掌握到与该判决相关的利益，然后对这些利益加以比较，并且根据他从制定法或其他地方得出的价值判断，对这些利益加以衡量，然后决定较受该价值判断标准偏爱的利益获胜。所谓法律漏洞，正是指对某一个特定的利益冲突而言，是否欠缺一个清晰的法律诫命，而对于法律漏洞的填补来说，通过构造概念来填补漏洞，是一种不合理的方法，总是从通过使用非常不确定的称谓来获得新的规范的做法是不可取的。而正确的做法是法官应当按照作为整体的法律来进行判决，在各种法定价值的判读有冲突或不起作用时，作出自己个人的评价。换言之，法官不仅要适用具体的法律命令，也要保护制定法认为值得保护的利益的整体。赫克从实务的角度出发，在符合宪政的要求下，创新性地提出了考量的理论，在实践运用中也被验证为有效，其实已经基本完成了最适合多元民主国家法学方法论的任务。

（二）利益法学的转向——价值法学

伴随着利益法学的出现，法学完全脱离概念法学，但对于法律概念的拒绝似乎是将生活的价值居于首位，这一点非常令人怀疑。利益作为利益法学中所关注的理论原点，一方面被视作法的原因要素；另一方面，利益也被当作价值、应然来理解，即利益也是利益的评价标准。但如何产生这种神秘的辩证的跳跃，即从量到质，从实然到应然的过度，这一点令人疑惑。同时，赫克认为他的方法与哲学和政治都毫无关联，但这实际上是不成立的，因为通过立法程序确定的利益评价是具有约束力的。

韦斯特曼是把利益法学向前推进的一个重要人物，他并非让利益法学仍然停留在原来的理论范围，而是把它转向价值法学的新潮流中，从利益分析向注重评价程序的方向转变。韦斯特曼认为必须将利益这一概念限制在“当事人所具有的追求欲望”上。据此，利益与法律所规定的评价准则严格区别，因为后者已经不再是利益，而是立法者“根据正义的理念所做的一连串推论”的终点。法律的目的仅在于：以赋予特定利益优先地位，而他种利益相对必须作一定程度退让的方式，来规整个人或社会团体之间可能发生，并且已经被类型化的社会冲突。而“赋予优先地位”本身即是一种评价的表现，对此，立法者可有不同的动机，除了被评价的个人利益或团体利益之外，立法者还须考虑一般的秩序观点、交易上的需求及法的安定性的要求。

从上述论述中我们可以得出如下几点结论：1. 法律不等于利益本身，表现为法律对于不同利益进行的位阶安排。2. 法律的评价反映了立法者对于利益的理解，而最终是要为当事人的欲望和法律的判断直接提供解决方案。

申言之，立法者从许多可能的评价因素中，选取他认为对整体状况适当的评价因素，法官则要适用这些在法律体系中已经具体化的评价。当然，韦斯特曼的观点只是形式上的评价法学，必须要在规范性法学的内部论证法律的客观性。只有在承认价值判断以及符合法秩序意义的前提下，寻求到法的客观性，才能说韦斯特曼的形式评价法学成为实质的评价法学。

（三）对本书研究的意义

正如前文所述，利益是一个社会学或是经济学上的概念，那么民法或者说侵权法上的利益究竟该如何理解？从利益法学指出对于利益之间冲突的衡量和价值评价工作到价值法学将法律评价与利益这两个纠缠的概念相分离，实际上更加明确了将利益纳入法律保护的规制模式，即有利益存在，该存在来源于主体之欲望，同时立法者需要根据整体状况做适当的价值评价，而法官则需要正确理解这些价值评价并适当地用于利益冲突的解决之中。这样的模式表明了利益受到保护之前必须经过立法者的安排或者司法者的价值衡量的过程，而从利益法学到价值法学的转变，也对于民法或者说侵权法上利益保护进路的选择有着实质上的相似性。比如《德国民法典》中的三个一般条款即为典型例证，而借鉴德国法模式的国家，也几乎都选择了这种进路。

二、利益与法益之辩——法益概念需要存在吗？

在相关文献中我们往往会发现一个与“利益”非常近似的语辞，那就是“法益”。而前文在分析《德国民法典》第 823 条第 1 款之时，就曾经指出，在描述该条所包含的生命、身体、健康、自由之时，在理论体系上将以上四项称之为法益（Rechtsgiiter）。2002 年债法改革后的《德国民法典》首次在立法上使用了“法益”的概念，在债法总则部分新增的第 241 条第 2 款和第 311 条第 2 款第 2 项中确定了将“权利、法益、利益”并列的表述方式，三者同为债之保护义务和缔约过失的保护对象。

然而法益是究竟是何物，对此概念的使用有无必要？在相关的学术交流中，我也曾提出过相关的疑问，当时得到的回答是：对于“法益”一词的使用存在着混乱，但也可根据需要使用此术语，前提是对此概念先下定义。“法益”一词来自于德国法，那么我们必须回到德国法上，去探寻这个语辞的本来面目。

（一）德国民法上之“法益”概述

德国民法上对于“法益”这一语辞所指向的对象，有两种基本观点。

1. 法益指且仅指“生命、身体、健康、自由”

拉伦茨和卡纳里斯在论及此问题时认为，虽然上述所列举的“生命、身体、健康、自由”虽然也像所有权一样也具有归属效能和排除效能，但并非支配权，因为这里没有一个与主体相对的，外在于主体的客体可供归属于主体——如同物可归属于所有权人；因此，它们通常不称为权益，而是被称为法益。而阿伦斯和多伊奇也认为：我们把关于人的最重要的生命利益称之为法益，它虽然是绝对的，亦即针对一切人而被保护，但其并未被涉及为绝对权。因此，它是原封不动的，因为原则上它不可让渡。

2. 法益指《德国民法典》第 823 条第 1 款上所有受保护的对象

在此观点下，法益指生命、身体、健康、自由、所有权和其他权利。费肯杰和海内曼认为：“第 823 条第 1 款列举如下绝对受保护的法益：生命、身体、健康、自由、所有权和其他权利。”福克斯则认为法益侵害是要求赔偿损失的前提条件，并将第 823 条第 1 款中的保护对象都容纳了进去。

以上两种观点实际上说明了德国侵权法上的法益并不用来作为居间于权利与利益之间的一种概念，更不指权利之外的利益。而法益恰恰是权利之下的一个概念。在上述第一种观点中，所谓法益实际上是指“生命、身体、健康、自由”四种最为基本的与生存相关的具体人格权，而其他内容并不包含其中，可以说在此概念下法益实际上只是特指某些与人类生存相关的最基本的权利。而在第二种观点中，由于“其他权利”这一开放空间的引入，将更多我们所熟悉的权利类型引入了侵权法的保护范围，可以认为此时的“法益”有了较广泛的人身权和财产权的内容。但权利和法益之间并不能画等号，因为债权作为相对权并不包括在法益的范围之内。因此，在此意义下法律大体相当于我们所说的“绝对权”的概念，或者称之为“侵权法上的权利”。

而阿伦斯和多伊奇提出：法益是“生存利益”，与主体无法分离，也无法转让，以此来与所有权和其他权利进行区分方式，在无法分离的观点上确实无法反驳的。但实际上这些内容在受到侵权法的保护时，与所有权等其他权利并无区别，只能说在损害的计算时相较于所有权有区别，如价值化上的困难，但这着实不能作为如此区分的令人信服的理由。

（二）民法法益概念之本源——刑法上的“法益”

我们通常来说的“法益”一词实际上来自于刑法上的“法益”概念。张明楷认为，法益是指根据宪法的基本原则，由法保护的、客观上可能受到侵害或者威胁的人的生活利益。这是一般性的法益概念，其中由刑法所保护的人的生活利益，就是刑法上的法益。而刑法上的法益本身是一个需要在个案中判断的概念，比如美容师为顾客理发，以身体权为视角实际上他侵害了身体权，但这来自于顾客的期望，所以头发被切除并不属于法益被侵害。而如若美容师在顾客不知情的情况下切断了顾客蓄留已久的长发，则会构成对法益的侵害。而因行为所表现出的法益侵害结果是犯罪成立的重要要素，国家的刑罚权发动也受行为性质和行为结果的约束，而法益之侵害是其中重要的内容。从内容上看，刑法上对于利益的保护主张利益是主体与客观环境的统一。英特列夫即指出，利益具有客观的制约性，但它体现的终究是人，所以利益是客观和主观的统一。刑法所保护的利益不能仅仅从主观或者客观的角度来理解，否则被害人承诺对于违法性的阻却将被无限放大或者无限缩小，都不符合刑法的目的。同时，并非所有的物质利益和精神利益都能成为法益，法益的认可需要立法者加入价值判断于其中，并根据一般人的认识和基准作为判断的方式，需要考虑大多数一般人的认可，同时要兼顾社会、国家的生存与发展与社会成员的生存与发展之间的协调。申言之，刑法上的法益并不是指所有利益，而是需要对于利益经过价值判断之后经由立法者上升入刑法的保护范围之内，强调主观和客观的双重性。

（三）我国学者对此问题的讨论现状

对于民法上“法益”的含义，绝大多数学者将法益界定为权利之外应受法律保护的利益，或者与之相类似的表述。如“法益正是介乎于权利和一般利益之间的概念，是一个社会的法观念认为应予保护的利益”。“侵权法上的‘权’不仅包括民事权利，而且包括受到法律（民法）保护的利益，即民事法益。”或者索性就把权利之外的利益直接成为法益，和民事权利置于并列之地位。有一些学者做了更具创造性的分类方式，即广义法益和狭义（其他）法益，狭义法益仅于权利之外存在，而广义法益则将权利也包括在内。权利属于广义法益的核心部分。也有个别学者提出了异议，认为任何权利均可称为权益或者法益，但是权利之外无权益或者法益，而主张权利之外存在受法律保护的利益违反法理。总之，既有研究的结论基本上将法益定位于权利之外的受法律保护之对象。

同时，在此概念之功能上，相关文献多数认为，界定一个独立的法益概念，一个主要的功能是为了为其提供民法上或更具体地来说是侵权法上的保护，而且这种保护与权利所受到的保护相比，是一种弱保护。而通过赋予其法益地位这一手段，来给予某种利益消极的保护，是一种不得已而为之的方法。这也是法律漏洞填补的一种重要方法。在缺少权利救济的请求权基础的情况下，对于利益而言，就必须通过类推适用等方法对其予以保护之正当性寻求证明，这也是法益所产生之方式。

实际上，上述这些描述很多来源于民国时期民法学者或者我国台湾地区民法学者对于“法益”一词的论述，如“被侵害之客体，在权利之侵害，其客体为权利，在保护法律规定之违反，其直接侵害之客体为法律规定，间接的为法律所保护之个人权益（法益）”或者“法益者，法律上主体得享有经法律消极承认之特定生活资源”抑或者“权利与法益，二者重要区别，端在主张权之存在与否，权利被侵，主体本身即有向任何方面行使其保障意志之可能。而法律所规定不可侵犯之利益，与其谓为个人之权利，毋宁谓一般的法益；此处个人即无从直接提出主张”。稍稍对比即可发现，目前国内学者对于“法益”一词的使用，多半出于上述几种学说的再描述，同时适当参考前文中所提及的关于刑法学上“法益”一语的词义和内涵。

然而问题在于，刑法学所关注的角度和民法学所关注的角度或有交叉，但从法律机能的角度来说，民法的损害赔偿，是以恢复被害人的损害为目的，而刑法则以处罚犯罪人为目的，所以两者有很大的差别。尽管侵权法上的损害赔偿也有着与刑法相类似的制裁与抑制的机能，但刑法基于其公法的性质，不可能仅将其保护对象指向单个个人，必然会产生诸如“国家法益”“社会法益”“个人法益”或者“超个人法益”之分类，如此之分类本身就与民法的思考原点相异。

另一点，尽管文献中多半指出我们的对于法益研究的背景资料来自于德国法，然而却无法匹配全文所指出的德国法上的立法背景和条文设置，这就使我们存在着脱离体系背景的误解。我国《侵权责任法》并没有设置类似《德国民法典》第823条第1款、第2款和第826条的三个一般条款的内容，而前文已述，德国法模式中设置“法益”一词的目的是为了匹配立法上对于侵权法保护客体之分类。那么我国民法是否有必要采“法益”这一概念呢？

（四）我国法设立“法益”概念有无必要？

首先再次强调，德国法上的“法益”实际上指的是“生命”“身体”“健康”“自由”这四项具体人格权。而在侵权法领域，上述法益可以等同为权利。申言之，第823条第1款所列举的内容可以说是权利，也可以说是法益，德国民法上的“法益”是与权利或者类似权利保护模式所指向的内容有关的，而非在权利之外。

在此意义上，我国法上继续使用“法益”这一语辞似乎没有必要。于飞也指出，若认为德国民法上“法益”概念，指权利以外受法律保护的利益，这一定是个误解。依前文所述，我国学者使用的“法益”概念基本上是对德国法模式的转述，那么“受法律保护的利益”究竟是一种类型化的描述还是仅仅表达一种个案衡量的结果？

尽管权利之中包含着利益的内容，但相对于权利来说，未被权利化的利益本身具有边界的模糊性和性质上可能存在的不确定性，所以一项利益能否被保护并不是利益概念本身能够决定的，而是利益是否能够充分符合相关保护规范的构成要件或法官在个案中的利益衡量——即具有充分的保护合理性。一项利益在未被证明其应受保护之合理性之前，无法称其为“法益”，也是无法就其受损而认定可赔偿损害的存在的，这一点区别于权利。而在通过构成要件之检验或者利益衡量之后决定将其纳入侵权法的保护之后，所谓“法益”似乎只是一种对于保护结果的描述。换言之，“法益”中含有的法律保护当然性是对于法律价值判断结果的描述，而不是判断该项利益受保护的前提。即使是权利，在保护的当然性上也只是当然引致违法性而已，至于是否能认定为可赔偿损害，还需要考量违法性阻却事由的存在与否，而利益保护的情况则更为严苛，需要综合利益本身的内容和个案的具体情况。而“法益”只是对于一种价值判断所赋予的保护结果的描述，和“权利”与“利益”并列而言并不适当。

换个角度来说，民法上或者说侵权法所保护的利益本身就是具有开放性的，实践中大量地出现新类型的，现行法未涉及的利益内容，法官此时予以利益衡量并在评价的基础上在个案中进行保护，即所谓法官对法的续造。在判例累积的基础上，学术对于判例进行整理，在该利益符合权利的构造之后，期待立法上将其上升为权利。对于静止法律通过司法中的自由裁量的开放式补充，正是我们对于“利益”这一概念深入研究的原因之一。

综上所述，“法益”一语强调了利益受保护的可能性，然而“利益”之中本就包含了受法律保护的可能性这个内容——有些受法律保护，有些不受法律保护。“法益”没有对于“利益”有实质上突破，也无法暗含判断路径和当然性证成，因此，在规制侵权法上可赔偿损害的角度上，只需要谈权利和利益即可。实际上，无论是《民法通则》《侵权责任法》抑或是《民法总则》，都没有适用“法益”这一字眼。

三、可赔偿损害中的利益的性质

（一）应在既有法定化权利之外

之前已经多次指出，权利是保护利益的一种手段，是立法者对于利益进行价值判断之后的选择，那么如果一项利益可以通过主张某个有名权利来解决，就不应该认为是可赔偿损害中的利益，而应当认为是可赔偿损害中的权利。能够用权利体系解决的“利益”（这里的利益的词义应当是那种事实上的追求和欲望）侵害问题就不应该再寻找利益的规制方式来解决。

如前文所举出的有关“亲吻权”的案例，即是将权利的内容之一剥离出来作为单独的利益来寻求保护和救济。从权利的角度来看，健康权的射程完全可以将所谓的“亲吻权”这一利益囊括在内，而在因健康权损害而请求赔偿的基础上额外诉求“亲吻权”也不符合“一事不再理”的原则。

此外需要注意的是，合同之中相对人因合同订立、履行而产生的利益侵害没必要适用侵权法的利益规制，如信赖利益受损。而作为两个部门法交叉的纯粹经济损失，更适合用侵权法的规制方式来考虑，因为侵权法里的利益包含着利益衡量和价值判断。

（二）该利益应当符合社会学基本内涵

我们通常在法学中所使用的“利益”用语实际上并不是法学所原创之概念，而是来自于对于社会学上利益的法学解读。而要将某项利益纳入侵权法的可赔偿损害的范畴之内，首先必须满足利益的最基本之条件。

人的需要是开放性的、无限的，它既不同于人的生物本能，又不是纯精神性的欲求，正如黑格尔所指出的：“有意识的存在必然把它的需要想象为普遍性的需要，必须关心它的整个生存，它所争取的必然是持久的财产。”

一项利益在纳入侵权法体系中进行考量之前首先需要对主体有重要性。利益的主观属性，不是取决于个别人的主观认识，而是取决于一般人的认识，即在一定的社会形式中，某种状态是否属于利益应当以一般人的认识为基准进行判断，而不能以个别人的认识为基准进行判断。人的本质即是追逐利益，若某种状态本身不符合人的需求与欲望，则也没有必要认为是一种利益，更不可能受到侵权法的规制。

（三）该利益应当具有合法性

前文已述，权利是被法律明确保护之利益，是确保个人意志行使之形式要求，而权利之中必然是包含有特定的利益的。损害的实质属性内涵中的利益尽管并不包括所有的利益，但也绝不仅仅是权利。而某项利益需要进入侵权法的保护范围内，尚需要进一步明确其性质，来确保纳入侵权法保护范围之利益的合法性。

把目光转回利益的问题上来，有学者指出：“社会经济生活中纷繁复杂多样的利益事实不可能被法律包罗万象地转化为权利，除了那些不符合统治阶级利益而不予转化者外，确实存在着社会习惯所公认和普遍遵守而不必转化的利益，应予转化而为法律所漏列的利益，立法时未能预测得到而一时未能转化的利益，以及立法时条件不成熟而未列举的利益，法律对这些权利之外的合法利益并非漠然不顾，而往往持保护态度，只不过保护的方式和程度因法律部门的不同而有所差异。”然而权利外的利益范围广泛，适合使用法律加以规制保护的利益乃广泛利益之其中一部，这就决定了侵权责任法中的利益保护存在其有限性。

比如某人为保护自己而伤害或杀死对其造成危险的他人的狗，不必对因此给别人造成的损害承担责任。也就是说，一个人在损害别人的利益时，原则上只有其如此行为未经允许或不法之时，才有义务赔偿他人之损害。

可以说，只要利益不是非法的或者违反善良风俗的，所有的利益就都受到侵权法的保护。因此，不具有法律属性的利益，即使受到损害，也不存在损害赔偿的问题。损害的质属性所指向的利益并不包括构成法律基础价值的利益，如自由。

总结来说，可赔偿损害中的利益之合法性应当有如下两个性质。

1. 符合受到法律保护的基本条件——包括其存在的形态和本质的特征，即正当性。某种利益想要跻身侵权责任法中损害的范畴并成为一种可赔偿损害，需要具有一定的价值并具有稀缺性或专有性——或者说具有正当性。正当性标准即正义标准，这种标准的形成应该由作为主体的人共同参与确立，因此应立足于每个人都是平等、自由的普通个人。所谓的正当性，实际上就是对于某种利益在形态和本质上进行进行考量。申言之，这是由于法律赋予每个人追求利益之自由，但无法保证其所追求之利益符合正当性标准。换句话说，为鼓励利益追求者的积极进取心和创造性而赋予其追求利益的自由是现代法律制度的核心价值之一，但这种追求目的的实现又不允许直接以他人的利益受损或义务施加为代价。

2. 欲保护的利益本身具有可保护性。通常某种利益被解释成受到法律保护的利益，可以推知其是合法的利益，在此意义上，其具有可保护性。而法律保护的施加实际上本身就暗含着分配正义对于一种有序状态的预设，因为资源稀缺和主体利益需求存在矛盾，因此某项利益必须具有法律上的可保护性。也就是说，某项利益是否能被侵权法所规制必须要回到成文法的体系中去寻找立法者已经做出的或是司法者解释而产生的价值判断内容，以满足其受到保护的应然性要求。

我国台湾地区发生过一个真实的案例，在该案中，某甲在住宅楼内开设娼妓馆，从事组织妇女卖淫的活动，邻居某乙多次报警无果，一怒之下率人冲入甲的家中捣毁该娼妓馆。王泽鉴先生在点评该案时就认为，尽管乙之行为属侵权行为，需就甲之物品被破坏而遭受的损失承担赔偿责任，但是甲不能就该娼妓馆的损失的营业收入要求赔偿，因其此种利益并非合法利益。

另一个可以举出的例子是某甲手持一包海洛因横穿马路，另一人驾驶汽车闯红灯行驶，撞伤了某甲并使得海洛因掉入路旁水沟损毁。某甲对于海洛因的利益无法使用侵权法作为请求权基础进行损害赔偿，因为这是一种广义上的利益，却不具有合法性的特征。

这样我们就得到了关于可赔偿损害中利益性质判断的一条重要标准，即当法律没有给利益冠以权利之外壳，那么若我们试图通过适用侵权法之规定进行利益的保护之时，首先要考虑的是其合法性，或者借用类似于刑法上的某种表述——是否具有合法性排除事由。

四、侵权法上利益的几种分类方式

（一）以利益的位阶为分类的方式

1. 具有类似权利性质的利益

具有类似权利性质的利益，在利益位阶中处于最高地位，处于权利射程的强保护范围之内，具有浓重的权利色彩。学者亦有称其为“亚权利”或者“准权利”。其一，这些利益具有较高的重要性，因此存在对其保护之必要性，故此种利益遭受侵害时很容易认定为可赔偿损害而开启损害赔偿请求权。其二，这种利益通常可以由法律明确规定，或者通过为他人设定义务的方式进行保护。其三，在特定情况下可以准用侵害权利的保护模式。此种利益受到侵害时，获得赔偿的可能性较高，并且越接近权利的核心射程，保护可能性越高。

2. 一般利益

一般利益占利益群体中的大部分，这类利益通常符合社会惯常之观念，但重要性不如具有类似权利性质的利益，却又有保护之必要。通常只要符合侵害利益造成损害的规制模式，并且符合成文法之价值，通常都能获得赔偿。法律对此的保护方式主要有两种，一种是通过为他人设定义务的行为规范角度进行保护，另一种是通过法律原则或者社会价值观念所导向的约束进行保护。此种利益的损害赔偿可能性居于中间地位，通常会给予赔偿。

3. 边缘利益

此种利益的价值位阶最低，处于受保护利益和社会学意义上的利益之间的地带。立法者本身对于此种利益的认识就较为模糊，很难为其划定一种明确的边界，也无法决定一个统一的态度。因此法律对此种利益的保护只能是原则性的，需要在个案中进行价值衡量比结合相关因素加以决定。

（二）以利益客体的性质的方式

1. 人格利益

从《精神损害赔偿司法解释》第 1 条的规制模式来看，人格利益应当是相对于人格权而存在的。人格权是指以主体依法固有的人格利益为客体的，以维护和实现人格平等、人格尊严、人身自由为目标的权利。那么人格利益就是未能被定性为权利而又有保护必要的利益。

在《侵权责任法》和《民法总则》颁行之前的学说一般认为人格利益包括胎儿人格利益、特定财产上的人格利益，死者人格利益和一般人格利益。但在《侵权责任法》列举了具体人格权，《民法总则》规定了一般人格权同时进一步列举了具体人格权的基础上，旧学说的分类几乎已经失去了存在的依据，尤其是一般人格利益。

2. 财产利益

就财产利益而言，我国学者一般认为包括占有利益、商业秘密利益、纯粹经济利益损失、债权利益以及其他合法利益等。但对于这一分类，也存在不少质疑的观点。首先是占有和商业秘密应当是权利而不是利益，其次是纯粹经济利益损失应当是一种独立的类型。

3. 混合利益

混合利益是指兼有人格和财产性质的利益，以胎儿利益为典型，其中包括接受赠与，继承遗产的利益以及维持生命健康完满的利益。原本网络虚拟利益也属于此范畴之内，但《民法总则》第127条将其上升为了权利，因此不再以利益的规制方式来考量。

财产利益和非财产利益的区分是传统民法的基本分类，一直被认为是民事权利体系构造的基础。尽管这种分类存在着过于简单的弊端，但仍不失为比较合适的利益分类方式。

（三）依利益受害的直接性

1. 直接遭受侵害的利益

此种利益一般指侵权行为所直接指向的利益，通常是行为所直接侵害的对象，如占有利益的侵害。

2. 间接遭受侵害的利益

此种利益之并非侵害行为所直接指向的对象，而是行为波及的后果。或行为作用力反射所致。在间接侵害型案件中，受害人的损失系反射或传导所致。比如目睹恐怖场景之人所受之惊吓损害，就是一种反射型利益损害。

（四）依利益归属的确定性

1. 固有利益

此种利益通常被认为出现在合同法中，并与履行利益以及信赖利益相并列。按照我国学者的界定，固有利益指的是民事主体就其人身或财产所享有的权益，主要指人身权、物权等绝对权，但也应包括那些尚未上升为“权利”的、与人身或财产密切相关的利益，如死者人格利益、商业秘密、占有。但依其观点，侵害固有权利的损害赔偿责任原则上应适用侵权法，原因是对于合同双方原本的人身财产之保护应当交由侵权法进行。而对于固有利益之侵害通常被称为积极损失，也被称为“所受损害”，与“所失利益”相对应。

2. 可得利益

法国法中，可得利益又称为所失利益，指如果没有致损事件，财产权人的广义上财产应当增加。在德国法上，可得利益多被表述为消极损害或所失利益。通常指妨害既存财产或生活利益之增加，即应取得和可预期的利益。在日本法上可得利益又被称为“逸失利益”，指的是未来应得利益，通常被用在人身损害赔偿领域，一般是与尚未受到损害时的场合相比较，计算减少了多少收入。我国台湾地区“民法”一般也表述为所失利益或是消极损害，是指现存财产应增加未增加之损害。而在英美法中多以期待权或是期待利益的形态出现，此外还包括间接经济损失、纯经济损失、机会利益损失等概念。

在国内学界，通说认为可得利益又称为所失利益或逸失利益，与间接损害、消极损害的内涵基本等同。学说的概括方式也基本相同，如“间接损失就是可得利益的减少。财物的间接损失，是指加害人侵害受害人的财物，致使受害人在一定范围内未来财产利益的损失”“间接损失是指由于受害人受到侵害，而发生的可得的财产利益的丧失”。

通过上述分析，可以概括出可得利益的核心：财产损害、未来利益和利益实现可能性。因此可以将可得利益定义为：受害人因侵权行为或致损事件而遭受的丧失未来获得某项财产利益可能性的侵害。可得利益受到侵害的情况也被称为“所失利益”。

除了上述分类，利益按照能否被物理感知还可以分为有形利益和无形利益，按照时间先后的不同分为生前利益、出生后利益和死后利益等。这些分类仅具有认识论上的意义，对于利益的侵权法规制没有太多参考价值，此处不再赘述。

第二节 可赔偿损害中利益的规制模式

一、为利益做出不同规制模式的必要性

（一）利益的开放性与评价的需求

探寻可赔偿损害的存在，以开启侵权法上的损害赔偿请求权是侵权法作为一部保护权益的法律所应具有之功能。而损害本身能否获得赔偿恰恰要以作为损害前提概念的利益能否受到法律保护作为判断前提。因此，以损害概念作为原点

寻求对利益保护的限缩方法，在逻辑上是倒置的，不是损害的范围决定利益保护的范围，而是利益的保护范围决定损害的保护范围。法国学者卡布里亚克也给出了相同的回答：并非所有的损失都能导致赔偿，要获得赔偿，损失必须确定地触及到法律保护的合法利益。

利益的保护是一个典型的开放结构，因为利益一词的中心含义也不是固定的。意大利学者艾米利奥·贝蒂指出："利益这一时髦的术语实际上是不精确的，其错误的根源在于一般性地立基于心理学的概念，即主体能够满足其需要的客体的一种欲望，但是心理学的概念无法把握规范的实质。"施瓦布也在其著作中指出："在此作为一般性概念使用的利益概念（Interessenbegriff）不是法学意义上的概念。这个概念是用来描述规范的作用和规范形成的过程的，他本身并不含有规范性的表述含义（normative Aussage）。因此我们需要加入价值判断在其中。"

侵权法上的利益与权利不同，权利的某些必然性在利益中体现为或然性。比较典型的就是对于违法性的引征，侵害权利时通常可以理所应当地认为违法性的存在，原因前文已有说明，即权利本身是立法者经过利益衡量和价值判断之后在立法上体现出来的分配正义的配置安排。利益则不同，对其之判断需要在个案中结合相关因素来进行。不具有具体的权利形态的利益并不意味着其本身无法被侵权法所保护，只是由于缺乏类似权利的典型判断标准，使得认定某一利益的过程需要更加的谨慎。我们需要寻求在将利益纳入侵权法调整的范围之前对其进行筛选和评价的具体思路和方法。

有学者指出，利益在社会学意义上的流转实际上也包含着筛选和评价的意味，"资源的自由运动，一方面可克服资源所有主体与利用主体不统一的矛盾，避免资源的闲置和浪费，从而实现'物尽其用'的经济机理；另一方面也能够使资源本身按最科学、最合理的方式利用，因为资源的流动过程实际上也是利用方式的筛选过程"。

（二）《侵权责任法》第 6 条第 1 款之疑问

然而，尽管我国《侵权责任法》第 6 条第 1 款明确规定保护客体的范围包括权利和利益，第2条第2款也明确列举了18种具体权利的类别，但对于利益的类别和具体的保护方式，却没有明文指出。但是如果严格采文义解释的方法来分析第6条第1款，那么就表示只要当事人能够证明自己的利益存在，而侵害人有过错，即可构成侵权责任，最终开启损害赔偿请求权。有学者指出：如果单纯从文义的角度解释《侵权责任法》第6条第1款是危险的，这意味着将要保护所有的民事权益且采取相同的保护强度，这是灾难性的，必须根据德国法模式对其进行目的性限缩，从而对权利和利益进行区分性保护。这个提醒是准确的，因为尽管如同我们在之前的章节中所看到的，权利保护的局限性要求侵权法将利益也纳入到保护范围之内，并依据权利保护的类似模式设定了被称为框架权的一般人格权和营业权，或者是将违法性要件加入“权利侵害”的考量之中，以扩张利益的保护。但实际上不存在任何一个国家会对当事人提出的所有利益都进行保护。这其实也是一个悖论，如果我们能够肯定地对当事人主张的任何利益都进行类似于权利制度所赋予的强度的保护的话，那么第6条第1款作为一般条款而言就是完美无瑕的存在，然而基于利益的属性，我们绝无可能做到此点，否则之前谈到的对于利益的衡量和价值判断的加入就变得毫无意义，我们也没有必要使用一个法学上的“利益”概念，直接遵从人的欲望即可。

如果给予权利和利益等同的保护，则可能违反矫正正义的本意，那么我们可以说，我国《侵权责任法》的一般条款——第6条第1款中存在着隐藏的漏洞。在方法论上，对隐藏的漏洞主要是通过目的论限缩的方式予以填补，即依据法律规整目的或其意义脉络添加限制，从而使得因字义过宽而适用范围过大的法定规则仅适用于宜于适用的范围。

为了寻找解决《侵权责任法》第6条第1款的问题，我们有必要从比较法的视野上考察域外立法例中对于利益保护的规制模式，或许能为疑问的解答提供一些参考和提示。

二、比较法上可赔偿损害中利益的规制模式

（一）英美法

在英美侵权法上，一个救济方法类似一种诉因，一种诉因调整一个侵权行为（tort），这一点和罗马法上的做法极为类似。所有这些“tort”相加在一起构成“torts”，也即是说英美侵权法并不是适用于许多案件的关于损害赔偿的一般原则，而是各种相对孤立的规则的聚合。其特点是采用完全列举的逻辑方法将侵权行为列举为非法侵害、过失、严格责任、不实说明、诽谤、加害性虚伪陈述、侵犯隐私权、不当控告、干扰家庭关系、干扰经营等具体的侵权形态。

当然，仅靠列举 tort 的方式无法完全解决侵权法保护范围的问题，社会的发展会造成越来越多的损害事实需要被评价为可赔偿损害，现代英美法为了弥补此不足之处，在现有侵权行为类型的基础上发展了过失（negligence）和违反成文法义务（Breach of Statutory Duty）这两种类型作为利益的规制模式。

过失（negligence）是一组无名侵权（non-nominal torts）的总称，其被认为是一种独立的侵权行为类型，并且不限于保护某种特定的利益。实际上，过失责任基于被告所为之行为所产生的对于各种利益的损害而产生。它将扩张那些仅仅保护一种特定利益的侵权行为类型。

而违反成文法义务（Breach of Statutory Duty）是指，立法对于社会和经济行为的调整要求对于个人私益和国家整体之间的利益关系加以规范。而在此过程中在成文法中产生了许多义务，来维系社会功能之存在。显而易见的是，通常对于成文法义务的违反可能会给他人造成损害，但是受害之他人不能依据普通法所列举的类型要求损害赔偿。这就需要转向成文法上的义务来寻找提起损害赔偿之依据。权力机关所为之立法行为很多时候广泛地符合了私人利益的要求（比如《联邦健康服务法案》中关于健康的保护条款），但和私法上的权利并无相似性。但是某人因他人违反成文法义务而受有损害可以提起“完全违反成文法义务之诉”在英国法上，这和之前所说的“过失”类型的侵权行为还是存在着区别的，但是相似之处在于，此二者都明确了对于未被列举的其他利益的规制模式，处于兜底

或者说扩张之地位。

与英美法不同，大陆法系国家对于利益的规制是通过在侵权法中设置的一般条款来实现的。一般条款的弹性使得司法者在一定程度上解决了成文法的僵化问题，将范围更广的利益评价纳入侵权法的保护范围之内，认定为可赔偿的损害。侵权法的一般条款一般对于利益的保护更为直接，通过解释论的方式进行解读可以更好地实现利益保护的目的。而通过一般条款进行规制的模式，主要有如下几个类型。

（二）法国法

《法国民法典》第1382条和第1383条被一些学者称为利益保护的天堂，原因是以上两个条文在客体上并没有区分权利和利益，被认为是迄今为止世界上范围最广，射程最远的侵权责任制度，任何损害，无论是有形的还是无形的或经济的损害，根据该法都可以提起侵权诉讼。基于此，法国法上认为将权利也放入利益的概念之下，一同归入损害的保护范围之内，并且将损害认为是侵权责任的第一个构成要件，无损害之发生即无法成立侵权责任。

法国学者认为，如果汽车司机在高速公路上逆向行驶而根本没有发生交通事故，则司机根本不可能承担侵权责任（如果承担刑事责任则是刑法上的考量）：司机虽然有过错，但是没有引起损害。

因此法国法上可赔偿损害的一般特征规定为以下几点：1. 对法定保护利益的侵犯。可赔偿的损害必须是对所谓的法定利益的侵犯。2. 损害的确定性。可赔偿的损害应当是确定性的损害，但在区分上可能存在一定的困难。对于今天的法国法官而言，损害的确定性得到了扩展，只要有足够的可能性，即为损害的确定性。3. 损害的直接性。损害必须是某种事件的直接后果，法律所评价得出的损害不能与损害事实相隔太远。这实际上加入了一些因果关系的考量。4. 损害的个人性。即提起侵权损害赔偿诉讼的人应当是遭受了直接损害或者间接损害的人，其他人不得提起此诉讼。

由此可见，尽管学者认为法国法模式是一种放任主义，甚至称其为“谜一般的放任主义”，因为它没有起草一条关于受保护利益的列举式条款。立法者对法官在什么属于应赔偿损害方面的自由意志没有施加先决限制条件。但这种批评实际上有些空穴来风的意味，因为法国立法者的主导思想即是排除司法的不确定性及专断性，为此目的，他们希望尽可能地减少不被他们信任的法官的解释和创造功能。从上述可赔偿损害的判断标准中即可看出端倪，但是这些判断标准也对于法官的自由裁量带来了许多困难，因此在时间上，法国法对于利益的保护实际上是限制的，严格控制可赔偿损害所指向的保护范围。

（三）德国法

尽管前文已述，《德国民法典》在第 823 条第 1 款中通过对于“其他权利”的解释创造出了框架权的概念，并将更多的利益类型纳入侵权法的保护范围之内。但从法律条文的体系角度，第 823 条第 2 款规定的违反保护他人法律构成侵权和第 826 条规定的故意违背善良风俗的规制模式分别对应了法律确定保护的利益和其他一般利益的保护。通过分析不难发现，在第 823 条第 1 款明确列举了 5 种权利基础上留下了“其他权利”这一弹性部分，那么第 2 款中所谓的“违反以保护他人为目的之法律”应当指向法律所确认之利益的保护。因此，使加害人对其违法保护他人的法律给他人造成的损害负赔偿责任，实际上就把逸出权利之外的利益纳入了这一款的保护范围。同时第 2 款的规定对利益的适用有一定的限制，即必须以特定法律为限制，通常是指以保护私人权利为目的的法律，如刑法、道路交通事故法，狩猎法。而第 826 条则是在第 823 条第 2 款无法救济的情况下适用的情况下适用的，通过善良风俗予以救济。而此种情形下何种行为应认为违背善良风俗，则应依社会之健全思想，以及一般道德观念决定之。这款实际上也是对罗马法上“恶意诉权”的继承和发展。

相较于法国法模式不区分权利和利益的保护模式的开放性，《德国民法典》在两个极端之间开辟了一条中间的道路。从 823 条第 1 款的解释论到第 2 款以及第 826 条的条文设置，构建了较为严密的保护体系。即权利—法律确认之利益——般利益，并在构成要件上有所区别，对于 823 条第 2 款和第 826 条的内容，后文会详述，此处不再赘述。

（四）我国台湾地区“民法”

我国台湾地区“民法”在第 184 条对侵权责任之规定，继受了德国立法上三个层次的立法模式。在对 184 条进行修正之前，该条规定：“因故意或过失，不法侵害他人权利者，负损害赔偿责任。故意以背于善良风俗之方法，加损害于他人者亦同。违反保护他人之法律者，推定其有过失。”此后立法对于第 2 款进行了修改，将第 2 款修改为：“违法保护他人之法律，致生损害于他人者，负赔偿责任。但能证明其行为无过失者，不在此限。”那么侵权法对于保护对象的规制也可以分为三个层次，第 184 条第 1 款前段保护的是权利，后段是一般利益，主观要件是故意。而修正后的第 2 款除了“维持修正前民法规定精神，将过失举证责任导致外，其独立类型化之结果，亦使利益受保护之范围扩大”。孙森众也认为修正后的第 2 款实际上是对于修正前之条文中可以推论出“保护他人为目的之法律”所规定的权利或利益的立法确认，而不单单仅体现于举证责任导致上。

（五）日本法

2004 年现代语化改革前的《日本民法典》第 709 条将保护对象严格限定于权利的侵害之内，但从“云右卫门浪曲案”之判决到“大学汤案”之判决，大审院对于旧民法第 709 条的权利侵害要件做了目的性扩张，即该条不但保护权利，也保护利益。这种变化使得旧民法第 709 条的保护对象容纳了“法律上保护的利益”，实质上将侵权法所保护的法益扩大了，也留下了所谓的“结果违法论”。日本的学说也从严格的“权利侵害”要件转向了引入“违法性”要件这一解决路径。

与判例的动向相呼应，学说也进行了相应的变动，末川博认为自罗马法以来处于对于社会的实际要求的呼应的权利侵害要件已经无法应对现在复杂的社会生活，第 709 条对于保护范围的过于限缩产生了许多疑问。“权利侵害”实际上是“违法行为”的表征，其中的本质要件是加害行为的违法性。我妻荣将末川的学说进一步向前推进，认为侵权法基于对于损失进行公平分配的制度，违法性要件存在是有必要的。所谓的违法性要件实际上是被侵害法益的种类与侵害行为的样态之间的“相关关系”所确定的。而所谓侵害行为的样态包括刑罚法规的违反行为、其他包含禁止命令的法规的违反行为、对于公序良俗的违法行为、权利滥用的行为等等。而实际上民法上的“违法性”理论对应的是以小野清一郎、拢川幸辰为代表提出的“客观的违法论”。前文曾经提到国内的“法益”概念使用多半来自刑法上之“法益”概念，而所谓的“违法性”的理解，或许也得参照刑法上之价值考量。

2004 年现代语化改革之后，第 709 条也基于上述之学说进行了修订，加上了“法律上受保护的利益”这一内容，这是违法性学说在成文法上被固定下来的证明。而从学说的动向不难看出，判断违法性的路径完全倒向了德国法模式。此外，日本的通说认为，权利侵害构成违法是比较普遍的，另外，命令性的法规通过自身具有的评价性机制具有独自对违法的评价，在欠缺明确法规的场合则可因违反公序良俗来评价违法。这实际上对应加藤一郎的观点：“被侵害利益如果是强固的，侵害行为的不法性即使很小，在加害上也有违法性；而被侵害利益不是太强固的情况下，侵害行为的不法性不大，加害则没有违法性。”实际上还是如前文所说的，根据侵害利益的种类、性质和侵害行为之间的形态的相关关系来判断违法性，使得违法性的判定更加具体化且具有弹性。

（六）欧洲统一侵权法立法例

《欧洲侵权法基本原则》（PETL）的第 2：102 条和《欧洲私法的原则、定义与示范规则：欧洲示范民法典草案》（DCFR）第 6-2：201 条分别对于利益的保护作出了规制。《欧洲侵权法基本原则》（PETL）的第 2：102 条规定了 6 种利益受法律保护的要素：1. 利益的自然属性，其价值越高，边界越准确和显著，其保护强度也就越高。2. 生命、身体、精神完整、尊严和自由享受最广泛的保护。3. 财产权也被授予最高的保护强度，包括无形财产。4. 对于纯粹经济损失和债权的保护需要进一步限缩，需要进一步考虑行为人和受害人之间的联系，或者行为人在意识到其利益价值低于受害人之利益价值时仍然如此做。5. 故意致害的受保护范围更广泛。6. 不仅要考虑行为人行使权利的自由，还要考虑社会公共利益。

《欧洲私法的原则、定义与示范规则（DCFR）》采用了“具有法律相关性的损害”的表述方法，在第 6-2：101 条第（1）款的规定中，其指出了具有法律相关性的三个要求：第（a）项是在该章下有具体规定，这实际上就是一种有限的列举方法；第（b）项是损失或者伤害是因为侵犯法律在前项之外所赋予的权利而产生的，这是对权利的保护；第（c）项是损失或者伤害是因为侵犯值得法律保护的利益而产生的，这是对利益的保护，值得注意的是利益的限定范围是值得法律保护（worthy of legal protection），在第（2）款和第（3）款的规定中，其指出第（1）款（b）项和（c）项的所规定的权利或者利益必须是在公平合理的情况下才构成法律相关性的损害，具体的考量因素包括归责基础，损害或迫近的损害的性质与实质性原因，遭受或者将遭受损害之人的合理期待以及对公共政策的考量。

实际上上述两种做法在本质上都是德国法模式加上日本相关关系理论的思考方式，即利益的性质决定利益受规制的情况，价值越高，界定越明确、越明显，其所受保护就越全面。

三、我国《侵权责任法》对于利益保护的解释论

上述比较法上的经验表明，对于可赔偿损害中利益的规制，必须给定一个大致的范围并在个案中根据利益的性质和其他构成要件的符合程度来予以保护，任何含糊不清的解释都将使这个问题更加的繁复。

在寻找对于第 6 条第 1 款所包含的利益保护问题进行解释的过程中，需要参考和借鉴前述的比较法上的立法经验和解释方式。

我国《侵权责任法》第 6 条第 1 款只规定了民事权益，并没有“合法”的字眼，如果仅仅遵从字面上的理解，那么实际上和法国法模式相类似，对于利益的规制采放任主义。但是《侵权责任法》第 1 条规定：“为保护民事主体的合法权益，明确侵权责任，预防并制裁侵权行为，促进社会的和谐稳定，制定本法。”这是对立法目的的宣示，而对于民事主体的合法权益的表述在《民法通则》第 1 条和第 5 条之中的内容相一致，在《侵权责任法》第 2 条，第 6 条和第 7 条中又只用了“民事权益”的表述，而在已经颁行的《民法总则》的第 1 条和第 3 条承续《民法通则》中合法权益的表述。那么我们可以认为，利益必须合法才能得到保护，

这是应有之意。

那么究竟比较法上的何种模式对于解释我国《侵权责任法》中的利益的保护更为合适呢？我更倾向于德国法模式，原因有二。

第一，学者已经指出采用德国法模式对第 6 条第 1 款进行目的论限缩的合理性，并且也指出了中国司法实务中的传统实际上坚持的也是德国模式，适用德国模式实际上是一种思考模式的惯性延续。并且，我国损害赔偿制度中的损害范畴中，必然体现了法律上的否定性评价的不法性因素，从损害概念中提取出的不法性因素，也是符合《德国民法典》823 条第 2 款和第 826 条之目的的。

第二，《侵权责任法》第 5 条规定："其他法律对侵权责任另有特别规定的，依照其规定。"而第 5 条中的侵权责任应当回到第 2 条第 1 款："侵害民事权益，应当依照本法承担侵权责任。"这个条文的范畴中进行考量，即侵权责任等于侵害民事权益，那么第 5 条也就可以认为是：其他法律对侵害民事权利构成侵权有特别规定的，依照其规定。尽管未提到违法保护他人法律这一内容，但从实质上已经和《德国民法典》第 823 条第 2 款相近似了。而《民法通则》第 7 条以及刚刚颁行的《民法总则》第 8 条中规定："民事主体从事民事活动，不得违反法律，不得违背公序良俗。"也就是说根据体现道德规范的民法基本原则应该予以保护的利益，也是可以成为侵权法上的可赔偿损害中的利益。这在我国并非没有先例，《最高人民法院关于精神损害赔偿司法解释》第 1 条第 2 款规定："违反社会公共利益，社会公德侵害他人隐私或者其他人格利益，受害人以侵权为由向人民法院起诉请求赔偿精神损害的，人民法院应当依法予以受理。"这堪称司法者通过解释对权利之外的利益进行保护的典范。这种对于可赔偿损害中利益的规制模式与《德国民法典》第 826 条如出一辙。因此，从我国立法上设置的条文体系中，也可以解释出德国法模式。

第三，日本法模式和欧洲统一侵权法立法例中的规制模式实际上都是对德国法模式的进一步细化和发展，比如日本侵权法上确定可赔偿损害之时对于违法性的判断路径完全是导向德国法模式的，而 DCFR 和 PETL 中所列举的对于利益的规制模式也是对于德国法模式中三个一般条款的再解读和细化。正如临摹要照着真迹进行，弥补我国《侵权责任法》中利益保护的漏洞就必须回到德国法模式之上。

学者指出："我们确实可以在既有法律规定的基础上推导出类似于德国模式的利益保护方法。"一方面可以在司法实务中为法官寻求利益保护的合法性根据提供指引，即判断一个受侵害利益是否是侵权法上的可赔偿损害，法官应该首先考虑此利益是否已经表现为一项权利；若非，公法或私法中是否有对于该利益进行保护的规范；若仍旧非，再考虑根据社会的善良风俗这种利益是否应该受保护。另一方面，这种解释也打通了私法和公法、私法和道德之间的通道，从而使法官能够在更广泛的背景上裁量利益保护的问题。

此外，日本法模式和欧洲统一侵权法立法例中的规制模式对于侵权法上的利益保护相关问题的思考也有着重要意义，值得参考借鉴，具体内容后文会详细说明。而接下来，我们将分别叙述德国法模式中第 823 条第 2 款和第 826 条这两个利益保护的模式。

第三节　侵权损害赔偿中违反保护性规范构成侵权

一、一则案例引发的思考

前文已述，我国《侵权责任法》并非一个封闭的体系，第 2 条第 2 款中首先列举了一系列具体权利，随后用"等人身、财产权益"进行了空白授权，实际上扩展了侵权责任法的保护范围，但极为宽泛，需要对此进行精准界定。损害被认定为侵权法上的损害，实际上是一个被法律认可同时被允许开启侵权法上的特定救济——损害赔偿请求权的过程。问题在于，对于损害的认可以及请求权开启的依据是否只能根据《侵权责任法》来进行？其他包含着保护他人内容的法律法规能否作为认定侵权法上的损害存在的依据？我国《侵权责任法》在总则部分并没有单独指出违反保护他人法律构成侵权责任的类型，若要采取《德国民法典》

第823条第2款的规制模式，只能从《侵权责任法》第5条和第6条第1款的条文内容的体系解释中推导而出。但在具体侵权类型的规范条文中可以找到此种类型的规定。而在许多单行法条文规范中，规定了违反条文规定而承担损害赔偿责任的内容，这些损害赔偿的内容实际上是侵权法保护的客体范围，如《注册会计师法》第42条、《公司法》第207条第3款等。

关于这个问题，通常会采取如下的主张：违反以保护他人为目的之法规的行为会构成侵权行为，不违反法律规范的加害行为依然有可能要承担侵权行为责任。保护性规范与侵权法之间的关系似乎总是缺乏透彻的理论说明，于是当实践中出现相关案例之时，大堆的疑团便出现了。

2017年8月31日20时左右，在陕西榆林市第一医院绥德院区妇产科，一名孕妇从5楼分娩中心坠下，因伤势过重，经医护人员抢救无效身亡。事发后，围绕“究竟是谁拒绝为产妇实施剖腹产”，医院和家属各执一词。（以下简称榆林孕妇案）

2017年9月7日，国家卫生计生委新闻发言人、国家卫生计生委宣传司副司长宋树立对陕西产妇跳楼事件回应称，事件让人非常痛心，也是谁都不愿意看到的，我们向家属表示深切慰问，我委对此高度重视，已责成当地的卫生计生部门认真调查核实，依法依规严肃处理。

实际上，这并不是头一次出现产妇家属拒绝签字造成的孕妇和胎儿同时殒命的事件了。2007年11月下旬，在北京朝阳医院发生了一起因家属拒绝签字，致使院方拒绝为病危孕妇李丽云施救，最终导致孕妇本人和胎儿双双死亡的严重后果。为此，李丽云的父母以医院错误诊疗导致李丽云死亡为由，向朝阳医院索赔121万元。北京市朝阳区人民法院对此案作出一审判决，认定朝阳医院的医疗行为与李丽云之死无明确因果关系，据此驳回了原告方的诉讼请求。（以下简称拒绝签字案）医院方拒绝施救的理由是根据《医疗机构管理条例》第33条的规定：“医疗机构施行手术、特殊检查或特殊治疗时，必须征得患者同意，并应当取得其家属或者关系人同意并签字。”尽管医院方符合了此规范文字上的义务要求，但是否就此可以认定医院方在此事件中并未违反保护性规范？

对于如何将保护性规范与侵权法相关联，我国法通过引入《民法通则》第106条第2款或《侵权责任法》第5条与第6条第1款协同作为转介条款的方式界定侵权法保护的权益。在2017年3月通过的《中华人民共和国民法总则》第五章中，也于第120条规定："民事权益受到侵害的，被侵权人有权请求侵权人承担侵权责任。"在司法实践中法院亦有判定行为人违反了保护性规范而赔偿受害人的纯粹经济损失的案例，请求权依据是《民法通则》第106条第2款。问题是，侵权法规范体系并未对引入保护性规范提供一个可堪适用的明确规范，因此司法者在进行法律适用时应予以合理说明。但我国相关判决大多欠缺此种说明，故缺少更强的论理性和说服力。问题又回到了本书开始的地方，我们需要一种过错责任以外其他的手段来界定损害成立的尺度，即通过保护性规范的引入来精确《侵权责任法》第2条第2款的保护范围，使得更多应当被列入侵权法保护范围并因此而提供救济的权益得到适当的保护。对此我们有必要对此种利益的规制模式做一个详细的说明。

二、转介条款的立法存在与司法者评价

（一）转介条款的立法存在

《德国民法典》第823第2款被认为是将其他法领域中的评价传送入民法之传送带，此规定有其能够将数量上增长的公法——例如道路交通法、营业法、劳动保护法以及环境法—之中的标准延伸至民法中，并能够对违反此之行为课以私法上的损害赔偿请求权。如此之特性也被称为"转介特征"（Umformungscharakter）。台湾地区"民法"第184条第2款与此之规定相类似，学者多认为，此规定的功能在于，将其他领域的规范迁入侵权法，使得侵权行为得与整个法规范体系相连接，且立法者无需重复订定此种行为法条，具有使立法简化、合理化的作用。据此，学说多将这两个规范界定为"转介条款"，其是公司法规范接轨汇流的实现机制之一。当然也可以考虑设立特别私法的方式来实现公私法的接轨，如我国《道路交通安全法》第76条。

（二）转介条款适用中的司法者评价

需要明确的一点是，尽管转介条款是连接侵权法与其他部门法的纽带，但这并不意味着司法者只需要对着条文照本宣科，转介条款中存在着司法者评价的重要性。从转介条款可以援引规范的广泛性可以看出，转介条款是立法者对司法者的概括授权，立法者授权司法者超越各保护性规范的藩篱在一个广阔的评价体系中作出独立的价值判断和评价，使得公私法规范之间协同联动，因此转介条款本身实际上是依赖于法官的自由裁量并需要对援引之规范进行解读和诠释，继而进行概括填补的概括条款，以此来实现主体对于利益保护之期望，减少法秩序内部的冲突。此外，苏永钦指出，违反保护他人法律构成侵权的目的是为了转介公法领域的强制性规范，只要形式上构成民事侵权责任的规定，就没有必要再转介。

三、确定保护性规范的初步筛选——形式的侧面

《德国民法典》第 823 条第 2 款规定："违反以保护他人为目的的法律的人，担负同样的义务。"通说认为，该条款使得法院能够对违反其他法律所确立的行为标准而造成的损害提供侵权救济，因此连接了侵权法之外法领域的立法价值，转介其他非属于侵权法的法领域，维持侵权法的开放性，从而使得侵权法之外的立法价值和规范对于侵权责任构成发生影响。结合第 1 款后半段来看，所谓"同样的义务"即是指"向该他人赔偿因此而发生的损害"的义务。既然 823 条第 2 款规定了一项损害赔偿的义务，那么它一定包含着界定损害赔偿的功能，即"违反以保护他人为目的的法律的人"。在这个构成要件中，包含了两个判断要素，分属于形式的侧面和实质的侧面。形式的侧面即"违反法律"，违反之法律规范需要是可以被认定为"法律"的内容，而实质的侧面即是"以保护他人为目的"，这个内容将在下一部分重点阐明。

我国台湾地区"最高法院"1988 年台上字第 1862 号判决中也指出："民法第 184 条第 2 款所保护之客体，需权益所遭受之侵害为保护他人之法律所欲防止者，换言之，违反保护他人之法律而构成侵权行为损害赔偿义务，必须具备两个要件，一为被害人需属于法律所欲保护之人之范围，一为请求赔偿之损害，其发

生系法律所欲防止者。”可以明确“保护他人之法律”在此种侵权构成中居于核心之地位。那么在进行实质的判断之前，有必要对于保护性规范的形式要件进行探究。

将目光回到形式的侧面上来，德国通说观点和判例通常认为，根据《< 民法典 > 施行法》（EGBGB）第 2 条的规定，《民法典》中所称的“法律”（Gesetz）应理解为一切“法规范”（Rechtsnorrnen）。所以，这里的法律不仅仅包括形式意义上的法律（指由议会代表国家颁布的一般具有普遍约束力的规范。由于德国为联邦制，由州议会颁布、适用于该州的这类规范也是这一意义上的法律），而且还包括实体意义上的法律（行政法规、章程）。但也有学者对此提出了不同的意见，他们认为行政规制措施本身的确不能算是保护性法律，因为它还不具有法律的特质。但另一方面需要注意的是，行政规制措施都是以法律的授权为基础作出的。通说还认为，《德国民法典》第 823 条第 2 款意义上的保护性法律必须是明确的强制或禁止规范（bestimmtes Gebot oder Verbot），其必须足够清晰地描述一个私法主体的行为义务。此外，有学者指出，《德国民法典》823 条第 2 款意义上的违反保护性法律所指的仅仅是违反具体法律规定，而“违反法律的基本精神”并不能作为适用依据。这样的解读值得肯定，因为制定法的精神定然会体现在以条文形式所展现的具体规范之中，而可以为某个特定保护内容开启请求权的一定是是承载具体保护目标的特定条文本身，而不是总领性的法律精神。

我国台湾地区“民法”在 2010 年修订之后于 184 条第 2 款做出如下规定：“违反保护他人之法律，致生损害于他人者，负赔偿责任。但能证明其行为无过失者，不在此限。”从文本中不难看出，对于该项制度形式侧面的要求，台湾地区“民法”与德国法保持一致，而实际上，由于台湾地区的法律渊源和德国大体上相似，因此对于“法律”的界定，通说观点也和德国学者的思路保持一致。即除狭义的法律（公法或私法）外，尚包括习惯法、命令、规章等。在司法实践中，我国台湾地区“最高法院”1994 年台再字第 134 条判决指出：“184 条第 2 款规定之法律，系指一切以保护他人为目的之法律规范而言……”因此可以认为行政管理规范等也同样符合保护性规范的形式要求。

在英美法系中，尽管其以判例以及习惯为主要法律渊源，但也存在着相当数量的保护性规范，因此也发展出了类似的制度，在英国法上，这样的侵权责任类型被称为违反成文法义务（Breach of statutory duty），这里的成文法的范围主要是刑事法并通常用行为控制的方式防止事故和损害，通常指向工业安全法并和雇主责任一同考虑。随着欧共体法则（EC Directives）的实施，更多的严格责任被施加于雇主，违反成文法义务在雇员工伤领域更加有意义。当然，违反成文法义务并不能简单地导致侵权责任成立，需要考量当时的情况以及实践中的惯常做法。在英国，相关的保护性规范主要指上议院所通过的法律及条例。在美国法上，类似的制度被称为“negligence per se”或者被译为“本身过失”。顾名思义，本身过失指一个行为本身就构成过失，而违反法律规定的行为是造成本身过失的主要原因。在被告的行为已经触犯了某些法律条文的明文规定时，只要能说服法院相信被告所为的侵权行为正应落入该法规的立意所规划的窠臼之中，就能证明被告是犯有过失的。这里的法律条文应当指向州议会和联邦政府所制定的成文法律法规。由于无论是州议会还是联邦政府都是民选的产物，他们所订立的各种法律法规也是民意的体现，反映了民众对于秩序的期望。因此，其满足保护性规范的形式要求。

在我国，法律渊源由《立法法》所规定，同时最高人民法院发布的司法解释也在事实上起到了法律渊源的作用。《最高人民法院关于裁判文书引用法律、法规等规范性法律文件的规定》第 4 条规定：“民事裁判文书应当引用法律、法律解释或者司法解释。对于应当适用的行政法规、地方性法规或者自治条例和单行条例，可以直接引用。”我们可以认为这些规范在界定侵权法保护范围的意义上被视为保护性规范，据此，我们可以明确，我国法上保护性规范的形式范围，即法律、行政法规、司法解释、地方性法规、自治条例、单行条例。

四、保护性规范保护范围的界定

（一）界定保护性规范保护范围的基本考察

在我们对于形式的侧面做出判断和界定之后，便解决了前文中所提出的两个疑问的其中之一，即“违反保护他人法律”中“法律”二字的解读，接下来，更为重要的是，对于“保护他人”这一核心实质内容的解析。

关于违法保护他人法律构成损害赔偿责任，王泽鉴认为应当在方法上分为三个阶段加以认定：1. 加害人所违反的是否为保护他人之法律，此涉及保护他人法律的概念。2. 被害人是否属于受保护之人的范围。3. 被害人所请求的是否为该法律所要保护的利益。

其实在三个阶段的核心都是共同的，即能否援引该法律规范并为被害人之损失开启可供诉求的损害赔偿请求权。围绕这个核心，所进行的考虑是双向的，保护他人法律和受损权益互相匹配才可能适用此种侵权行为模式。

对以上三点需要考量的要素加以分析不难看出，以上三点均涉及对于法律规范的文本解读以及其中所蕴含权益的筛选与博弈，都需要回到欲转介的规范文本本身进行解读，才能给出答案。

无独有偶，在英国法上，违反成文法义务的考量因素也和大陆法系有着惊人的相似之处，而为了证明某人违反了成文法义务，原告需要从以下方面着手：1. 成文法意图创建一个民事责任，法院需要考虑成文法文本以及成文法条款性质的精确解释。2. 成文法义务中的求偿权归属于个体求偿权人。3. 被告负有成文法义务且已违反。4. 损害是法令中所涵摄的类型。

从以上的四个要素中我们不难发现，为了确定保护他人法律的保护范围，最为重要且艰难的任务是从成文法规范中解读出我们所需要的用以开启请求权的侵权责任的产生及承担，并且在个案中，对于保护范围的解读以及损害的认定将决定是否给予开启侵权赔偿请求权足够的支持。对文本进行解读的另一个重要性在于，在英美法系中，当存在普通法上的救济之时，也不会允许引入违反成文法义务的责任，因此需要对成文法进行解释——即是否存在为了个体利益而设定的责任或禁令，抑或一项公共权利可以被用于受到特定损害的个体之上。

两大法系对于保护性规范适用的思维在方法上高度耦合，那么接下来的问题我们将从以上方法中最重要的两点入手，逐一进行分析。

（二）保护性规范保护范围界定中的文本解读

在意图援引保护性规范为受害人寻找侵权法上的救济之前，我们必须先从法律规范的文本上解读其是否能够成为开启损害赔偿请求权的依据，这样的解读主要包括该项规范是否包含保护的意图以及保护特定人的内容。

在对《德国民法典》第 823 条第 2 款进行解读的过程中，有学者认为个人保护这一标准是与对公众的保护相对而言的，一条目的只在于保护公众的规范并不适于归类为第 823 条第 2 款意义上的保护性法律。一项保护公众的条款，只有当它同时也有意图对具体的受害人提供保护时，才可能被视为保护性条款。法律条文中的一般保护功能无法表明在何种情况下该项规范将进入第 823 条第 2 款的保护性功能，以及关于此项规范那些利益应当受到保护。只有条文保证对个人实施保护时，才能符合保护性规范的成立条件，因此一个重要的问题是，在特定的情况下创设一个个人的赔偿损失的请求权是否是有意义的。从另一角度来说，即是特定条文所涉及的规范首先是着眼于公众的利益，但只要其应当也对个人的利益实施保护，则已足够将其视为保护性的法律。法律的保护效果并非决定此规范是否是保护性规范的唯一要素，同时应当考虑的是隐藏其中的内容和目的，即被害人为损害寻求开启求偿请求权时，规范能依据立法者之立法目的为其提供保护。

违反保护他人法律这一类型的特定化方法不是把行为“具体化”，而是把强制或禁止的法律限缩于“保护他人的法律”，即区别于那些仅仅保护公众利益的法律。这样的区别在于能否为特定的请求人开启专属的请求权，易言之，能否把可能的赔偿请求权人的数量限制在一个合理的程度，因此欲援引的规范必须以保护个人为目的，这一筛选条件应该是进一步考察该规范能否开启特定的损害赔偿请求权的先决条件。因此冯·巴尔指出：“原则上，只有当某一法律是以保护原告免受实际已经遭受的损害为目的的，违反法定义务才具有侵权法上的意义。”从此不难看出，在违反保护他人法律构成侵权的模式下，对于行为本身的性质必须纳入所欲援引的法律规范之中加以考量，而反过来说，这样考量的前提是欲援引的法律法规可以从文意上被解读出保护特定人的意思。

在我国台湾地区，这样的解读也有例可举。王泽鉴在其文中曾举了一则案例：

一名童工在晚间加班时被压断拇指，依据“工厂法”的规定，童工不得超时劳动及晚间加班，因此，受害人依据“工厂法”之规定要求工厂承担责任。劳工保护立法关于保护劳工的规定系属保护他人之法律，最终“最高法院”认定工厂违反保护他人法律构成侵权。很明显“工厂法”之规定从文本上就可以解读出对于特定群体的保护目的，因此认定为保护性规范以确定可赔偿损害之存在毫无争议。一个可以作为反面参照的案例是我国台湾地区“最高法院”1988年第1862号判决，基本案情如下：原告开设之工厂厂房，与被告开设的弹簧床加工所毗邻，因被告之加工所火灾，延烧至原告厂房而受损，请求按照第84条第2款进行损害赔偿。法院认为“劳工安全卫生法”的立法目的在于防止职业灾害，保障劳工安全，但该法所欲保护之个人仅为劳工。原告与被告毗邻之厂房，并非此法所欲保护的对象，纵使被告违反“劳动安全卫生法”的规定，原告也不得据此适用“违反保护他人法律”这一类型来确定侵权法上损害的存在，应选取其他的请求权基础。

德国学者和我国台湾地区学者虽然都将保护性规范作为权利与利益保护可能性的确认工具之一，但为何要将保护个人作为判断保护性规范性质的原因似乎并未说明。然而此问题确实存在着，冯·巴尔在其对各国侵权法进行考察的著作中指出：“但是在法国尤其是在比利时，违反的是否是致力于保护个人利益的制定法，抑或受到的损害是否在其保护范围之内，都是没有关系的。人们认为制定法的内容不许可做出这样的限制。而且由于此等限制将会导致法律的不确定，因而不希望做出这样的限制。这或许与侵权法上的损害需要与主体相关联有关，即损害止于其发生之处，而侵权法的功能就是权衡损害的分担。”

在英国法上，在适用“违法成文法义务”这个责任构成方式之前，保护目的同样需要被从法律文本中解读出来。如果法律服务于社会的福祉而非使个体单独受益，比如关于公共利益的法规，在此情况下法律不一定会给予个体开启侵权法上的损害赔偿请求权的机会。但这并不代表多数人的利益无法产生一个特定的保护，使某一个体拥有可以诉请的求偿权。如果某一法律关注的是某一特定群体的利益，在此情形下，违反成文法义务的损害赔偿请求权的开启即成为可能。违反成文法义务的基本原则是当某人违反成文法义务造成了其他个体利益的损害，那么受损方将产生侵权法上的权利。丹宁勋爵认为应当进一步扩展违反成文法义务的保护范围，但是上议院拒绝如此做，理由是对于某种行为产生了强制性法效果的规范不应该以其他规范的强制力作为其法效果。因此还是需要将特定群体的利益特定化至特定的独立个体，因为特定群体的利益实际上是单个个体利益的集合，可以整体考虑，也可以单独给予特定的保护。这也是立法者设定相应法律法规可以被解读出的出发点及最终目的。

比如立法者对于劳动者的保护便是一例，如A雇佣B为其工作，成文法规定A需要为机器安装安全保护措施，某日B使用的机器上的保护措施被拆下送去清洁，结果B被机器切掉了一只手指，则B可以以违反义务为由要求侵权损害赔偿。

保护目的仅仅是对法律文本进行解读的一个方面，另外一个不容忽视的层面是，在被转介的“保护性规范”中，除了保护目的之外，是否存在使受害人被法律救济的可能是一项重要的标准。成文法中暗含的救济性质决定了民事责任能否被提起。如若法令中不包含救济的内容，但其意图使特定群体的人获益，那么可能被解读为立法机构意图创建一项民事责任。原因是如果其中不包含救济内容则无法确保他人获益。但需要注意的是，如果某一法令仅仅在其自身的领域行使程序和强制性内容，便不可能提起单独的民事责任。这也意味着，违反保护他人法律构成侵权这一责任形态绝不是单方面元素可以决定的，而是多个部门法之间互动，多种考量因素交融的结果。这样的交融和互动也是法律发展的大势所趋，因为既然社会各领域是相互依赖与互动的，建立在社会各领域的各法律部门也同样是相互依赖与互动的。

至此，我们得到了通过违反保护性规范构成侵权这一模式判断可赔偿损害存在第一条原则——待转介的法律规范从文本上即能解读出保护特定群体或个体的意图。

当然，对如此意图的解读也并非完全发挥法官的自由裁量权，而是有迹可循。如文章开头曾经提到的《注册会计师法》第42条、《公司法》第207条第3款，两者的共同点在于在文本中已经明显表明了保护意图，即“违反本法规定，造成他人损失的，应当依法承担赔偿责任”。实际上是通过施加救济手段的方式表明了明确的保护意图，因此举轻以明重，刑法中的规范内容自不必说，定然属于保护性规范。另外一种可以解读出保护意图的模板是当规范文本中出现了“应当”“必须”“禁止”此类强制性字眼时，那么保护性意图的解读会更加容易。在英美法系也存在类似的界定方式，如果法令中用必须（must）或是应当（shall）来关联一项特定的义务，那么这项义务将被特定化并被附加严格责任。王泽鉴在其书中指出道路交通安全类的法规便是典型的保护性规范，如“脚踏车载物宽度，不得超过把手”。“慢车在夜间行车，应燃亮灯光”。我国《道路交通安全法》中也有许多实例，如第 22 条第 2 款规定：“饮酒、服用国家管制的精神药品或者麻醉药品，或者患有妨碍安全驾驶机动车的疾病，或者过度疲劳影响安全驾驶的，不得驾驶机动车。”第 49 条规定：“机动车载人不得超过核定的人数，客运机动车不得违反规定载货。”这样的规定实际上是对其他道路交通参与者的人身及财产权益保护的考量，强制性字眼实际上是通过设定义务的方式宣誓了其保护特定主体的意图。

如果把违反保护他人法律构成侵权这种责任类型比作手持宝剑、挥舞盾牌、为保护私法上利益奋战的勇士，对于文本保护目的的解读相当于其手中之宝剑，此宝剑将封闭的侵权法体系和其他保护性规范的独立性割裂开来，使得保护性法律有了转介进入侵权法并给予受害人开启损害赔偿请求权的机会。然而这样的转介需要更精确的界定，就像勇士手中的盾牌，防止保护性规范所造成的责任范围过度扩张，最终抑制了受法律约束之人的应有自由，这面盾牌的名字叫作权益筛选，筛选的目的是将基于保护性规范所认定的可赔偿损害限制在规范本身的意图之内。

（三）保护性规范保护范围界定中的权益筛选

尽管我们从成文法规范中解读出了保护特定群体权益的保护意图，但这并不能确定保护性规范的保护范围，我们需要从文本中明确其保护的权益范围，换而言之，我们是否可以从具体的规范中拆解出能涵摄具体损害的保护内容，此内容的主要功能是为受到侵权法意义上损害的个体开启一项可供诉求的损害赔偿请求权。开启这项请求权的保护内容可以是某项权利或是采用参照权利模式所保护的利益，并且在强度上给予开启特定的损害赔偿请求权以足够的可能性。比如《德国民法典》823 条第 2 款并不具有像警察一样维护治安的任务，它的目的只在于对具体的受害人提供个人保护。

特定规范中涵摄的保护范围决定了损害发生的情况下能否援引并依据违反保护他人法律构成侵权类型并开启损害赔偿请求权，譬如涵摄范围为身体和健康权的法律规范不能在单纯的财产利益受损之时被援引。因此条文保护目的之中是否包含损害赔偿请求权人诉求中所提出的权利或利益便显得至关重要。王泽鉴指出，台湾民法第 184 条第 2 款所保护的客体亦兼括权利及权利以外之法益，但限制于保护他人法律所欲防止者（sachlicher Schutzbereich）的范围之内。如前引案例中，童工身体受损，其原因是工厂方违反《工厂法》有关工时的规定，而身体健康正是此项规定所欲保护之范围。因此得适用 184 条第 2 款。

对于保护性规范中所欲保护的权益进行筛选有两个方面的意义：其一，确定保护性规范中所欲保护的利益或权利类型，以便于与个案做比较，来审查适用保护性规范为受害者开启损害赔偿请求权的妥当性。其二，通过明确保护性规范所保护的权益类型来匹配保护的群体，排除群体之外个体适用此种侵权责任构成方式。

在违反保护他人法律构成侵权的情形下，可能存在一方权利和另一方权利（或有关利益）之间的冲突问题，一旦冲突发生，为重建法律和平状态，或者一种权利必须向另一种权利（或有关利益）让步，或者两者在某一程度上必须各自让步。于此，司法裁判根据它在具体情况下赋予该法律的“重要性”，来从事权利或者法益的“衡量”。“违反保护性规范”这个评价方式便是其中的一种，这种评价方式的导向性更加明晰，在试图通过制定法为某种损害提供救济之时，其能够快速有效地提供判定的结果以及是否可以开启损害赔偿请求权的答案。因此，如何对法规范中潜在的待保护权益内容进行筛选是必不可少的。为此，我们需要考量一个具有保护性质的法规范是如何选取其中所要保护的权益的。

王泽鉴指出，一个法律是否属于保护他人之法律，并不以该法律明定对被害人负损害赔偿为要件，而应斟酌法律规范的目的而决定之。这里的法律目的所指的定然不是保护意图，因为前文已述，带有救济方式的法规范本身是一定带有保护意图的，那么这里的法律规范的目的应当指的是保护性规范进行筛选后最终确定予以保护的权益内容。正如学者所指出的："法律价值是一个由多种要素构成，以多元形态存在的体系。在社会发展的每个阶段和每个特定时期，总是有一种价值处于首要地位，其他价值属于次要地位，但这绝不意味着该首要价值是排他的，次要价值是无关紧要的。"某一法规范中一定包含着多种权益在价值位阶上的博弈，而如何平衡取舍就成为了对保护性规范进行权益筛选的目标。试举《道路交通安全法》第 22 条第 2 款的规定进行说明，该条规定："饮酒、服用国家管制的精神药品或者麻醉药品，或者患有妨碍安全驾驶机动车的疾病，或者过度疲劳影响安全驾驶的，不得驾驶机动车。"从文本模式不难看出，本条是以施加义务的方式给予保护，然而本条文中存在两个权益的博弈：即驾驶人的生命权及财产权益以及其他道路交通参与者的生命权及财产权益。在如何博弈取舍的问题上，我们必须回到保护性规范的立法目的上，该法第 1 条规定："为了维护道路交通秩序，预防和减少交通事故，保护人身安全，保护公民、法人和其他组织的财产安全及其他合法权益，提高通行效率，制定本法。"因此我们可以试着从立法目的上得出两个结论，其一是《道路交通安全法》本身追求的是安全，其二是该法着重保护以理性的态度安全参与道路交通的参与者。那么，故意或过失使自己陷入不安全驾驶状态的非理性的驾驶人自身可能遭受的人身、财产权益的损害便在博弈中败下阵来，因此一个醉酒驾驶的当事人不得以《道路交通安全法》的保护目的请求开启侵权损害赔偿责任。

其实在美国法上也有类似的博弈与疑惑，美国的《统一交通法案》（Uniform Traffic Act）要求司机在街边停车的时候一定要完全熄火并把车钥匙从车上拔下来，这样做的目的让人费解。而法官们在案例中各抒己见，有些法官认为是为了防止小偷在逃跑时把偷来的车开上街会危害公共安全，有些法官则认为仅仅是为了提醒车主防盗，还有些法官认为是为了防止车在不平坦的地面上自由滑动。要解决这样的困惑其实很简单，就是明晰法律的意图，交通法规所着眼的权益保护一定离不开交通系统的运转，那么防止盗窃的保护意图完全可以由刑法胜任，从另一个角度上来说，某一制定法所着眼的规制领域决定了它所拥有的法规范进行权益保护前所要考量的基础前提。

那么让我们试着给出一个可以作为总结的方法，即：首先考量保护性规范中存在的权利及利益，然后根据欲转介的法规范所属成文法的立法目的进行权益的筛选。因为某一条规范的保护目的需要结合整部法律所有的条文来进行考虑。换言之，各个法条只有当其取向一定之价值标准，针对一定之生活类型被组合成一套规定以后，它对系争生活类型的意义才能相对地确定下来，同时也才产生其规范功能。同时，作为立法技术的产物，法条是由具有规范意义的语词文句组合而成的，尽管采用陈述语句，但是法条的目的是要达成规范的效果。拉伦茨也指出：法律并不是外延明确的概念，多少是具有弹性的表达方式，即使是较为明确的概念，仍然包含一些本身欠缺明显界限的要素。因此筛选的结果可能会存在差异，并非任何时候都选择同样的进路。

综上所述，我们得到了通过违反保护性规范构成侵权这一模式判断可赔偿损害存在第二条原则——即通过保护性规范所评价得出的能够开启侵权法损害赔偿请求权的可赔偿损害，必须与该保护性规范所欲防止的损害相一致。

申言之，受害人所受之损害事实必须同时满足上述两个原则才能被认为是保护性规范所欲保护的对象。当然这只是确定某项利益可以为保护性法规所保护，成为可赔偿之损害，然而具体的责任成立，还需与过错、因果关系等要件一同考量，毕竟“可赔偿损害”不等于“应赔偿损害”，仅仅是在损害要件的实质符合性上做出的判断。

五、司法上疑惑的解决

在做了理论上的准备工作之后，我们再一次回到本节开头的“榆林孕妇案”和“拒绝签字案”中，两个案子都有一个共性，即争论的焦点其实就是医院方对于孕妇最终死亡——丧失生命权之结果有无责任？如果没有，那么排除责任的理由是什么？如果有，那采取何种模式开启侵权法上的损害请求权呢？

（一）“拒绝签字案”对立法带来的推动与遗憾

“拒绝签字案”在《侵权责任法》尚未出台的2007年引起了广泛的讨论，学者也指出，这起事件直接在立法上得到了反映，即《侵权责任法》第56条。该条规定：“因抢救生命垂危的患者等紧急情况，不能取得患者或者近亲属意见的，经医疗机构负责人或者授权的负责人的批准，可以立即实施相应的医疗措施。”但是这实际上与被媒体称为“恶法”的《医疗机构管理条例》第33条并没有太大的区别，第33条规定了三种可能的情形，而《侵权责任法》第56条实际上就是对于第三种可能情形的换汤不换药的说法。杨立新在其微信公众号所发表对于“榆林孕妇案”所做的评论中指出：“尽管十年之后，在榆林这起相似的事件中，这个条款广被提及，但却没有人记得李丽云，就像这个法条并没有阻止悲剧再次上演。”

在实践中也有法院对于《侵权责任法》第56条的规定进行了适用，比如在“高荣江与泸州医学院附属中医医院医疗损害责任纠纷案”中，法院认为：原告到被告处抢救治疗时，处于深度昏迷、生命垂危的紧急情况，被告的医务人员又无法取得原告近亲属意见，为了抢救生命垂危的原告，经该医疗机构的负责人批准后对原告施行“右侧开颅血肿清除术＋去骨瓣减压术”的医疗行为，符合《中华人民共和国侵权责任法》第56条“因抢救生命垂危的患者等紧急情况，不能取得患者或者其近亲属意见的，经医疗机构负责人或者授权的负责人批准，可以立即实施相应的医疗措施”的规定，并因此认定医疗机构的行为合法。但除此之外，依据《侵权责任法》第56条来裁判的案件几乎难以寻觅。

（二）对于《医疗机构管理条例》第33条的再思考

追本溯源，以“《医疗机构管理条例》第33条”为关键字进行检索，在为数不多的相关案例中，可以梳理出司法者的思路。在“梁兴和、梁燕与西安交通大学医学院第一附属医院生命权、健康权、身体权纠纷案”中，原告认为医院在未征得其同意的情况下擅自给其母亲做了器官移植手术，认为侵犯了知情权和同意权，要求索赔精神抚慰金。而法院则驳回了原告的诉讼请求，理由是“《医疗机构管理条例》第 33 条虽规定了医疗机构施行手术必须征得患者同意，并应当取得其家属或者关系人同意并签字，但张某系正常的健康人，不属患者之列，故该条规定对本案并不适用”。而在“阿克苏地区第一人民医院与张弓长、李海燕医疗损害责任纠纷”一案中，法院认为危重病人属无民事行为能力人，应当由其监护人行使《医疗机构管理条例》第 33 条中的同意权。在赵素琴与哈尔滨市医科大学附属第一医院医疗损害纠纷案“中，法院并未从第 33 条的角度判断医院方责任的有无，而是用因果关系无关联来免除了医院方的责任。而在“陈庆云与巢湖市道德医院医疗损害责任纠纷案”中，认为医院未依法履行输血的风险告知义务，侵害了原告的知情权、选择权，导致原告的合法权益受到损害，依法应当承担赔偿责任。而法律依据正是《医疗机构管理条例》第 33 条。而比较有逻辑递进层次的判决意见出现在“白芳申与中山市阜沙医院医疗损害责任纠纷案”中，法院认为，《侵权责任法》第 55 条和《医疗机构管理条例》第 33 条规定了两种不同程度的说明义务，即医务人员履行说明义务的范围分为两种情况：一是在诊疗活动中应当向患者说明病情和医疗措施；二是在需要实施手术、特殊检查、特殊治疗的情形下，应当及时向患者说明医疗风险、替代医疗方案等情况。

在对于相关案例进行考察之后，可以对《医疗机构管理条例》第 33 条重新思考，同时将其与《侵权责任法》第 55 条和第 56 条联系起来进行整体判断。

第一，该条是对于医疗机构在进行医疗行为时所应尽到的说明义务之规定，此种说明义务较高，是在需要实施手术、特殊检查、特殊治疗的情形下，应当及时向患者说明医疗风险、替代医疗方案等情况。并取得患者或其家属或者关系人的同意。

第二，患者或其家属或者关系人在此过程中所享有的应当是从生命权、健康权中辐射出来的某种利益，即对于即将进行的可能影响自身健康的某种风险行为的充分知晓及自由选择的利益。而此种利益的人身属性也可以从法院对于精神损害赔偿金的认可来证明。在《民法总则》施行之后，应当认定为该法第 130 条中规定的自我决定权：“民事主体按照自己的意愿依法行使民事权利，不受干涉。”也就是说，《医疗机构管理条例》第 33 条实际上从规制医疗机构的角度意图保护主体行使自主选择的自由，或者说，保护的是主体的自主选择权。

第三，对该条中应当保护自主选择的主体来看，首先是患者本人，其次是其家属或者关系人，在上述人员都无法行使选择自由时则由医院经程序代为行使。其中最为被学界诟病的就是“应当取得家属或者关系人同意并签字”的内容，这个条文限制了医疗机构处置患者时的自由专断，但某些情况下给患者带来了威胁，如前文提到的两个案例。为了突破该条的限制，选择合适的解释路径是关键。

第四，应当通过体系解释的方法重新对第 33 条进行规制。从《医疗机构管理条例》第 1 条的制定目的可以看出，该条例的制定目的有加强对医疗机构的管理，促进医疗卫生事业的发展，同时还有保障公民健康的目的。第 31 条规定：“医疗机构对危重病人应当立即抢救。对限于设备或者技术条件不能诊治的病人，应当及时转诊。”而对于第 33 条的理解应当基于这两条，即医院应当以保护就诊患者的生命权、健康权为第一要务，在患者或其家属难以行使选择自由时应当以保护患者生命权、健康权的角度代为行使。那么“应当取得家属或者关系人同意并签字”这一规则的目的实际是从保护相关人员的选择自由的角度来保护此项选择自由所来源的源权利——生命权、健康权。

第五，此外，由于《侵权责任法》的颁行，其中第 55 条和第 56 条规定了新的关于医院承担说明义务与患者行使选择自由的方式，即在《医疗机构管理条例》第 33 条所指向的情形下，承认患者自行行使选择自由的效力，在患者可自主行使时，不再要求“应当取得家属或者关系人同意并签字”这一条件。司法实践中也认为《侵权责任法》第 55 条的立法目的应当是从规制医院的说明义务的角度来保护患者的选择自由，最终保护患者的生命权、健康权，因此违反该条可以认定精神损害的存在。从法律的位阶来看，《侵权责任法》是全国人大审议通过的法律，而《医疗机构管理条例》只是国务院制定的行政法规，属于低位阶。从新法优于旧法的角度来说，应当以《侵权责任法》第 55 条的要件为准，并以此重新理解《医疗机构管理条例》第 33 条。

第六，《侵权责任法》规定这两个条文，有两个最主要的背景。其一是

2002年的《医疗事故处理条例》。《医疗事故处理条例》是在1986年《医疗事故处理办法》的基础上修订而成，其中就特别规定了医疗机构的告知义务，以及患者的知情权与决定权。但是，《医疗事故处理条例》还存在一些不足的规定，对于患者权利的保护还存在一定的缺陷。因此，《侵权责任法》第55条在制定过程中，既借鉴了《医疗事故处理条例》规定的成功之处，也注意纠正了该条例存在的对患者权利保护不足的问题。其二，"拒绝签字案"对于《侵权责任法》的立法产生了影响，因此不仅在该法的第55条专门规定医务人员应当及时向患者说明医疗风险，替代医疗方案等情况，并取得其书面同意。其中的"其"字，就是指代患者。同时还特别规定了第56条，对医疗机构在救治生命垂危的患者等紧急情况，有特别授权，可以立即实施相应的医疗措施。

（三）对于两个案例的解决思路

1. "拒绝签字案"

在"拒绝签字案"发生之时，我国尚未制定《侵权责任法》和《民法总则》，因此应当在尊重已有规范条文的可能的字面含义和价值选择的情况下，寻求合适的解释论框架。

而通过上述关于保护性规范的解读以及对于《医疗机构管理条例》第33条的再思考，不难发现第33条实际上可以被认为是保护性规范，首先行政法规符合保护性规范的形式要件。而对于实质要件而言，其保护的内容主要在生命权、健康权的射程范围内接受医疗行为之人对于自身健康及要接受的风险行为所享有的选择利益，该利益应当也是该条例所保护的目标之一。但该利益的本源应该是接受医疗行为之人的生命权、健康权，那么在行使选择自由之时不应当背离对生命权、健康权的保护，因此医疗机构在死者丈夫拒绝签字的情况且患者生命危急的情况下未能代为行使选择自由的事实应当认定为对于患者生存机会利益乃至生命权的侵害，存在过错并应当认为存在可赔偿损害，再从因果关系的角度考虑，医院应当承担违法保护他人法律之侵权责任，请求权基础是《民法通则》第106条第2款。当然这并不会是全部的责任，死者的丈夫对其死亡结果具有重大过失，承担主要责任是必然的结果，此处就不再赘述了。

2.“榆林孕妇案”

首先需要明确，该案和“拒绝签字案”在事实上有着明显的不同。“拒绝签字案”中的死亡者在入院后陷入昏迷，丧失了民事行为能力，只能由其丈夫代为行使选择自由。而“榆林孕妇案”则不同，该名孕妇仍然具有清醒的意识乃至自主活动的能力，而最终坠楼的事实确实与医院拒绝为其手术存在因果关系。

该事件发生时《民法总则》尚未正式施行，那么首先应当考虑，《侵权责任法》第55条和第56条的制定背景，可以确定：第一，选择自由归属于患者本人，而不是其近亲属；第二，只有在不宜向患者说明病情的时候，才应当向患者的近亲属说明，并取得其书面同意；第三，在抢救生命垂危的患者等紧急情况，不能取得患者或者其近亲属意见的，医疗机构有相应的紧急处置权。那么对于该选择自由，出发点还是患者本人的生命权、健康权，而侵权责任法第55条、第56条的规定可以参照前文的形式要件和实质要件认为是保护性规范，保护的是生命权、健康权射程之内的选择自由利益，医院方在孕妇本人行使选择自由时予以拒绝，其医疗行为存在违法性，该选择自由利益应当认定为可赔偿损害，在因果关系符合的情况下医院应当承担对此利益侵害的责任。当然，在《民法总则》施行之后这个问题就很容易解决了，第130条规定的自我决定权是具有人身权性质的绝对权，侵害权利自动征引违法性，从《侵权责任法》第6条第1款的规定进行保护即可。

综上所述，医院的行为过于机械地理解和适用《医疗机构管理条例》第33条规定，不执行《侵权责任法》第55条、第56条的规定，也忽略了《民法总则》第130条对自我决定权的最新规定，其医疗行为具有违法性。应当承担侵权损害赔偿之责任。当然死者之亲属也存在重大过失，应承担主要责任。

此外，有学者指出，对于待产的产妇，医疗机构应当负有安全保障义务，应当进行特别护理，在此情况下其未能尽到安全保障义务，也具有过失。应当根据《侵权责任法》第37条的规定承担损害赔偿责任。这一点也值得参考。

在一系列讨论和争议的风暴之后，2017年12月14日最高人民法院发布的《最高人民法院关于审理医疗损害责任纠纷案件适用法律若干问题的解释》中，终于对此问题有了规则性质的指引。该解释第十八条规定：因抢救生命垂危的患者等紧急情况且不能取得患者意见时，下列情形可以认定为《侵权责任法》第五十六条规定的不能取得患者近亲属意见：（一）近亲属不明的；（二）不能及时联系到近亲属的；（三）近亲属拒绝发表意见的；（四）近亲属达不成一致意见的；（五）法律、法规规定的其他情形。前款情形，医务人员经医疗机构负责人或者授权的负责人批准立即实施相应医疗措施，患者因此请求医疗机构承担赔偿责任的，不予支持；医疗机构及其医务人员怠于实施相应医疗措施造成损害，患者请求医疗机构承担赔偿责任的，应予支持。此条规定之中心思想正是前文所做分析之总结，近亲属同意是患者避免被医疗机构实施过度或者不恰当治疗的安全锁，但绝非医院方在紧急情况下对于患者人身权益不予保护的免责条款。该条之规定正是明确了前文所述之相关规范的保护性，并在此基础上进一步强调。当然，具体实践过程中，紧急情况的界定，医疗机构负责人的主体范围等都需要进一步明确。

综上所述，虽然我国侵权责任法采取了一般条款的立法模式，但是差别保护的法理思想仍在我国适用。因此，从防止随意过度保护的角度出发，违反保护性规范的侵权责任仍然具有重要意义。且公法规范进入私法规范也是大势所趋，诚如苏永钦所言：“司法者站在公私法汇流的闸口，正要替代立法者去做决定：让公法规范以何种方式，以多大的流量，注入私法。”

第四节　违背善良风俗构成侵权的利益保护

如前文所述，“违反保护性规范”构成侵权这一模式固然重要，但这种保护却较为依赖于“立法的随机性”。而处于保护性规范指向范围的利益类型依然是广泛的，这也和前文所述的人对于追求利益的本能有关，且随着社会的进步与时代的发展，利益的类型和形态都在不断地增加与更新，一刀切地认为法律之外无权益的做法显然是不合适的。因此德国法上在民法典第 826 条中设定了“故意违背善良风俗之损害”这一对于利益的保护模式。

我国侵权法上并未明确表示出类似《德国民法典》第 826 条的保护模式，只能通过解释《民法通则》第 7 条以及刚刚颁行的《民法总则》第 8 条中之规定来推导出这一保护模式的存在及合理性：“民事主体从事民事活动，不得违反法律，不得违背公序良俗。”前文已述，我国《侵权责任法》第 6 条第 1 款对于利益保护存在解释论上的漏洞，需要填补，而一个合适的填补模式即是德国法模式，因此我们有必要对于德国法模式中该种对于利益的规制模式进行剖析和研究。

一、“违背善良风俗”的规范功能

《德国民法典》第 826 条规定：“故意以背于善良风俗之方法，加损害于他人者，对改他人负损害赔偿之义务。”学者认为，第 826 条包含一个侵权法上真正的一般条款，任何以违背商量风俗的方式故意造成的损失都要被赔偿。因此它的保护范围是广泛的，所以第 826 条的规定面临两个对立的危险。不确定性和之后的政策调整。一般条款可以如此地不确定，以至于其给法律适用设定了谜语。而在第 826 条所设定的规制模式中，因为故意造成的损害才被赔偿，而违背善良风俗的特质又被限制性地解释。所以，第 826 条是一个兜底性构成要件的结构。

学说认为，“违背善良风俗”的主要功能定位于利益，特别是纯粹经济损失保护。而违背善良风俗本身是与违法性相矛盾的，在不同的适用领域，违背善良风俗既可以削减违法性的功能，也可以增加违法性的功能。在发展过程中，违背善良风俗是作为即将成型的违法性而出现的，如果一个行为如此新型，以至于这种加害行为还没有被立法者贴上违法性的标签，那么通常会选择违背善良风俗的规制模式。道德上的反感以征引行为的无价值性，在此意义上宣布这种新型行为时不被允许的行为。这一点在交易上的法律保护中体现出特别的利益。亦有学者认为法官有义务发现并运用那些在人们共同生活中被普遍承认的，但尚不具有法律规范的特征和位阶的基本禁令，同时如果社会的价值观念已发生变迁，法官也应将该变迁纳入其裁判依据。

我国台湾地区“民法”第 184 条第 1 款后段规定：“故意以背于善良风俗之方法加损害与他人者，负损害赔偿责任。”学者认为本条的主要功能在于填补第 1 款前段权利侵害与第 2 款违反保护他人法律之不足，也就是说在其他两种规制模式无法对于某种行为认定为侵权行为之时，依此认定需要负损害赔偿之责任，以此种规制模式作为最后的补充机制，以规范未来侵权责任扩张的案例。所以，本条规定是以善良风俗的概括条款作为侵权责任的判断基础，使侵权行为法保持开放，而与社会道德观念相连接，以适应社会价值的变迁。而“民法”第 184 条第 1 款前段之规定，以“权利侵害”为要件，限制侵权行为的保护范围，而第 1 款后段规定的“违反善良风俗”实际上扩张了侵权责任的保护范围，及于利益侵害，对于纯粹经济损失的内容提供了保护基础。同时对于违法性的判断上，台湾地区学者和德国学者相似，也认为背于善良风俗本身即包含了违法性要件，无需再探求违法性要件。违背善良风俗，相比于侵害他人权利，更具有不法的内涵，属于“加重不法行为”或“加重的违法性”。

日本法上尽管没有相关的规制方式，但学说在将“违法性”引入民法典第 709 条的“权利侵害”要件中时，学者也指出，引入“违法性”之概念也是为了扩张第 709 条的保护范围，而日本法上的违法性与德国法上的违法性在总体上是相近的，那么违反善良风俗也可以被认为是存在违法性的，在实践中也认可了以“违反善良风俗”为理由的侵权行为的成立。在实质上其功能也包含了“违反善良风俗”的规制模式。

综上所述，“违背善良风俗”的规范功能在于扩张侵权法对于利益的保护范围，提供可赔偿损害确认过程中违法性存在证明方式，其主要的规制对象是纯粹经济利益的损失。

但需要注意的是，反射性利益无法归入“违背善良风俗”所保护的利益范围之中，利益应当限定为私人享有，而由私法体系所承认的部分，因此，公法上的利益或者反射利益，则不能被此规制模式保护。所谓反射利益，指的是当法律完全为了实现公共利益，而不是以保护特定个人的利益为目的时，该法实施给私人带来的利益，即为反射性利益。如政府修建公路供民众使用，民众因此享受了道路畅通带来的反射性利益。当对此存在争议之时，应当按照公法的程序寻求救济，而不能以侵权法或其他私法为救济的方式。

二、“违背善良风俗”中的“善良风俗”之理解

德国学者认为第 826 条的作用在于将社会所期望的和社会不期望的纯粹经济损失区分开来，因此必须要有“违背善良风俗”这一要件。而其中的“善良风俗”该如何理解？

德国帝国法院在判决中将道德和社会学意义上的行为规范结合起来，选择“所有公平与正义之思考者的礼仪感”作为标准。违背善良风俗表述之来源自“背信的”（illoyal）行为，而拉丁语词中的“legalis”（法律的）一词，由此，违背善良风俗的行为更多地属于法律内的领域，而非法律外的领域。商量风俗要么是文明国家共同生活的基本原则，要么是文明国家共同生活的基本原则，要么是从利益分析中获得的一种不成文法。而如果强调“善良风俗”的判断标准是道德等法外因素，而非以法官个人为主体标准，从而使法官之外的其他人有机会、有理由参与到案件的实质判断中来，进而对司法独立和司法中立造成麻烦和危险。

进而，学说认为，所谓的善良风俗实际上是弹性而变动的概念，指最低限度的法律或伦理原则，被视为一套法律价值的评价。无论行为人追求的目的、使用的方法、或方法与目的之间的关联，违反正当的价值判断，均构成违反善良风俗。

我国台湾地区“最高法院”56 年台上字第 280 号判决指出：“至于何种行为应认属违背善良风俗，则应依社会之健全思想，以及一般道德观念决定之。”台湾地区学者在判例的基础上对于违背善良风俗做出了总结：所谓背于善良风俗，指违背社会共同生活价值标准的共同准则，无论侵害行为违法社会习俗、价值意识或伦理道德观念，均属之。申言之，善良风俗中包括社会伦理道德、价值意识、既存的经济及法律秩序或公共政策。孙森众也指出，判断是否“背于善良风俗”的工作应交由法院来判断，属于法官的自由裁量范围。

三、“违背善良风俗”中的“故意”之界定

德国学说认为，在第 826 条的规制模式中，致害行为必须出于故意。首先，故意是用以判断损害可赔偿性的标准；其次，只要行为人已经对自己的无价值行为有认知即可。

台湾学者也认为对于故意要件应当从宽解释，包括直接故意和间接故意。也就是说，只要行为人预见损害将要发生，主观上虽未期待，但并不违反其原本意思之时，即应负赔偿责任。

例如原告房屋所有人，因某人告密而受拘禁，以至于在战争中无法转移而损失其家中全部财产。告密者于告发之际，只需对原告家中财物损失的可能性及损害本身具有认识，即应负赔偿责任。

实际上，“违背善良风俗”中的“故意”，无需“加害人实际上意图引发损害”，只需“意识到损害发生的可能性且对此引起损害的可能性保持沉默”即符合故意要件。申言之，尽管行为人并未追求结果之发生，但认为无价值之结果可以被接受，则足以认为“故意”的存在。因此对于该种规制方式中的“故意”要件，因采宽泛的解释方式，区分故意和轻率和肆无忌惮等重大过失时违法性的强度，来决定对于一般利益的保护范围。

也有我国学者认为，在德国法的模式中，如果无法在其他法律中寻找到保护性规范来进行转介，那么最后的方法只能是适用第 826 条违反善良风俗侵害利益构成侵权的规定，但是主观要件被严格限定为故意。如果对这条规定按照字面施行，将会出现价值判断上的倒置现象，因为从利益的位阶上看，人格利益的位阶比财产利益的位阶高，如果对人格利益保护适用故意要件，而对财产利益的保护适用过错要件，在法感情上显然难以接受。实际上，只有《德国民法典》第 826 条、我国台湾地区“民法”第 184 条第 1 款后段、《瑞士民法典》第 41 条第 2 款、《奥地利民法典》第 1295 条的第 2 款和《希腊民法典》第 919 条规定行为人必须是故意违反善良风俗侵害他人利益的，方构成侵权，大部分国家并不要求故意作为违反善良风俗构成侵权的主观要件。而于飞反对此观点，认为若“违背善良风俗”中缺少了“故意要件”，理论上将导致人们在无法预见的情况下，大量承担纯粹财产利益领域中的侵权责任。侵权责任将泛滥。

四、“违背善良风俗”构成侵权模式的制度意义

一般认为“违背善良风俗”的规制模式具有两种功能，即调整的功能及法

律续造的功能。

所谓调整的功能，指行为人之行为或许依其法律地位而实施，但不符合实质正义的要求，若行为人一意孤行，则构成对于权利的滥用，违反善良风俗。如债权人明知判决内容有误而申请强制执行之行为。

所谓的法律续造功能，指对于侵权法所进行的行为规制应当按照社会的发展演进而进行修正和改变。司法者与立法者应当在社会价值体系的变化中寻求新的价值判断，并创设出新的行为规范，修正或者淘汰过时的行为规范。

因此要保持此种规制模式一定程度上的开放性，以便对于利益的保护可以符合侵权法规范不法行为之意旨。

五、“违背善良风俗”在我国法上的体现和意义

我国法上并未明确出现“违背善良风俗”构成侵权的表述，而学者对于此种规制模式似乎讨论的热情也并不高。在进行文献检索之后，相关的文献只有两篇。但学者往往会在其他问题尤其是纯粹经济损失的问题上提及该规制模式。如葛云松认为在保护纯粹经济损失的问题上有一个《德国民法典》第 826 条模式的规范是必要的。朱广新也认为可以借鉴德国民法第 826 条的规定，权利“违反善良风俗”的侵权行为，作为一般侵权行为的特别规则。

而实际上，我国《精神损害赔偿司法解释》第 1 条将人格权利与人格利益区分为两款，并为侵害人格利益构成精神损害请求赔偿设定了“违反社会公共利益、社会公德”的要件。参与条文起草该解释的最高人民法院的法官也指出，社会公共利益、社会公德的规范功能与“公序良俗”原则基本一致。这是司法解释中存在的，以公序良俗违反为标准，保护权利外利益的规范。但是该司法解释第 1 条第 2 款保护的隐私或其他人格利益随着之后的立法已经不再适用该款的保护框架了。如隐私已经被《侵权责任法》第 2 条第 2 款确定为一项权利。《民法总则》第 109 条、第 110 条更是对于一般人格权做出了规定并对具体人格权做出了列举，《精神损害司法解释》第 1 条第 2 款的规制模式已经渐渐丧失了其保护的对象，因此不宜认定为“违背善良风俗”的规制模式之典型。此外，《精神损害

司法解释》第 1 条第 2 款的规定并没有强调以故意为要件。在实际的案件中，我国的法院在运用善良风俗条款认定侵害人身利益的责任时，也不要求行为人主观上必须是故意。这一点也与德国民法第 826 条的模式不相符合。

在此意义上，我们只能从发端于《民法通则》第 7 条并在《民法总则》第 8 条中明确使用“公序良俗”一语的关于公序良俗原则的规定中推导出类似于德国民法第 826 条的规制模式。

因此，在此基础上，有学者提出，我国法应当将“违法善良风俗”的规制模式限定于纯粹经济损失的保护体系中，使其发挥更为积极的意义。

葛云松在其文中曾经提出关于纯粹经济损失保护上的“加法模式”和“减法模式”，并主张采取加法模式。所谓加法模式，认为原则上应当不承认纯粹经济损失的可赔偿性，然后对于例外，则依例外——纳入可赔偿损害之列，这之中就包括了“违背善良风俗”模式的适用。而减法模式则在原则上承认纯粹经济损失的可赔偿性，将不能赔偿的损害——排除的做法在实践中太过困难。因为正如前文所述，“违背善良风俗”模式的判断权是交由法官的自由裁量的，法官应当在个案中谨慎开启损害赔偿请求权而不是反过来倾向于关闭损害赔偿请求权。同时我国现有法律制度中违约与侵权的竞合、缔约过失、合同附随义务、后合同义务等涉及纯粹经济损失的内容，也和加法模式更为匹配。

而“违背善良风俗”构成侵权使他人遭受损害的模式应当是纯粹经济损失保护的最小值。申言之，此模式应当认定为将较大的自由裁量权交给法官自行处理的兜底性一般模式，与其他具体类型存在着显著区别，在适用时应当注意尽可能地追求更大的确定性，以维护法的安定。

第五节　可赔偿损害中利益保护的扩张

社会及社会主体手中的资源相对于愿望是稀缺的，那么人们就不得不只能将有限的资源有目的地运用到某些方面。因此也产生了利益的冲突。因此我们也可以说，稀缺性是造成利益冲突的重要原因。

在人们日益增长的利益追求和新类型的利益不断出现亟待侵权法给予保护的现代社会，主体所追求的利益之间的冲突和矛盾也愈演愈烈，这就需要法律介入进行价值判断并行使制度上的调节功能。法律的适用目的是在于促进“最大多数人最大的快乐”，这也是社会共同的目标。平衡利益并非侵权法独有的功能，但是在侵权法的领域内，其作用被最大限度地发挥，人们也达到了普遍的共识。同时，对于利益的保护，不能只考虑到私法的规范，还要考虑公法的规范，理由是“民法规范不仅仅只是想要追求使个人的利益达到尽可能的平衡；更重要的是，它必须使其规范的总和——同时还要与其他法律规范的总和一起——形成一个能够运行的整体”。同时，对于利益的正确规制也影响着新兴权利的产生和发展，可谓十分重要了。

但也有不同的声音指出，如果法律对于利益追求的认同无限制的扩张，尤其是对于纯粹经济损失的赔偿，将会使得诉讼泛滥，并提出了水闸理论。对于水闸理论的理解是两个方面的，一方面是法院将会充斥着诉讼，另一方面应该是更本质的质疑，即被告将在不特定的时间，对不特定的人群承担不特定的责任。换言之，如果令侵权人承担大量纯粹经济损失责任，则每个人在行为出现过失时都将承受无法预知的风险。因此也会引发威慑过度的现象。

然而我认为，对于可赔偿损害中利益的保护，应当进一步“扩张”，只不过这种“扩张”并不仅仅是类型上的，而是体现在多个方面，下文将详述。

一、权利本位带来的思维局限

“我们的时代是一个迈向权利的时代，是一个权利倍受关注和尊重的时代，是一个权利话语越来越彰显和张扬的时代。”在民事体系中，权利被看作民事法律关系的核心内容。也可以说权利具有法学基石范畴的地位。权利似乎是民法的帝王，拥有着无上的力量。而此种力量也是学者们所追求的，仿佛习武者意欲得到的武林秘籍，因此无论是学者还是裁判者，都常常陷入一种深深的权利崇拜情结之中，在权利之中寻找解决问题方法和力量。立法者也希望依赖于一套完美的权利制度进行精确的分配正义的状态确定，来满足人们多方面的需求，因此对权利充满期待。

对于权利的追求，并在法律体系中为权利设定一套具有完整体系的制度本身就是对于人的理性的实现方式。所谓人的理性，即追求一种可以被确定的价值，依此为原点，无论理论和规则去往何处，都能以起点为参照，丈量自己前进的方向是否偏离了正确之方向。因此确定性是任何法律制度都追求的一个目标，“但‘确定’在大陆法系国家获得了至高无上的价值，它已成为毋庸置疑的信条，是最为基本的目标”。

权利无疑是具有确定性的，前文已述，权利通常具有着清晰的内容边界与明确的保护模式，因此人的理性倾向于选择权利作为维护自己追求和基本生存的保护措施——其实这是一个一体两面的问题，因为权利本身就是人的理性所凝结而成的。康德认为，人是有理性的生灵，要将人当作目的而不是手段。但追求确定性的一种负面结果是在理性的影响下人们认为自己已经将周遭环境完全控制在自己的理性之下了，而在此意义上人们只试图去做那些他们能够完全预知结果的事情。而实际上，人的理性是有限的，或者说在追求理性的过程中只能有限的做到这一点，那么来自于理性的权利制度，也遵循同理。

法律依其规则性和内在的逻辑力量在复杂的法医关系中平衡和判断，并将人的主观擅断排除于法律。而立法实践中，法律的创制本身就是一个主观性的过程，在有限理性的情况下，立法者不可能创造出一个完美无缺的规范体系。立法者可能在最大程度地了解了调整领域所出现的问题事实之后，仍因疏忽或是能力所限，没有认识到某些问题的存在而缺乏规制，从而出现了不可避免的漏洞。对于权利制度来说，同样存在着保护范围有限的问题，因此各国都在民法的规制模式上试图突破这种局限性，来保护更多的利益内容。

但是，由于权利在民事法律体系中的王者地位，人们在主张自己的追求之时往往言必称权利，而裁判者也将“权利”这一标签作为证立某种利益受保护合理性的当然方法，出现了“权利泛化”的现象。前文已有详述，此处不再赘述。而这种现象的出现恰恰反映了人们对于利益保护的追求。

在权利本位的模式之下，立法者仅能选取其主观认为对民事主体重要的财产利益和人身利益予以权利化规定。这一过程本身就无法排除立法者主观上的局限性，但是立法总是局限的，没有纳入权利体系的社会关系绝不能被不假思索地一刀切除，需要突破权利本位的局限进行保护。

立法者在制定规则时无法穷尽所有应当保护的内容，而构成法律的漏洞，这一点是人的理性有限性的必然结果，而我们所应做的并非自怨自艾，而是突破权利本位的思维模式，为利益保护寻求“扩张”之道。

二、利益的生长性与新兴权利的生成

（一）利益的生长性使得保护类型扩张成为必然

卡多佐在其文中曾经指出法律是具有生长性的，而若要保持这样的生长性，就必须对法律进行重新解释和理解——法官往往追逐伪劣的确定性而非真正的确定性，其追求的确定性只是与其本人的工作范围相一致，而不是和正义原理一样精深的真理和原则。而梅因从社会需求的角度指出，社会的需要和社会的意见常常是或多或少地走在法律的前面，因为法律是稳定的，而我们谈到的社会是前进的。对于现代社会而言，这样一个利益追求不断增多，价值标准日趋多样化的不断变迁中的社会，新的利益类型必然会不断持续出现。这些新类型的利益走在了法律之前。对于这些利益，法律或许可以选择无视，但却不能无视主体的对于自身追求与他人追求时产生冲突之下的诉求，背离法律作为理性人之选择的本意。

利益的不断生长，使利益对于被法律评价纳入救济体系的期望不断提高。在被纳入救济体系之后，越来越多的新生利益要求上升到权利的地位，以成为法律所固定保护的内容。这种新生权利的生长渴望来源基础是市场经济、民主政治体制以及民主自由的现代文化。经济的发展也使得个人对于自己欲望的追求对象越来越多，促使人们不断地发现能使自己得到愉悦或者满足的利益，并希望这些利益不仅能给自己带来好处，同时能长久的存留在身边，即在特定情况下产生类似权利（绝对权）的对世效力，排除他人的妨害并取得获得侵权法救济的可能。从这个角度，有必要对法律，如侵权法对于利益的评价范围进行扩张，使更多的利益加入法律价值的评价体系当中。在此意义上“水闸理论”的顾虑可能是有些杞人忧天的，因为“利益种类过多，人人皆得主张之”这句话中的“利益”一语是纯粹社会学角度的，只要能带来好处或者使人满足的内容都可以被称为利益。但实际上，进入法律视角的利益从一开始就在进行价值衡量和体系上合适程度的判断工作。如前文所指出的，某人因告白自己心仪之姑娘而被姑娘狠心拒绝导致心情跌落谷底，此处的利益即是单纯社会学意义上的，而不存在法律价值上的可保护性，因此某人除了自己心情抑郁几日以外别无他法。

法律对于利益的价值判断和衡量工作通常体现在具体个案的保护之中，比如前文提到的“亲吻权”案，法官借助侵权法进行了价值判断和衡量工作，最终驳回了原告的诉求。而这些工作最终会有一个立法上的体现，即新兴权利的生成。

（二）新兴权利的生成源于利益保护类型的扩张

我国学者曾经在其著作中指出，改革开放三十年来，我国法律权利的数量在急速增长，且其制度化水平也在不断提高。而在生活事实中一个非常重要的侧面是，我们不断地遭遇到了许许多多仅从生活经验出发，未曾见识到的法律权利。当然这样的表述可能本身就存在着两点疑问，第一，所谓的未曾见识到的法律权利是域外法上的既有规制还是我国法上业已存在的权利？如果是我国法上业已存在的，那么既然我国是制定法国家，权利应当在成文法中加以规定，那么“生活经验”不可能遭遇“法律权利”，“法律权利”也不可能“未曾见识”。

抛开上面的疑问不谈，上述之表述很可能指的是那些新类型的利益，而学者自己的解释也印证了此处的想法：“所谓‘新兴’权利之‘权利’较为宽泛，不仅包含一般所谓真正意义的‘权利’，而且也包含了属于‘自由’甚至‘特权’的内容。‘新兴’权利实际上并不是一个真正法学意义上的概念，它所表征和代表的实际上是一系列不同类型和性质的权利。因此，可以说他实际上也就是一个表征权利束（丛）的统合概念。”这个表述与我在前文中对于德国侵权法上的框架权概念阐述有着极高的相似性，而考虑到权利之中必然包含着利益这一前提，那么所谓的新兴权利，在被立法在条文中所最终确定之前，其实应该是新类型的利益，无论是单个利益还是一束利益的集合。

当然，学者对于新兴权利的另外一种论断是完全正确的："一种新兴权利的逻辑起点是可控资源的拓展，指的是一种新兴权利的产生，乃基于过去所没有掌控或根本没有意识到但现在为人们所意识获能掌控的新资源。"这也是利益向权利转化的基本条件和前提。

利益和权利的转化是一个确实存在的过程，而侵权法对此过程之贡献尤甚。学者通常在谈论侵权法的功能时只是论及侵权具有调整功能、补偿功能、遏制功能以及社会功能。很少有学者提及侵权法所具有的另一个重要的功能——创权功能。而创权功能之典型实现，就是《侵权责任法》第 2 条第 2 款对于隐私权的列举。而《民法总则》第 110 条再一次确认了隐私权的权利地位。而从隐私到隐私权，正是侵权法的创权功能实现的典型。此外，另外的典型示例即是《民法总则》第 111 条所规定的个人信息权以及第 127 条的数据与网络虚拟财产权。

对于个人信息权而言，传统民法主要将其纳入隐私或者隐私权的范畴中加以保护，而即使隐私权自《侵权责任法》始被认定为一种权利，个人信息之内容实际上应当是隐私权射程中所能触及的一种利益。这是因为"个人信息"本身是一个较为宽泛的概念，其中包括了涉及隐私或者涉及私生活的信息。而随着网络的发达，与个人信息相关的人格利益受损的现象日益严重。为此，在法学理论界和司法实务界，除了用"隐私"之外，与人格利益相关的自由、自决和自治等内容模糊，外延宽泛的概念也被用来描述这种利益，并成为一种不确定性的法律救济途径。但实际上这样的规制无法对个人信息完整保护，需要通过侵权法扩张对此种利益的保护。而对此之保护的需求以及该利益的边界不断地清晰，在经过了究竟是通过知识产权抑或是财产权的模式进行保护的纠结之后，最终认为此种利益应当兼具人格性质和商业利用的性质，并以"具有一定的财产属性"明确其界限，最终成为了一项法定的权利。

对于数据与网络虚拟财产权而言，其生成也伴随着数据与网络虚拟财产利益的法律保护扩张。在《民法通则》《物权法》以及《知识产权法》等在内的现行国内法律法规，均未从财产权利客体的层面对数据和网络虚拟财产进行明确规定。但随着数字技术和网络技术的快速发展，数据和网络虚拟财产的经济价值和社会价值正逐渐显现，并在全社会范围内得到了愈发广泛的认同。比如以游戏装备，社交账号等内容的网络虚拟财产，大数据技术分析得出的数据，都具有经济价值。而通过对利益保护类型的扩张使得此种利益被纳入了法律保护的范围之内，成为了一种被法律所正面评价的利益，成为了可以被认定为可赔偿损害的利益。而这种在个案中评价的积累最终促使《民法总则》中确定了网络虚拟财产和数据作为财产权应受保护的地位。

综上所述，新兴权利的生成是理性人在追求自己利益最大化过程中通过权利制度确保自身利益不受侵害的必然选择。而新兴权利的生成来自于法律尤其是侵权法对于利益保护类型的扩张，因此在法律规制和评价层面扩张利益的保护类型是必然的选择。

三、利益规制与评价模式亟待扩张

由于利益随着社会的发展，总是处于不断生长的状态，新生的利益类型必然无法在制定法中寻找到自身的存在。因此法律的稳定性和利益的生长性是一对此消彼长的矛盾概念。在立法修正很难对于新类型的利益作出及时的反映之时，就必须从解释论的角度引入新的规制模式，来缓解法律的稳定性和新类型利益保护之间的冲突关系，使得法律更为符合理性人之期待。

我国学者在其文中指出，我们可以在既有法律规定的基础上推导出类似于德国模式的利益保护方法，一方面可以在司法实务中为法官寻求利益保护的合法根据提供指引，即判断一个利益是否应该受到法律保护时，法官应当首先考虑这个利益是否在民法上已经体现为一种权利；如果不是，民法中是否有保护这种利益的规范存在；如果没有，公法中是否有保护这种利益的规范存在；如果上述方式均无法解决，最后再根据社会的善良风俗判断这种利益是否应该受保护。另一方面，这种解释也打通了私法和公法，私法和道德之间的通道，从而使法官能够在一个更加广阔的背景上考虑利益保护的保护问题。

这样的思维进路可以认为是合理的，但是存在操作上的疑难，首先利益本身的界限存在模糊性，某种利益与其他利益之间的区别与联系很难做到泾渭分明，那么，在与权利、私法规范、公法规范以及善良风俗进行比较的过程中，难免存在无法准确契合的情况，在部分契合的情况下，如何精确地进行保护而不是大马金刀地一刀切，即全有或全无，是此种保护方法尚未触及的。此外当法官可以在一个更广阔的背景上考虑问题，那么他们手中的天平的尺度也需要进一步扩大，否则就好像拿着中国地图探索世界，恐怕永远无法寻找到正确的思路，因此，各规范相融合之后，需要更明确的操作指引。

需要注意的是，即使认为中国借鉴了法国法模式，对权利的侵害与对利益的侵害在一般条款的层面上没有区分保护的程度，也不能认为这就是一种错误的模式。因为即使在这种模式下，在实质上也是区分保护的，不过借以实现区分保护的制度工具可能落实在关于是否存在过错、损害以及因果关系的范畴之上。我们从《侵权责任法》条文的字面上可以解读出类似法国法模式的立法意图，而实际上《民法总则》中关于侵权责任的一般条款也是类似于法国法的，尽管我在前文认为实际上应当按照德国法模式解读关于侵权责任的一般条款，但实际上采取了近似于法国模式的表述方式也给法官在司法活动中行使自由裁量权留下了立法上的许可与支持。当然因此也可能——但并不必然——使得法律的不确定程度比较高。但有一点需要注意，在建构规制可赔偿损害的理论体系之时，没有必要全盘否定法国法模式，实际上正如前文所述，法国法模式并没有人们观念上认为的那么放任，而是有诸多限制因素。因此，为可赔偿损害的判断路径增加一种新的思路，也需要借助于我国《侵权责任法》和《民法总则》对于规制模式在条文上的法国法模式表述所留下的弹性空间。

此外，前文已述，“权利泛化”的现象在我国司法中表现的很明显，“权利”一词成为了一张被随意张贴的标签。当今社会正处于权利爆炸的时代，面对社会民众五花八门的权利诉求，法官应该运用法学独有的解释论方法进行司法冷处理，不能动辄创设法律上没有规定的新权利类别。惟有如此，立法权和司法权的相对界分才能够维持，权利概念的核心价值才不至于因为权利的通货膨胀而贬值。

以人身自由和人格尊严为例，在《民法总则》颁行之前，人身自由和人格尊严是无法通过该法的第 109 条进行保护的。在实践中，无论是将人身自由和人格尊严贴上权利的标签，还是通过转介条款将宪法权利引入民法之中，对最终判决结果的得出似乎都没有什么实质性的影响，但实际上差别很大。一旦此二种利益被确定地贴上权利的标签，那么依前文对于权利的解说，理论上将产生对世效力，一旦被侵犯，则事实构成要件的符合性应该直接引征不法性，但在司法实践中难以做到。因为上述两种权利在实际上依旧是未被权利化的利益，在范围和边界上具有不确定性，法官只能在具体个案中进行利益衡量才能最终确定违法性是否存在，这反而会使得法律变的不稳定，同等对待原则也将被破坏。但如果选择将宪法中的基本权利规定转介入民法之中，此方式并不会产生新的权利类别，只是会形成一个对于特定利益保护的判例。对于判决先例我们应该有一个正确的定位，即尽管判决先例在事实上会起到类似于法源的作用，但是有拘束力的不是判例本身，而是在其中被正确理解或具体化的规范。如果法官发现判决先例中的解释不正确，或者当初虽然正确，但是因为规范情景变更或整个法秩序的演变现今已经不再合理时，法官必须自为判断。因此判决先例绝非独立的法源，它只是法官认识的媒介。而如果关于特定利益的保护的判例经历了长时间的考验，并在相似情形下被广泛适用且被普遍接受，成为一种事实上的普遍认知，那么立法者可以基于此将此种利益上升为权利。比如《精神损害司法解释》中规定的隐私利益就是逐渐变为《侵权责任法》中的隐私权的。而《民法总则》第 109 条使得此目标成为了现实。法院确实是新类型权利的发源地，但这并不代表法院可以直接创设出新的权利类别。

尽管《民法总则》的颁行解决了这个问题，但是从该问题的解决中我们可以得到启示，即我们需要进一步扩张对于可赔偿损害中利益的规制模式。如果依前文所述，我国《侵权责任法》第 6 条第 1 款的解释论模式采德国法模式，即纳入“违反保护性规范构成侵权”和“违背善良风俗”构成侵权，不难发现前者的规范特征十分明显，适用其确定利益的可赔偿性之时时指引程度较高，而后者属于一般的兜底性条款，适用时缺乏指引，可能会存在保护过度的问题。因此我们需要回归本源，从权利和利益本身的角度出发，在解释论中提出一种新的规制模式——权利的射程与利益筛选模式。

第五章　侵权损害赔偿新规制模式的建构

荷兰学者斯密茨指出，任何学术科目的声望在很大程度上取决于创新者和他们的创新思想被学术界所推崇的程度。在法学中也是这样：在其每一个历史发展阶段，我们都可以指出挑战既有知识并且随后被其他人所追随的人，如今，法律领域中所使用的许多现有的概念、规则和方法，都是具有创新思维的法学家们过去的工作成果。那么，从这个意义上来说，对于现有法律体系的创新是使法律始终保持生命力及活力的必要工作。

而创新的根本原因来自于对于既有问题的解决，那么在解决问题之前，首先要发现问题。从前文探讨“权利泛化”时对于“祭奠权”案例的讨论和总结中不难看出，其中存在的困难，在解决的过程中最大的滞塞处在于对一个固定的模式化框架的挑战，而当我们无法套用一个既有的格式思维来解决新出现的问题时，选择向一种已存的权威概念的逃逸似乎是一种可取且被默认的方式，然而这样的方式往往造成了更多的困扰。张贴权利标签的方式和寻找完善的解释论上的路径或许能够对于问题的解决产生同样的效果，但对于法律体系本身的稳定无多助益。“张贴标签”的保护方式实际上是一种对于自由裁量权的一种滥用——不知道该如何寻找支持原告诉求的正当性，就以“权利”之名称之，保护的当然性随着名称的变化就自然形成了。这样的思维或许给原告方的权益保护有极大的好处，却实际上损害了被告方的权益。就侵权法而言，惩戒并非其核心之要义，而是在个案中权衡损害的分配。而不经说理即当然地给予原告方强大的保护之时，实际上已经违背了其权衡损害可保护性的初衷。

方新军在其文中表达了一种可行的思维顺序，即首先考虑该利益是否已经表现为民事法律所规定的权利，然后是考虑当事人所诉求之利益能否通过解释论纳入既有权利的框架，如果上述方式仍不能决定利益是否应当受到保护，那么接着在公法和私法的领域内寻找保护规范，仍不能解决时，最后就基于社会的公德来考虑。实际上这样的思维模式也恰与本书不谋而合

在前文中，我们已经对于可赔偿损害中权利和利益的性质与内容，以及现行法律框架中规制方法做了详细的解说。实际上，无论是对于权利保护的重视还是为利益的保护做出两种可行的模式，都与权利外衣本身所覆盖的范围以及利益本身的性质有着密不可分的联系。但问题在于，无论是权利的保护还是利益保护模式的开启都需要严格的限定条件（违反保护性规范）或者加以明确地限缩（违背善良风俗）基于此，本书试图在解释论上提出对于侵权法上可赔偿损害确定方式的一种新的思路——权利射程与利益筛选模式。本章的核心，即是围绕这种新的思路，从理论建构到实际问题的解决，详细地进行说明。那么在建构这种新的规制模式之前，首先需要做一些理论上的准备工作。

第一节　建构新规制模式前的理论准备

在我们继续接下去的构建工作之前，需要明确一下此种模式中可能涉及的几个要素。

首先是个案中欲保护利益的筛选工作。所谓筛选，包含两个层面的意义：其一，欲保护利益内容的选定，即在个案的事实层面中选择产生冲突与争点的欲保护利益、其二，对于这种社会学意义上的利益进行价值衡量和判断取舍，以法律之语言将此种利益的性质和特征概括出来，同时这也是第一步的筛选工作，即首先将法律定然不会保护的利益排除出去。在此工作完成之后，下一步就是要寻找这种与这种利益相近似的权利，通过分析此权利的射程，来判断该利益是否处在该权利的射程之内，而对于权利的射程的分析需要通过分析组成该权利的核心权能来进行。这一步实际是在为利益的保护寻找合理性来源，即是通过考虑与权利射程的远近来判断其违法性的有无及大小。最后一步的工作就是考虑与其他要

件的联动，如与过错，因果关系，政策因素等，这些要素共同构成了一个动态的系统，根据每个要素不同的贡献度来决定一个事实层面的损害是否可以成为可赔偿的损害，甚至决定该可赔偿损害是应当在个案中予以赔偿的。以上这些要素的判断和分析分别需要借助不同的理论来进行，以下将分而述之。

一、利益内容的选定——马斯洛需求层次体系

人是一种不断需求的动物，除短暂的时间外，极少达到完全满足的状况，一个欲望满足后往往又会迅速地被另一个欲望所占领。人基于总是在希望什么，这是贯穿人整个一生的特点。而人因需求所引发的行动都趋于成为整体人格的一种表现形式，从中我们可以看出他的安全感水平、他的自尊，他的精力、他的智力等各种情况。

而基于此，亚伯拉罕·马斯洛（Abraham H. Maslow）发展了这种关于个人需求的理论体系，原本此理论是用在心理学中的，但是却影响了许多其他的领域，产生了学科的交叉。此学说精确地描述了许多与个人感受相关的现实情况。

马斯洛需求体系的主要内容是把需求分成生理需求（Physiological needs）、安全需求（Safety needs）、爱和归属感（Love and belonging），尊重（Esteem）和自我实现（Self-actualization）五类，依次由较低层次到较高层次排列。

马斯洛同时提出了一些不同的需求，如“匮乏需求（deficit needs ）”，当主体严重缺乏某种事物的时候，这种对于匮乏的需要就是紧迫的（即有动机的），比如当人们饥渴之时对于食物的渴望，通常这种需求来自于金字塔的下层。另一种需求被称为“存在需求（being needs）”存在需求和匮乏需求无关，存在需求是内在的，并且处于马斯洛需求体系的顶层，比如金字塔尖端的自我实现。

有关各层次需要之间的关系，马斯洛认为，人类动机生活组织的主要原理乃是基本需要按优势或力量的强弱排成等级。一旦相对的满足平息了一种需要，那么下一个阶层的需要得以出现。后者继而主宰此人的行为以及目标。比如某人刚刚逃脱饥饿的困境，继而又会被安全的需要所困扰。对于其他层次之间的关系，也同样适用。

一个长期失业，多年来心里只是想着混口饭吃饱的人，可能会失去或者减少对高级需要的欲望。心理变态之人对爱情和友情的需要显然完全受到挫折，以至于他们给予并接受爱与友情的欲望也都丧失殆尽。

当然也不能过于拘泥于各层次需要的顺序，也不能说几种需要只能按照需求金字塔中所示的重要性按序出现。尽管如此正如同需求金字塔本身所展示的那样，马斯洛也对需求的层次做出了重要性上的排序。

首先，生理的需要是最为基本的、最为强烈的、最为明显的。因为生存是一个人的基本目标，无法满足基本生存的人会对其他事物毫无兴趣可言。而当一个人吃饱了，高一级的需要就立刻出现了。人的一生实际上都处在不断的追求当中，人是不断有所需求的动物。当生理需要相对充分地获得了满足，接着就会出现一种新的需要，即安全需要。安全需要的直接涵义是避免危险和生活有保险，引申的涵义包括职业的稳定、一定的积蓄、社会的安定和国际的和平等。通常只有在安全遭受威胁之时才会明显地感受到此种需求的存在。并且实际上在儿童之中更加能够观察到此种需要。在一个人的生理需要与安全需要都很好地得到了满足之后，就会产生爱和归属感的需要，如果无法满足这种需要，则会产生孤独感、异化感、疏离感等痛苦的体验。紧接着的下一个层次的需求是对于尊重的需要，包括自尊、自重和来自他人的敬重，如希望自己能够胜任所担负的工作并能有所成就和建树，希望得到他人和社会的高度评价，获得一定的名誉和成绩等。当上述所有需要都获得满足之后，需求层次就会发展到最高阶层——自我实现的需要。马斯洛认为所谓的自我实现就是某人可以去做他天生即愿望去做的事情。当前几种需求全部得到满足之时，个体就可以专注于寻找自身存在的真实，寻找一种可以证明他们自身的方式。这一需求在个体间的差异是最大的，比如有的人想成为偶像明星，有的人只是想成为一名好父亲。

高级需要的满足能够引起更合意的主观效果，可以带来幸福和快乐的增加，而低级需求相对只能避免痛苦的产生，使紧张的神经得到放松。高级需要的实现需要有更好的外部条件，经济、政治、法律等等内容都包含在内。但实际上这些内容都是来自于低层次的需求，从逻辑上来说，依旧是从低级需求到高级需求的过程。

实际上马斯洛的需求层次理论实际上是一种包含多项联系的复杂结构：基本需要按优势或力量的强弱排列成一种层次系统，当然层次的顺序是相对的，不是固定不变的。

当然，对于马斯洛的需求体系，也有学者产生了不同的声音，他们指出马斯洛的需求体系实际上是一种超验的总结，而以人会感受到饥渴为例，这是每个人都身临其境所感受到的现实体验，但这种体验仅仅置于需求体系的末层似乎并不合适。当然该学者提出这个疑问的本意只是想要将需求金字塔顶层的自我实现的内容拉下神坛，并提高某些低需求层次需求的重要性，实际上这样的顾虑有些杞人忧天，因为马斯洛自己也指出了需求层次的高低只是相对的。

实际上，“法律是良序和公正的艺术”。因此，法律应如此调整人的行为，以使财富和负担得以公正地分配，互相抵触的利益得被公正地衡量，应受刑罚的行为受到公正的处罚。简而言之，法律应对在一个社会中出现的各种法律问题予以公正的解决。那么我们可以得出这样一个结论，法律更多地关注客观的事实，而无法对于每个人的内心进行规制，而这种内心的自我约束工作通常由道德所完成。而实际上，法律在制定之时应当优先寻找与较低层次的需求内容近似的利益，如生理需求中的健康，安全需求中的财产，并对于这些需求内容进行制度上的规制与保护，而至于处于最高层需求的“自我实现”，法律无法进行规制，只能通过对于低层次需求的保护来间接促进“自我实现”成为现实。

二、排除不具有该当性的利益——利益衡量理论

（一）利益衡量理论在日本的兴起及主要学说

在德国法学界，自利益法学派对概念法学展开了批判以来，利益衡量理论在民法中开始兴起，并最终在日本民法学界成为了一项重要的内容。

或许是因为《日本民法典》在编纂过程中的不足，在诞生之后便遭遇了多次修正，尤其是从《日本民法典》颁布 100 周年的 1998 年到《日本民法典》全面修订的 2004 年，日本学者更是推出了一系列有关《日本民法典》编纂、修正

研究的力作。这些修正对利益衡量论的产生而言极为重要。水本浩指出，受德国法学影响的日本法学为何没有引进并形成的德国的利益法学，其原因主要有二，其一是日本市民社会成熟度的肤浅；二是日本政府有意导入谋求妥协的调解制度来取代正面解决权利、利益冲突的裁判。

利益衡量论被提出的标志就是，20 世纪 60 年代后半期，加藤一郎的《法解释学中的逻辑和利益衡量》以及星野英一的《民法解释论序说》这两篇重要论文的相继发表。这两篇文章构成了日本利益衡量论的主要内容，他们两人也相应地被人们看成利益衡量论的倡导者和力主者。

1. 加藤一郎的利益衡量论

加藤一郎的利益衡量论的展开首先是对概念法学的批判，在概念法学的学说看来，在法律适用中，法官自己并不进行判断，而是规规矩矩地接受法规的约束，并不加入自己个人的价值判断或者利益衡量，仅仅从立法者所决定的法规，引出唯一正确的结论。法官所起的就是这样一种自动机械的作用。加藤一郎亦指出，假如将法律条文用一个图形来表示，中心部分较浓，越向边缘越稀薄。中心部分通常可以直接依据条文进行裁判，而边缘部分则可能出现甲、乙两种不同的结论，因此，在裁判中应当有意识地引入利益衡量，基于实质的判断进行解释。仅从法律条文就可以得出唯一的正确结论的说法只是一种幻想，真正起决定作用的是实质的判断。对于该具体情形，究竟应注重甲的利益，或是应注重乙的利益，在进行各种各样细微的利益衡量之后，判断出获胜的一方。得出初步结论之后，结合具体条文形成保护理由，使结论正当化或者合理化，最终形成判决。但需要注意的是，此时得出的结论并非是最终的结论，而只是附加理由过程中要加以验证的假说，即暂时的结论。最后，实质的利益衡量必须要接受依据法规的形式理由的附加，依据法规的理论构成不是为了产生结论，而是为了赋予理由，包括验证结论的妥当性，明确结论的适用范围，强化结论的说服力。此外，通过基于实质的利益衡量的弹性解释，如果得出与法律条文不同的结论，实际上等同于一种实质上的立法。允许这种实质立法存在的原因是法律文本的解释由于基础理论所形成的观点的局限性，这种实质的立法实际上是制度的沿革过程中所研究得出的重要结果。因此法官不应该仅仅机械地使用法律，应当积极进行新法创造。

2. 星野英一的利益考量论

星野英一认为，作为法律适用前提的法律解释必定有着保护一定利益、价值作用的意义。即判决的结果必须是以一定的方法保护某种利益或实现某种价值，而在一定程度上排斥其他利益和其他价值。在此意义上，需要寻找依据价值判断的民法解释方法。即在适用法律解释解决纠纷时，必须考察对立着怎样的利害关系，通过类型化的方式明确其间的利益状态。同时还需要考虑依据何种规定实现、保护何种利益与价值是妥当的。选定了保护目标之后，还是要把握利益和利益协调的价值判断，以实现各种利益、各种价值、各种要求的协调以圆融。为了实现这一目标，就必须回到条文的体系之中，对于类似的条文规定进行整理考量，对于类似情况下的条文的适用状况进行整理。最后，在解释成为问题的规定要件时，有必要把要件加以说明，即有必要把要件从效果出发加以考虑。

同时，星野英一认为，在价值判断的客观的妥当性的问题上，应当采取客观说但也必须有所突破，即承认某种具体的价值在客观上被承认的程度，如人的尊严、平等、精神的自由等内容即是在社会发展演进中被逐渐在客观上被承认的。应当将获得价值判断客观性的希望寄托于构建以“谁都无法否认的诸如自由、平等等价值”为基础、具有等级高低之分的价值体系之上。在无法决定利益保护中的取舍偏向之时更应该遵从此法。

与加藤一郎所称的“利益衡量”不同，星野英一采用了“利益考量”的说法。加藤一郎认为，所谓“考”是对双方的利益进行估量后，考虑应置重于哪一方的利益，而“衡量”之“衡”字，有英语中“balancing of interest”的含义，以此其认为包含天平计量意义的“衡”字更好。

3. 对于两种利益衡量理论的简要述评

从两位日本学者的观点中不难看出，利益衡量的实质是一种法院判案的思考方法。区别于概念法学的三段论得出结论的机械模式所得出的教条主义结论，利益衡量的方法将眼光关注于利益在法律适用的过程中所处之地位，强调法官的衡量工作在司法审判中的作用。例如法院在进行法的解释时，不可能不进行利益衡量，强调民法解释取决于利益衡量的思考方法，即关于某问题如果有 A、B 两种解释的情形，解释者究竟选择哪一种解释，只能依据利益衡量决定，并在做出选择时对既存法律及所谓法律构成不应考虑。当然，不同国家的学者所关注的利益衡量的侧重点也有所不同，赫克注重欲解决之案件的利益状态与立法所确定的利益之间的匹配。加藤一郎的利益衡量方法，实际上是先有结论后找法律条文作为依据，使得结论正当化或合理化，最终所产生的效果是法律条文作为结论证成的内容而不是推导结论的方法。从思维路径上来说，是从证立结论的需要出发寻找可能存在的法律条文及相应的解释方法。

4. 日本刑法学界对于利益衡量的观点

不仅仅民法学者主张适用利益衡量的方式来解决问题，刑法学者同样认为利益衡量对于刑法所保护的对象有着重要的意义。阴哲夫认为对于刑法的解释增加主体主观的价值判断是必要的，应当承认在此意义上刑法解释的特殊性。在一定范围内承认刑法解释的主观性有助于寻找与其他部门法解释的共同性与同质性。中武靖夫亦认为法律的解释是依据价值体系的内容来确定，然而价值体系可能存在多种情形。立法者需要在宏观的层面上进行判断，以权衡法律发展中的整体秩序。而司法者需要在法秩序的范围内进行具体的妥当性及合目的性的微观层面的判断。横山晃一郎也认为，法律的解释需要立足于法律制定之时的客观情况，结合目前的现实状况确定行为的性质，这也被称作“重叠的评价”。在法解释中加入主观价值的衡量有助于获得具体案件的妥当性。

（二）利益衡量理论对于我国法的影响

利益衡量理论对于我国法学界及司法过程都产生了不小的影响。比如，我国学者往往在两层含义上使用“利益衡量”一词，第一，在介绍德国法的利益法学派关于填补法律漏洞的方法之时；其二，在介绍日本法的，尤其是加藤一郎的利益衡量论时。之前已经提到过，赫克的利益衡量方法和加藤一郎的利益衡量方法实际上是有很大区别的，其区别的主要原因是关注的侧重点不同。赫克更关注法律漏洞的填补，而加藤一郎则更关心合适结论的导出。

尽管我国学者对于赫克所描述的利益衡量理论多有批评，主要理由是此种衡量会导致恣意，破坏法的安定性，但不容否认的是，利益衡量的两个方面的作用在目前的司法实践中大量存在。我国法院在审判时采用利益衡量作为说理根据的判决并不少见，而其使用也无可避免地考量了上述赫克和加藤一郎的两种“利益衡量”的含义。即使是试图否定加藤一郎所主张的利益衡量功能的学者，也不得不承认超越法条体现利益冲突的利益衡量日益增多，在判断是否构成侵害特定的人格权，尤其是在判断“受保护的利益”时，更多地偏向于加藤一郎所主张的利益衡量模式。

与司法实践相同步，我国学者业已注意到利益衡量的方法在法学研究中的重要性。胡玉鸿指出，所谓“权利”的纷争只是诉讼过程的表象，其实质则仍然是利益的分配与确定——“权利”为“利益”而存在，“权利”本身就内含“利益”的观念在内。利益之间互相冲突又不能使两者同时得到满足的时候，在对于利益的先后次序进行安排时，必须做出一些价值判断，或者可以称之为“利益估价”。而法律本身必须通过自身的内容来平衡压抑人类的自我主张和保护其他社会利益所要求的合理妥协。这就要求司法者在相互冲突的利益之间进行价值判断，并根据其应受保护的力度大小进行排序，最终确定何种利益更需要在个案中得到保护。

（三）我国《侵权责任法》立法中的利益衡量

把目光转回到侵权法上，之所以我们需要以利益衡量的理论作为在我国解释论上建立规制可赔偿损害的新的模式中的理论基础，是因为在《侵权责任法》立法的过程中本身就包含着利益衡量的内容。张新宝在其文中指出，立法过程是各种利益诉求表达、争论、协调和平衡的过程，如何对特定的利益进行表达、争论、协调和平衡，是立法工作的重点和难点，也是解决诸多争议问题的关键所在。对于侵权法来说，上升为侵权法所保护客体的利益不可能是社会学意义上的广泛而庞杂的追求和渴望本身，而是经过法律评价的之后剥离而出的，在受到他人侵害时具有该当性的利益。

立法工作本身就是一个利益衡量的过程，理性人在法律框架内通过相关利益主体的博弈合理公平地分配资源并调节利益之间的关系，在此种制度构建中包含着一定程度上社会整体对公平和正义的具体理解和诉求。昂格尔亦指出，法律本身是一种反复出现的、个人和群体之间相互作用的模式，同时这种模式产生了足以让人满足的相互行为期待。同时立法上的利益衡量工作可以防止仅仅强调司法上的利益衡量可能导致的恣意问题。不过应当注意的是，立法本就是司法的指引和参照，司法上的衡量实际上是立法上利益衡量在方向上的继续行为，司法中利益衡量的滥用一方面来自于裁判者本身的技术水平，另一方面是立法上利益衡量工作的不明确性。相比较于权利的保护而言，利益的保护可以被称为一种“弱保护”，其区别于权利的“强保护”的主要方面就在于从保护之当然性以及违法性的证明上都更为严格，并不像权利本身就自带了保护当然性以及被侵害时的违法性自动征引。

从我国《侵权责任法》来看，其第 2 条第 2 款实际上就是利益衡量的一种具体体现，通过列举具体权利的方式确定《侵权责任法》的保护对象来对于可赔偿损害的确定予以规制，并通过第 6 条第 1 款的弹性在个案的解决中平息利益之间的冲突情况。这体现了“一般利益衡量”的内容，即协调民事权益维护与行为自由维护之间的冲突。此外“一般利益衡量”还包括受害人与加害人财产利益的平衡保护，刚刚提及的民事权益维护与行为自由之间的平衡性保持，也往往以对于受害人和加害人之间财产利益的衡量来实现的。此外还存在“特殊利益衡量”，以承认特定群体或特定领域中的特殊利益为前提，保护的天平应当有所倾斜但不应过于失衡。如《侵权责任法》第七章中对于医疗损害责任的规定应当是进行了“特殊利益衡量”的工作，而第 58 条中规定了对于推定医疗机构对于患者的损害推定有过错的几种情形，同样也是将保护的天平向患者倾斜。进行类似考量的还有该法第 37 条所规定的公共场所的管理人所负担的安全保障义务，实际上这也是天平适当倾斜的表现，因为立法者也指出了，负担安全保障义务的主体在合理限度范围内保护他人人身和财产安全。以上利益关系实际上可归结为行业或领域利益与民众利益、优势群体利益与弱势群体利益的关系。利益衡量除了体现在可赔偿损害的规制之上，还体现在因果关系、过错的推定之中，但从根本上还是为了责任成立而服务的，进行利益衡量之目的也是为了前述之理由。

从上述介绍中不难看出，我国《侵权责任法》立法过程中进行的利益衡量工作实际上还是兼具了赫克模式与加藤模式，并且赫克模式的思维方式相对占比更多一些。

（四）对于新规制模式构建的意义

“徒法不足以自行”，法律的生命力在于实施，法律的权威也在于实施，因此司法之作用是将静止于纸面上的法律条文转化为法律体系运转中的构成要素。在我国司法实务界中，学者们提出了司法能动主义的口号。所谓司法能动主义，是指由于社会变革导致社会生活主体的利益高度分化、社会关系日趋复杂，矛盾和冲突不断，在此背景下，司法需要充分发挥主观能动性，积极应对经济社会领域出现的各类问题。既然立法上已经采用了利益衡量的规制方法，那么司法上承续这种立法上的思路实际上是对于立法意图正确理解的必然方式，也是通过解释论弥补立法不足的重要路径。以《侵权责任法》为例，前文已述，该法第6条第1款对于利益之保护存在解释论上的不足，因此，为了明晰可赔偿损害中利益的保护范围，需要对于相关之利益在个案中进行衡量与判断。而对于本章所欲创建的新的规制模式，此种衡量和判断仍在其中占据重要之地位，其根本目标就是将可赔偿损害确定过程中不具有该当性的利益排除出去。

三、权利射程之考察——权利的构成与层次

（一）权利中的权能

权能是权利或法律关系的部分内容，它原则上是其据以产生权利或法律关系不可分割的组成部分，一项权利可以包含多个不同的权能。权能既是权利的组成部分和特性，也是权利之界限。

权利不会是一个空洞的外壳，且每一项权利都有其具体指向。拉兹认为：“权利存在于权利拥有者的利益足以使他人负有义务的地方。”权利在最终落于法律强制力的救济之前，首先需着眼于要求，也可称为“主张”。权利所指向的具体内容多种多样，如对于更好生活的追求，更自由的行动选择，在任何情况下，权利都只是对生存方式和生存条件的基础性及一般性要求。因此权利的积极权能即是指向这些具体要求的内容与界限，权利中作为权能的利益范围一定是最为基础

和重要的。从权利内涵的角度来看，权利的行使意味着某一体制对主体行为的一种肯定，在被肯定的范围内得到了以自由意志主张的可能性。

所谓权能，一般是法律和学理上所使用之概念，指权利的具体作用或实现方式而言，是权利的具体内容。通常可以分为积极权能和消极权能。所谓权能应当是主体自由意志所固化而成之形式，也即是主体所追求的利益内容。方新军指出："正如主体的自由意志需要具体区分以达到对权利分类的目的，利益同样需要进行具体的区分以达到对权利分类的目的，否则所有的权利都可以被称作利益权。"我们知道，权利之中必然包含着利益内容，这样的概括其实是不精确的，正确的说法应该是，权利之中必然包含着一个或多个利益内容。当一个权利中包含着多个处于核心地位的利益内容之时，通常会将这几种核心利益内容称之为权能，而实际上这些权能因为居于权利的核心地位，因而法效果上的强度也最高，在司法实践中通常也会直接将某种权能称之为"某某权"。而距离核心地位较远的利益则不会成为权能，至于其在法效果上之强度为何，需要在个案之中进行判断。而将相似性状的利益进行分类，可以将具有相似权能之权利类型化并进行观察思考。比如《德国民法典》第 823 条第 1 款中"其他权利"指的就是与所有权相类似的权利。

以所有权为例，一般认为占有、使用、收益、处分为其积极权能，是所有权在正常状态下的内容及表现，所有权人依据自己之力即可进行。而所有权亦有消极权能，即排除他人干涉的法律之力，相应请求权之行使往往需通过司法介入来实现。所以我们可以认为，占有、使用、收益、处分是所有权中最为核心的利益，在法效果上表现为所有权最为经典也是被人们所熟知的四大权能，比如经常用的一个语辞"无权处分"，从另一个角度来描述就是"处分权的缺失"，不难看出，权能的效果是如此的强大以至于可以直接使用"权利"之名来称之。而"收益权""使用权"这种提法则更是屡见不鲜。占有的情况稍许特别一些，对于其属性有所争议，尽管很少使用"占有权"之语辞，但占有之法效果也是极强的，比如动产的所有权表征方式即以占有为要件。但这并不代表所有权中只包含这几种利益，某些边缘化或者距离核心利益较远之利益不会被当然地提起，而只会在具体案型中得到体现。

从另一个角度来看，权能实际上从侧面描述了某个权利的具体内容，以人格权为例，“人格权”本身是一种功能性的概念，在司法实践中不会泛泛地适用。例如某人去法院主张其人格权受到侵犯，法院将无法做出判断，必须明确主张何种具体的人格权受到侵犯，法院才可以施加保护于其上。那么不同的具体人格权之间的区别在于核心利益的不同，具体地反映在权利的构成中就是权能的类型和内容的区别。而至于上图中所设问的权能之外可能与之相对于的利益能否得到保护，则需要看此权能之射程能否及于此利益，同时需要在个案中根据具体事实来综合判断。

（二）权利的层次

权利根据原始取得和继受取得可以分为两个大的层次，可以以编号的方式将其称之为第一层次的权利和第二层次的权利。第二层次的权利是以第一层次的权利为基础而产生的权利，它是第一层次权利的权利人处分自己的权利所导致的结果，因此第二层次的权利就是继受的权利。

第一层次的权利是立法上定纷止争的结果，因此这些权利都是原始取得的权利，这些权利的主要范围是财产权、人格权、身份权。不难发现这些权利所对应的利益实际上是人类最基本之需求，也符合前文所描述的马斯洛需求体系最基础的部分。

第二层次的权利则是第一层次的权利运转起来的结果，其中包括主动运转和被动运转。主动运转是第一层次的权利人通过多方、双方或者单方行为处分权利、设立权利的结果，这主要包括权利人通过合同、遗嘱处分自己权利，以及通过悬赏广告和无因管理设立权利；被动的运转则指的是第一层次的权利人没有处分自己权利的意思，但是因为侵权、不当得利、缔约过失和法定继承等原因而使权利发生了变动。

第三层次的权利则是第二层次的权利运转起来的结果，同样也包括主动运转和被动运转。

第四层次的权利则是第三层次的权利运转起来的结果，依旧包括主动运转和被动运转。理论上这种层次还可以不断地以此类推，但尤其在被动运转的情形下，继续往下区分似乎意义不大，因为随着层次的深入，距离第一层次权利的距离越来越远，意味着“权利”外衣几乎被慢慢褪去了，产生的所谓“权利”更倾向于一种纯粹的利益了。

比如 A 基于其土地所有权而为 B 设立通行地役权，C 过错侵害了 B 的通行地役权。那么 A 对于土地的所有权就是第一层次的权利，B 的通行地役权就是第二层次的权利，B 由于 C 之侵害而遭受损害而产生之债权就是第三层次的权利。假若行为人过错侵害了以上三个层次的权利，第一层次中的所有权受侵权法保护之强度最强，无论是其总括的权利类型还是其中的部分权能，均能受到完满的保护。而第二层次的地役权尽管也具有排他性，但其强度显然不及所有权，因此其权利内容之外的其他相关利益的保护就需要在个案中进行衡量与判断了。第三层次的损害赔偿的债权则很难通过侵权法加以保护了，只有在严格的责任成立要件之下才可以受到侵权法之保护。或者换个角度来说，侵害第一层权利甚至其中部分权能很容易就被认定为可赔偿损害，侵害第二层次权利就需要考虑侵害的是权利的内容才能认定为可赔偿损害，而侵害第三层权利则几乎丧失了保护的可能性，而第四层权利恐怕就无法获得保护了。

进行这样的思考的目的是，在建立一个新的规制侵权法上可赔偿损害的模式之时，除了要通过考虑权利与其权能的内容与损害内容之间的相似性程度，还必须通过权利的层次来考虑，究竟欲对比参照之权利的法效果能够及于的遥远程度位于何处。因为即使作为一个为理性所支配的法律，它也不能要求一个行为不谨慎的人对他因其行为产生的一切损害承担责任，无论从个人利益出发的角度还是理性人本身的生存选择，都必然要求在法律进行价值判断后将那些过于“遥远”的损害排除出去。

此外，对于权利的层次，还可以参考德国法上对于区分权利和利益的三个判断标准的内容来进行。其一是通过归属效能观察权利归属的内容是否是客体确定且边界清晰的，权利的层次越靠近第一层次其边界也就越清晰，反之的话则更接近于一种利益，那么边界也就越来越模糊；其二是通过排除效能观察某个权利是否能够排除其他主体的任何不法干涉，这也是绝对权的基本特征。越是靠近第一层次的权利，其排除效能也就越高，反之则不断降低，如相对权显然是不具备排除效能，因此也不属于侵权法上的权利；其三是观察权利的社会典型公开性的强弱，越是靠近第一层次则保护对象的可识别性越强，加害人对于权利侵害的可预见性也就越强，反之则保护对象的可识别性不断降低，加害人对于即将造成侵害的可预见性也就越来越弱。

综上所述，所谓权利之射程，包括两个方面，一方面是通过权能之内容解构欲参照之权利所本身所规制的核心利益，并在个案中考虑欲保护利益与核心利益的相似性——或者说核心利益能否扩张解释到欲保护利益的范围；另一个方面是通过观察欲参照之权利本身之层级来在个案中考虑其法效果最远能否及于欲保护之利益本身。

四、新模式的系统构建——动态系统论

（一）动态系统论的主要内容

动态系统论是由威尔伯格（Wilburg）在比较法的基础上创立的，源起与他发现以精致的概念构成为基础的传统体系与自由法律发现潮流的对立。其在1950年11月就任奥地利格拉兹大学校长的就职演讲《私法领域内动态体系的发展》也被视为动态系统论之诞生。导致法官自由发现法律的呼声出现的原因是对于传统体系难以充分回应现实生活需要以及法律要求这一现象的反弹。威尔伯格认为法律制度中内在的价值和所要实现的目的具有多元性。因此，对于法律的理解和阐释不应仅仅根据某一个单一的概念，而是要根据案件的具体情况和内在于某法律领域原则之间的相互作用情况予以考虑，即需要对各个要素进行综合考量。威尔伯格认为有必要通过更加“动态地”构成法律，展开比以往更具备柔韧性的规范，来把民法体系的许多部分从僵硬的状态下解放出来。威尔伯格主要将其目光投向了损害赔偿法和不当得利的领域，他反对对侵权法基于某一排他性原则而进行单因解释，如过错。比如因事物或行为而引发的高度危险性、当事人的经济状况，利润的获取和保险也是相关需要考虑的要素。

在侵权法的意义上，根据威尔伯格的理论，在侵权责任的成立上，确定和罗列全部的相关要素是非常重要的，在个案中，不仅要确定相关的因素，同时也要尽可能地衡量不同因素在个案中的权重，这将使得通过规则之后的价值导向寻找一个平衡的观点。由于在不同的案件中问题的复杂性和事实的多样性，在私法上不可能总是设计出固定的规则。动态系统论实际上是在固定规则及严格要件与模糊且具有弹性的一般条款之间选择了第三条道路：通过描述法官需要考虑的决定性因素，立法者能够实现更高程度的规则确定性和对法官自由裁量权的相当程度的限制。如此，法院的判决一方面变得可预见、可理解，同时也可以顾及到不同案件的不同情况。不同强度要素之间的相互作用，对于法律效果而言极为关键。而如果要在个案中确定某个要素的权重，则确定可以衡量权重的标准就是非常必要的，此种标准是由基本价值决定的，在其基础之上动态系统方得以建立。综上所述，动态系统论中最重要的两个内容即是要素和基本评价。

动态系统论不仅对一国法律的发展具有特殊的价值，而且对于法律的统协也具有特殊的价值，通过明确法官需要考虑的具体因素，法律在很大程度上实现了确定性，限制了法官的自由裁量权，使判决具有了可预见性，同时在一种可控制的方式下实现了对不同案件事实多样性的考量。

（二）动态系统论的立法体现

实际上欧洲国家的立法上已经尝试使用更具有弹性的类似动态系统论的思维模式，如《奥地利损害赔偿法（讨论草案）》第1293（2）条中即采取了多重因素考量的方式：“对利益的保护特别取决于该利益的位序和价值、可确定性和公开性、也取决于他人对自由发展的利益和对权利的行使，以及公共利益。”紧接着在（3）中给出了可供参考的价值：“可清晰限定的和公开的人格权，首要的如生命和身体的完好性，物权以及无体财产权受到最高的保护。纯粹财产利益在债务关系债务关系之外仅获得例外的保护。”此外在《欧洲侵权法原则》（PETL）中也存在着类似的规定，第4：102（1）的规定就是对于动态系统论的应用：“必要行为准则是指理性人在为行为时的行为准则，尤其取决于受保护的利益的性质和价值，行为的危险性，可期待的行为人所具有的专业知识，损失的可预见性，所涉及的各方之间的相近性或特殊依赖关系，以及预防措施及其他替代办法的现实可能性及其费用。”同时在规定责任范围的第 3：201 条，前文已有提及的规定受保护利益的范围的第 2：102 条，以及《欧洲私法的原则、定义与示范规则》（DCFR）第 6-2：101 条都采用类似的动态系统论的方式。

（三）对于动态系统论的批判

有学者指出，动态系统论实际上是被误解和被高估的，其理由就在于作为动态系统论两大支柱的要素和基本评价并不像看上去那么稳固，要素体系存在着不确定性，而对于基本评价而言可供仰赖的原则性示例实在是捉襟见肘，这主要是因为法律实践涉及的是多种价值的冲突，天然具有模糊性，永远也不可能像数学一样精确。此外动态系统论究竟该适用在何种领域之中也存在着争议，即使认为动态系统论可以一般性地适用于各种不确定概念和一般条款，但仍旧存在在不同部门法中能否普遍适用的疑惑。因此，动态系统论并不像人们所期待的那样具有类似万金油的普适性，正如山本敬三在其文中所指出的，动态系统论并非预先唯一确定评价内容的理论，它最多也只是提供能够作合理评价的框架。而可能的评价可能会留有一定的不确定性，因此在依靠动态系统论的前提下，选择哪一个将依赖于判断者的决断。

（四）对于新规制模式系统作成的意义

尽管学者对于动态系统论提出了质疑，但是从某种程度上来说即使是支持动态系统论的学者也并没有将其视作一剂万灵药。库齐奥就指出：“尽管动态系统论并非灵丹妙药，但却能提供有价值的帮助。”笔者认为这种帮助更多的是提供了一种突破成文法僵化以及一般条款的宽泛和不确定的可行的思维和考量方式。法院在审判过程中应当考量各个因素的权重及其相互作用的基础上进行综合判断，以期实现对立各方利益的最大化满足。

将目光回到侵权法上的可赔偿损害的确定的问题上来，在此笔者试图建立一种新的判断利益是否可以被纳入可赔偿损害的保护范围中的方法，前文也已经详细说明了，对于可赔偿损害中利益的规制应当采德国法模式，即以违反保护性规范和违背善良风俗作为主要的规制模式。但是这两种模式恰巧属于两种极端：违反保护性规范需要对于规范中的保护意图和个人受侵害之利益符合规范的保护目标进行严格的对应，弹性不足；而违背善良风俗则又过于原则性和框架性，在适用之时还是要往类似违反保护性规范的那种严格对应的方向上靠拢，寻求一种可以依赖的利益衡量和价值判断工作。正因为此，需要一种介于严格对应的模式和原则性的模式之间的第三种模式。这种模式并不一定要通过立法上实现，通过对于侵权法的功能和目标进行解释的角度即可得出。实际上即使是将此种新规制模式称之为第三种模式，它与德国法上的两种规制模式有交叉之处。而这种新模式正是需要动态系统论的相关思路，将各种相关的因素纳入其中，通过在个案中动态地考量各个相关因素的内容及程度，以期获得解决纠纷的最佳途径。或者换个说法，为某种利益保护的合理性来源寻求足以令人信服的理论来源，而不是贴个“权利”的标签，将欲保护之利益简单地称为“某某权”就可以天下太平了。

第二节　权利射程与利益筛选模式

一、理论原点的再审视——回归

对损害实质属性的考量首先应当明确的是，理性人通过社会契约缔结成一个有机整体，并让渡自身的部分自由来制定某种在这一整体中可以被共同遵守和敬畏的规则——法律。法律本身的功能就是将现实生活中可能遭受的或已经遭受的损害所导致的对人之追求或自身完满状态的不利影响控制在一个相对合理的范围之内。作为以填补损害为最主要功能的侵权法来说，则更是如此。但是囿于法律本身的理性局限——其实源自于作为制定法律的立法者本身的理性局限，使人所遭遇的现实损害并非都可以通过法律的规范评价成为可赔偿损害，进而拥有开启损害赔偿请求的可能性。因此需要依照一些规制模式对于现实损害进行必要的评价工作，并在此意义上进行取舍，以实现对现实损害法效果上的涵摄。

损害本身是不能起到对利益进行筛选的作用的，这就好比你可以咖啡豆中提炼咖啡因，却无法用仅仅用咖啡因制成咖啡豆。损害的轻微或者严重，只是在一个利益已经明确受到法律保护的前提下，从节省诉讼资源和限定具体赔偿范围的角度予以考虑的因素。如果某一损害并不在法律的保护范围之内，那么无论事实状态的损害有多么严重，都无法获得赔偿，损害的轻微以及严重的区分在此基础上是毫无意义的。举例来说，某人提着一袋粉状物在街上行走，加害人过失撞击导致粉状物跌落入下水道灭失，那么，即使这只是一袋价格低廉的食盐，损害很轻微，加害人也确定地需要承担损害赔偿之责任，因为这是法律所明确保护的。而如果这是一袋受害人高价购入的海洛因，那么从事实状态上来看，受害人受损极为严重，然而由于此利益并不被法律所保护，那么受害人是无法得到补偿的。申言之，个案中，以受害人遭受的事实上的损害为出发点，经由一个弹性的价值评价体系的过滤，来确定应赔偿损害的范围。这就意味着我们必须回归对于损害实质属性的考量之上，寻找一种可供参考的评价方式。

一个法律制度可以通过两种方法规定其所保护的范围。其一，他可以禁止或者要求某一种行为：通过这种方式，人们可以推断出法律试图所保护的权益。其二，法律制度可以描述其所试图保护的权利和利益，并且要求这些权利利益除了合理例外情况下不能够被侵害。从上述描述中可以得出如下结论，即无论是通过行为进行推断还是条文进行描述，都需要对权利和利益进行框定和筛选。而当某些伤害类型很难认定时，这一无效之举会使施加侵权责任的代价超过所获利益。立法机关和法院必须有权决定某些利益（例如，虽然属于不公正遭遇，但却无关紧要的心理伤害）不能算作法律上的权利。而正是为了对于事实损害的评价过程提供一种更加细化和可供操作的思路，才有必要作成权利射程与利益筛选之模式。

申言之，在侵权法上，保护性规范所征引的违法性和故意违背善良风俗所征引的违法性之间，实际上存在一个中间地带，就是通过解释实在法规范中已经存在的分配利益的状态所形成的秩序，由裁判者在个案中对与损害事实相关的利益进行评价和衡量。而这种评价和衡量的原点是代表了分配正义的权利制度及具体权利的内容本身，此情况下所征引的违法性的来源介于严格的规范意义与开放的社会伦理道德规范评价之中间地带，需要比较明确的操作指引和思路。

二、权利射程与利益筛选模式的思维进路——多重因素的考量

（一）多重因素考量的合理性证立

在前文中我们用了许多笔墨介绍了构建此种新模式所必须参照的理论基础。比如马斯洛需求体系、利益衡量理论、权利的构成与层次、动态系统论，这并不是多余的工作，而是为新模式的构建寻求理论基础以及合理性的来源。对于通过权利射程与利益筛选模式进行侵权法上可赔偿损害中利益进行规制而言，其所需之思维方式其实是较为复杂的，这也与利益本身所具有的复杂属性有关。因此需要将多种要素予以结合考量。

日本学者在意识到“权利侵害”要件不足以保护应当保护之利益的基础上，通过大审院对于“大学汤”案的判决之后将“违法性”要件引入侵权法中。所谓的“违法性”并不是单纯地只包含其字面的意义。平井宜雄指出，所谓“违法性”包含着多个可以讨论的内容，比如其中的“法”，即包含着多重的含义，而不仅仅指向法律本身，更多地包含一些广义上的规范。包括社会所公认的一定的行为模式，此种行为模式又以社会共同认可的“价值”为其存在的基础，这种行为模式可以是社会学意义上的，也可能是法规范意义上的。所谓“违法性”的本质很可能受到社会、历史、思想背景的左右，如此多种要素的综合考量反而使得对于违法性的思考更加精密和准确。前田达明也指出，对于法律的解释需要参照立法者的意思、法规范之目的，历史变化的解释以及合宪性这几个要素综合进行，在多种标准多重衡量之下对于法律之空白进行填补。他在论及“违法性”要件的多义性之时甚至举了一个很形象的比喻：损害赔偿即是在被害者受保护的法益和加害者的主观要素之间进行综合判断衡量的“相扑”。森岛昭夫则认为所谓的“违法性”就是从仅仅保护被称为“权利”的权利向更广阔的利益保护的方向转变，比如生活的安宁、阳光照射的利益，而利益的保护需要与现实之情况相结合，根据社会意识之中所包含的法感情与正义感，以及保护利益的性质来进行多重因素的考量。

实际上多重因素综合考量的思路是一种解决复杂问题时寻找合理进路的重要方式。而本书所欲建立的权利射程和利益衡量的规制模式也正是参照和借鉴了日本学者在考虑不法行为违法性的过程中所进行的思考。而之前所做的理论准备，正是为了该种规制模式中相关要素的确定所寻求的学说上的依据，毕竟没有人能够在没有地基的情况下凭空搭建空中楼宇。

（二）权利射程与利益筛选模式的基本思路

首先，重新描述一下两条关于权利与利益关系的基本内容。其一，当法律没有给利益冠以权利之外壳，那么当我们试图通过适用近似的权利或其权能的延伸进行相关利益的保护之时，首先要考虑的是其合法性。其二，权利是一种法律赋予的特殊外观，即权利不需要考察是否具有合法性排除事由，其合法性是被推定的，即一项利益如果与现有权利相近似的程度越高，其合法性被推定的可能性也就越大。方新军也指出："我们可能永远也无法精确地界定哪些是应该保护的利益，哪些是不应该保护的利益。但是权利并不是利益本身，权利只是保护利益的一种手段。"我们试着在这样的理解上再进一步诠释，可以得出这样的观点：当一项利益无限接近于某一种已为法律所确定的权利之时，其受到保护的可能性就大幅度增加了。

"徒法不足以自行。"然而作为法律运行中关键一环的裁判者，也常常处于两难境地，郑成良认为："正义标准的选择这一类具有终极性的价值判断问题不完全是而且主要不是由理性和逻辑的力量来决定的，他直接与每个人的情感、愿望、目的、信念等主观因素相联系，而这些主观因素又与每个人的生活经历、人格特征、社会地位等等复杂的个性化社会因素相联系。正像大自然中没有两片完全相同的树叶一样，人类社会中也不可能有两个价值标准完全相同的人。"因此，与其给出一个应该将利益与权利分开考量的定性，不如尝试作出一个可供使用的判断方式，而这个判断方式的核心就是权利的射程，或者说一项权利能否延伸到我们所欲保护的利益。

这样的相似度的考察方式绝非凭空造出，相似的做法早已存在于司法过程的技术之中：法院在力图合理解决手头问题时从大量的案例汇编中发现间接指导，有一些判例与法院正在受理的案件会具有某种相似性，而且这些判例是以某种完全适宜被扩大适用于正被受理的案件的法律原则为基础的。在这种情形中，人们可能会说，法官是用类推的方法发现了准据法。前文已述，一项利益本身被固化为权利，经历了多方面的考量与角力，而“权利”这个外观本身便意味着其可以被当作利益保护的“准据法”来使用。

不难发现，若要使用权利射程之思路解决利益保护之问题，一方面要考虑欲参照权利或其某个权能的射程能够及于何处，另一方面则要对个案中欲比较权衡之利益进行筛选和两个层面上的取舍：其一，基于人类最基本需求要素存在与否及层级的观察；其二，通过法律层面在个案中对于冲突利益所进行衡量之后的法效果安排。最后还需要考虑与其他构成要件和相关因素，如政策等的联动，将所有要素至于一个动态系统之中进行综合考量。

三、权利射程与利益筛选模式的适用方法

传统理论总是试图以非此即彼的方式，从单一的方面界定权利的本质，但是权利概念是一个开放式的动态体系，无法通过非此即彼的方式解决范围的界定问题，它只能在整体意义上作为类型概念进行描述。这也给了通过权利的射程来探究，某项利益是否能够被界定为可赔偿损害也可以通过开放的权利体系所带来的延展性来解决。这是本书欲创建的解释论上对于侵权法上利益规制新的模式的基本依据。

那么首先给这个新的模式下一个概括性的定义，以便于从整体上理解这种模式所涉及的要素。所谓权利射程与利益筛选模式，是从损害事实中筛选出从人类需求和法律评价两个方面都具有该当性的利益内容作为欲保护之利益对象，再对照与之相近似的权利或者其权能之法效果能否延展到欲保护利益之上，最终确定是否属于侵权法上可赔偿损害的具有弹性框架的动态系统利益规制模式。

必须强调的是，“可赔偿损害”不等于“应赔偿损害”。尽管在“可赔偿损害”的确定中与其他诸要件即相关要素的联动似乎并没有太大的意义，但这并不意味着，我们能在解释论上确定对于某种利益的侵害所产生的损害事实是可赔偿

损害之后，就理所当然的获得损害赔偿。这时就必须考虑到与其他要件和因素的联动，比如是否存在违法性阻却事由，或者因果关系是否存在等等。

那么接下来，就试着对于这种权利射程和利益筛选的新模式的适用方法进行详细说明。

（一）确定欲保护利益的基本内容

根据个案的不同，抓住其中心诉求进行框定，选中并提取利益的内容，将其裁剪出来放置，形成与对比之利益的相关素材。

1. 社会学意义上的筛选——需求之层次

第一步的框定、选中、裁切的工作的基本思路应当按照马斯洛的需求层次理论来进行判断，在五类需求层次之中寻找个案中所产生冲突之利益所对应的层次，并且应当优先寻找与较低层次的需求内容近似的利益，如生理需求中的健康，安全需求中的财产。因为前文已述，需求通常是按照层次高低依序出现的，尽管可能存在未按顺序出现的情形，但也意味着低层次的需求已经基本得到满足，而法律所欲规制的利益，通常也是较低层次的需求，也是最为基本的需求内容。申言之，就同种类属性的利益而言，相比于快乐的减少，痛苦的增加会被认为更加倾向于提供保护，原因是在马斯洛的需求层次体系中，痛苦的有无往往是第一和第二层次的内容范围，而快乐的内容通常存在于较高层次的需求范围之中。

运用这样的思维，再回头去看那个“亲吻权”的案例，便不难理解了。原告诉求中提到的“亲吻权”的实质其实是快乐的减少导致了某种利益似乎受到了损害，然而快乐的内容位于需求层次的高层之中，这样的内容被选中的可能性往往较低，对于这样位于需求层次高位的利益内容进行保护，会更多地限制其他个体较低层次需求内容的保护，因此这样的利益内容是无法被选定的。当然这样的取舍仅仅依靠马斯洛的需求层次是无法得出的，其中已经包含着利益衡量的方式了。

2. 法学意义上的筛选——排除不具有该当性的利益

首先必须明确，法规范及法律裁判均包含价值判断，这也是利益衡量的前提和基础。那么在通过利益衡量筛选排除不具有该当性的利益之时，就必须依据最基本的法的价值秩序。拉伦茨指出，在私法的领域中，法律的目的只在于：“以赋予特定利益优先地位，而他种利益相对必须做一定程度退让的方式，来规整个人或社会团体之间可能发生，并且已经类型化的利益冲突。‘赋予优先地位’本身即是一种评价的表现，对此，立法者无疑尚需考虑一般的秩序观点（例如在规定法定方式，或确定期限时）、交易上的需求及法安定性的要求。”

因此在侵权法上，冲突利益的衡量中，最终选择保护何种利益，关键要看哪种结果更有利于实现正义，所谓的“正义”也可以认为是某种相对固定的参照标准，以实现把复杂情境做简单化处理，使得产生的理由结构得以多次重复成为惯常性判断。以我国《侵权责任法》为例，在立法中就可以看出某些固定的参考标准，比如第七章规定的“医疗损害责任”就做出了偏向患者的利益衡量，第58条规定的医疗机构的过错推定责任更是例证。此外在第八章规定的“环境污染责任”中也能看出明显的固定参考标准，如第66条规定的环境侵权纠纷的举证责任倒置。而第九章规定的“高度危险责任”更是明显经过了利益衡量，该章规定的无过错责任实际上是将保护功能明显地偏向了一般主体的人身、财产权益，存在着明显的利益衡量。因此，在筛选利益的过程中，必须从法律的目的出发，寻求条文体系中已经进行的价值判断作为参照。

另外，前文已述，欲保护利益要得到保护，必须具有该当性，或者说是否具有合法性排除事由。非法利益在法律的框架内是无法获得保护的。此外，当事人主观的过错程度也是考量是否具有合法性排除事由的重要因素，故意侵权本身就内含了违法性。

而一项秩序是否为“法秩序所否定”，可能也只有在确定的案型之下才可以得出结论。被侵害权利的位阶，仅是决定个案中相应损害是否可得到赔偿的因素之一，即使位阶极高的人身权益遭受损害，也可能得不到赔偿。而在故意以违背善良风俗的方式致损害他人的情况下，无论什么样类型的损害均有可能获得赔偿。这里，伦理上之考量的穿透力，已使得几乎所有的不利益均可能具有损害赔偿的可能了，这样，损害的可赔偿性已不再是一个可事前确定的一般性问题，而是个案判断的问题。

（二）权利的射程——已提取的利益素材与近似权利的相关性

权利是法律对于正当利益的评价，那么我们可以追本溯源地反向思考，认为判断某一利益是否是正当的，即通过考量损害的实质属性，来判断该损害是否能够成为侵权法上的可赔偿损害。而欲进行此项工作，可以通过考察此种利益与最为近似的权利间的亲缘关系来进行。

与欲保护利益近似的权利或其权能的本质内容也会产生不同的射程，如同不同硬度的弓可以射出距离不同的箭。绝对权与相对权的不同属性也会造成权利射程的区别，一项利益越接近于绝对权，比如类似于所有权的占有，那么受到保护的强度也就必然的越高，而近似于相对权的利益则可能无法被权利的射程所高强度地笼罩，如类似于债权的纯粹经济损失。

分而言之，绝对权中位阶最高的权利是人格权，其中最重要的是生命权及健康权，这些权利具有清楚的特征并且是明显的。由于没有第三人更高层次的权利因它们受保护而被限制，因此受到了最全面的保护。权利受保护强度外延也就最大，其他人格权（如隐私权与某些学者所接受的一般人格权）则缺乏这些清楚的特征，而某些人格权的保护会与第三人的权益相冲突，如对名誉权的过度保护会触及言论自由的底线。因此需要进行限制。其权利效力强度的外延也就被限缩。物权中，尤其是所有权的位阶也处于高位，然而对其的限制就更多一些，相比于人格权而言，权利效力强度的外延进一步限缩。其他的权利根据其位阶，效力强度的外延依次被限缩。

以所有权为例，侵害人行为直接导致所有权其中部分权能受到妨碍，但是对所有权人的法律地位并无影响，也没有对所有权客体之物造成实际损害，在此种情形下，法院可以通过扩张解释予以保护，扩张的依据即为对应权能所能触及之处。例如涂销已经整理好的卷宗编码，导致卷宗无法被索引，所有人需要支付额外费用来重新编码来使用；或在所有人之精美花瓶上涂抹可以清洗之污物，尽管所有之物并未受损，但所有人需要付出清洗费用并承担心理上之不悦。如果不做扩张解释，所有人在上述情形下所支付的费用就成了纯粹经济损失，原则上不予赔偿。如果做出扩张解释，将上述情形下之损失从所有权的权能中发散出来，如整理费、清洗费可以从所有权的使用权能受损中被引申出来，而对于心中的不悦似乎可以从所有权的收益权能受损中被引申出来，因此上述费用就成了间接损失，原则上应该予以赔偿。两者的区别在于间接损失意味着之前存在实际的损害，而纯粹经济损失仅仅是使受害者权钱包受损。

（三）必须遵循的原则——禁止向基础价值逃逸

在《德国民法典》第823条第1款中，自由被认为是一种权利。而实际上，这一来自基本原则的基本权利具有更接近于利益的特性。通过对条文的观察不难看出，与侵权法相关的内容几乎都涉及了对自由的限制，其原因即是自由是最为基础的价值。在一个正义的法律制度所必须予以充分考虑的人的需要中，自由占有一个显要的位置，而整个法律和正义的哲学就是以自由观念为核心建构起来的。任何利益几乎都可以解释为自由的衍生物，这样泛泛而谈的大框架实际上并不适合于使用权利射程和利益筛选模式进行个案的判断，应当避免使用。

基础价值在利益的选定与利益向权利进行转化的进途中起到了基本的判断和指引作用，已被法律选中进行规制的利益或被法律建构的权利本身实际上是基础价值的子嗣，而某种欲保护的非典型利益是已有权利或已受法律规制利益的延伸，其相似性不能跳过与现有权利或已受法律规制利益这一参照物而直接适用基础价值，否则有越俎代庖之嫌。同样应当谨慎使用的具有基础价值的基本原则还包括公平，正义等。当且仅当没有其他可供对比的权利或特别法所规制的利益之时，以上原则性内容方可当作最后的底线进行适用。

（四）与其他要件及相关因素的联动

1. 与其他责任构成要件的联动

前文已述，“可赔偿损害”不等于“应赔偿损害”，还需要对于违法性、过错、因果关系等要件进行综合权衡之后才能最终决定是否给予受害人开启侵权损害赔偿请求权的资格。

申言之，经由法律评价并确认的“损害”的保护范围是损害赔偿责任构成要件中的核心范畴之一，原则上必须有可以被评价为可赔偿损害的损害事实才有赔偿的必要以及可能性。因果关系范畴只是把某种已经被评价为可赔偿损害的损害事实与某个行为人的行为联系起来的事实因素。而过错因素则是论证有关的损害是否应该由加害人进行赔偿的“归责”标准之一。在加害人无过错的情况下，仍然有可能基于其他的理由，由其继续承担损害赔偿责任。如《侵权责任法》中所规定的无过错责任及其几种类型。但是即使是在认定可赔偿损害的过程中，也可以在进行利益筛选时将因果关系明显过于遥远或者贡献度较低的受损利益排除出去，或者将明显不具有行为人过错因素的损害直接否定，如受害人故意。

比如 A 驾驶机动车撞伤了 B，B 受伤时因为疼痛而喊叫了几分钟，声音传至路边楼宇里正在考试的学生 C 耳中，C 心烦意乱导致考试失败。C 的利益受损与 B 的痛苦喊叫之间即使存在因果关系，也很明显过于遥远，或者认为 B 的痛苦喊叫在造成 C 考试示例的结果中贡献度极低，可以直接排除认定可赔偿损害的存在。

当然，与其他责任构成要件的联动的意义更多地体现在确认可赔偿损害的应赔偿性上，比如在纯粹经济损失中，即使认定受损的利益是可以赔偿的，也需要基于与其他构成要件，如过错和因果关系的符合程度来严格把控。

2. 与其他相关因素的联动

有学者指出，从全球的视野看，责任保险的发展、大规模侵权的发展以及其他社会化的救济途径的发展更充分揭示，对受害人受到的损害，侵权救济只是一种，甚至只是越来越不重要的一种救济途径而已，从充分、有效救济受害人的角度出发，侵权救济之外的救济途径经常成为更好的选择。但我认为不应该只是从受害人获得救济的充分性的角度来考虑侵权法的作用，因为即使是为某种损害提供了侵权法之外更为充分的救济，确定损害可以或是应当被救济的责任成立工作还是必须由侵权法来进行。因此应当把社会发展和进步、法律政策、特定的习惯等内容作为相关因素，在可赔偿损害的确认过程中参与多种因素的联动，在弹性的框架内综合考量，以求在个案中寻找最为接近正义的判断和选择。

实际上，如责任保险制度，大规模侵权损害赔偿基金、医疗损害救济的社会化等内容不仅仅是社会发展的制度突破，其中也暗含着制度设计者所欲达成之目标，此类目标对于可赔偿损害的确定过程，尤其是利益筛选中的利益衡量的内容有着相当大的影响。毕竟经由法律所做的价值判断和选择应当是符合大多数人的欲望和追求的。

四、与类型化方法之区别与关联

有学者指出，由于现实损害的复杂性，致使概念以及与之相适应的体系性思考无法完成对于现实损害的准确认识，因此需要借助类型的思考方式。据此，规范的理念类型与逻辑的理念类型于此自无适用余地。并且其认为，对于现实损害向规范损害的规制，主要应当通过法律目的和法律规则以及二者之间的协同作用来共同判断。笔者并不赞同这种主张类型化可以替代依据规范的要素进行考量的观点，采用动态系统对于损害进行法律涵摄和类型化方法之间尽管存在区别，但实际上是一体两面的。

采用动态系统进行可赔偿损害中利益的规制，主要是在个案中对于诉争利益进行衡量和判断。与此不同的是，规范损害的类型建构并不是为了个案中规范的发现，而是通过各类型所显现的整体形象发现各个损害之间内在的具有规范意义的联系，从而为现实损害的法律涵摄提供一个较为普遍的适用规则。

然而对于类型化而言，其立足点实际上也在考虑人的理性目的与法律所涵摄之范围之间的关系。越是与人的理性目的联系直接且密切的，越是处于法律保护的核心领域，对相关内容进行侵害造成损害事实的，也当然属于法律对于损害的规制评价范围之内，比如生命、身体、有体物等。另外则是那些随着社会的演进逐渐被人们认可并添加法律规范的规制的内容，如一般人格权，网络虚拟财产等。此外还有那些因为与人之目的的实现无直接联系并且难以清楚界定而处于法律保护边缘的利益，如纯粹经济利益。而前文已述，动态体系在个案中进行具体考量的过程实际上也是以人的基本需求和理性目的为出发点的，从这一点上二者并无大的差异。

无论是动态系统的弹性考量还是类型化的规制模式，学理上的体系建立最终都是为了在司法裁判中提供关于裁判规则形成意义上的思路。对于民事诉讼而言，将哪一些私人纷争纳入到司法调控的体系当中来，这纯粹是国家的一种利益权衡和价值判断，这种判断结果最终以抽象的立法以及法官具体的司法体现出来。对于其中的利益衡量而言，其指向的是检视裁决结论在社会需要层面上的妥当性。无论是动态体系的模式还是类型化的模式，都是对于司法裁判的指引以及“合法性检验”。实际上所谓“合法性检验”承担着限制自由裁量过度的“阀门”的角色，在刚性规范和柔性规范之间寻求一个对于利益进行保护最为合适的平衡点，形成各方都能认同和接受的判决结果。

或许二者最大的区别即在此处被揭示了：动态体系的权利射程与利益筛选模式更多的是以个案中诉争的相关利益为评价校正的基准，需要通过反复考量之后选择一个最为妥适的结果之后从成文法的规范及价值中寻找合理性依据，这一过程中包括了多重的解释论上的处理方式；而类型化模式则实际上是将现实司法中已经提供的例证进行整理归纳，将客观上已经形成的大量潜在的裁判规则归纳整理，在长期的复杂的司法适用过程中，渐次形成达致统一的规律性的处理方案，才能避免个案中的自由裁量的恣意性。可以说，在司法裁判中所体现的基本原理和思路，均来自于此前大量类似的个案情形。甚至可以认为是“归结以往个案中基于利益衡量所产生的裁判规则的制度化结晶”。

综上所述，无论是动态系统的弹性考量模式还是类型化的模式，都是意图为现实损害向规范损害类型的过渡提供制度上的思路或是模型。二者之间非但不存在非此即彼的排除关系，反而是一体两面的。即个案中动态系统的弹性考量实际上是为每一个个案中的利益保护与否寻找合理性依据，为类型化的模式提供了素材。类型化的模式所做的归纳实际上又反过来为弹性考量提供了合理性来源。因此，两者之间是相互依存，共同作用的关系。

参考文献

[1] 杨立新 . 侵权责任法 [M]. 法律出版社 ,2018.

[2] 张新宝 .《中华人民共和国民法总则》释义 [M]. 中国人民大学出版社 ,2017.

[3] 程啸 . 侵权责任法教程 [M]. 中国人民大学出版社 ,2017.

[4] 王利明 . 侵权责任法疑难问题研究 [M]. 中国法制出版社 ,2012.

[5] 王利明 . 中华人民共和国民法总则详解 [M]. 中国法制出版社 ,2017.

[6] 王利明 .《中华人民共和国民法总则》条文释义 [M]. 人民法院出版社 ,2017.

[7] 沈德咏 .《中华人民共和国民法总则》条文理解与适用 [M]. 人民法院出版社 ,2017.

[8] 李世刚 . 法国侵权责任法改革 [M]. 人民日报出版社 ,2017.

[9] 韩强 . 法律因果关系理论研究 [M]. 北京大学出版社 ,2008.

[10] 张新宝 . 侵权责任法 [M]. 中国人民大学出版社 ,2016.

[11] 曾世雄 . 损害赔偿法原理 [M]. 中国政法大学出版社 ,2001.

[12] 戴永盛 . 瑞士债务法 [M]. 中国政法大学出版社 ,2016.

[13] 梁清 . 原因力研究 [M]. 人民法院出版社 ,2012.

[14] 徐银波 . 侵权损害赔偿论 [M]. 中国法制出版社 ,2014.

[15] 杨彪 . 可得利益的民法治理 [M]. 北京大学出版社 ,2014.

[16] 吉村良一 . 日本侵权行为法 [M]. 中国人民大学出版社 ,2013.

[17] 张卫平 . 民事诉讼法 [M]. 法律出版社 ,2013.

[18] 许中缘 . 民法总则原理 [M]. 中国人民大学出版社 ,2012.

[19] 陈洁 . 证券欺诈侵权损害赔偿研究 [M]. 北京大学出版社 ,2002.

[20] 法律出版社法规中心 . 中华人民共和国侵权责任法注释全书 [M]. 法律出

版社 ,2012.

[21] 车辉 . 侵权损害赔偿问题研究 [M]. 法律出版社 ,2012.

[22] 明辉 . 北航法律评论 [M]. 法律出版社 ,2012.

[23] 周友军 . 侵权法学 [M]. 中国人民大学出版社 ,2011.

[24] 王利明 . 侵权责任法研究 [M]. 中国人民大学出版社 ,2011.

[25] 王军 . 侵权损害赔偿制度比较研究 [M]. 法律出版社 ,2011.

[26] 朱岩 . 侵权责任法通论・总论 [M]. 法律出版社 ,2011.

[27] 赵万一 . 证券交易中的民事责任制度研究 [M]. 法律出版社 ,2008.

[28] 马其家 . 证券民事责任法律制度比较研究 [M]. 中国法制出版社 ,2010.

[29] 奚晓明 .《中华人民共和国侵权责任法》条文理解与适用 [M]. 人民法院出版社 ,2010.

[30] 布吕格迈耶尔 . 中国侵权责任法学者建议稿及其立法理由 [M]. 北京大学出版社 ,2009.

[31] 唐晓晴 . 葡萄牙民法典 [M]. 北京大学出版社 ,2009.

[32] 王泽鉴 . 债法原理 [M]. 北京大学出版社 ,2009.

[33] 欧洲侵权法小组 . 欧洲侵权法原则 [M]. 法律出版社 ,2009.

[34] 马格努斯 . 侵权法的统一 [M]. 法律出版社 ,2009.

[35] 齐云 . 巴西新民法典 [M]. 中国法制出版社 ,2009.

[36] 卡萨尔斯 . 侵权法的统一 [M]. 法律出版社 ,2009.

[37] 于敏 . 日本侵权行为法 [M]. 法律出版社 ,2006.

[38] 圆谷峻 . 判例形成的日本新侵权行为法 [M]. 法律出版社 2008.

[39] 黄道秀 . 俄罗斯联邦民法典 [M]. 北京大学出版社 ,2007.

[40] 韩强 . 法律因果关系理论研究 [M]. 北京大学出版社 ,2008.

[41] 王卫国 . 荷兰民法典 [M]. 中国政法大学出版社 ,2006.

[42] 陈聪富 . 侵权归责原则与损害赔偿 [M]. 北京大学出版社 ,2005.

[43] 王利明 . 中国民法典学者建议稿及立法理由 [M]. 法律出版社 ,2005.

[44] 徐国栋 . 埃塞俄比亚民法典 [M]. 中国法制出版社 ,2002.

[45] 冯·巴尔 . 欧洲比较侵权行为法 [M]. 法律出版社 ,2001.

[46] 曾世雄 . 损害赔偿法原理 [M]. 中国政法大学出版社 ,2001.

[47] 昂格尔 . 现代社会中的法律 [M]. 译林出版社 ,2001.

[48] 梅迪库斯 . 德国民法总论 [M]. 法律出版社 ,2000.

[49] 徐国栋 . 民法基本原则解释 [M]. 中国政法大学出版社 ,1992.

[50] 斯坦 , 香德 . 西方社会的法律价值 [M]. 中国人民公安出版社 ,1990.

后　记

研究侵权法上损害的实质属性，实际上都是指向以规制权利和利益为目的的可赔偿损害的认定。由于该领域涉及复杂的价值判断，因此单一要素和筛选模式是绝无可能解决所有问题的，必须将更多的因素纳入考虑的范围之内，并且需要注意与其他构成要件和因素的联动，如因果关系贡献度，过错程度等，否定一刀切的“全有全无”模式，形成一种判断法律效果程度的动态体系架构。尽管这样的架构看起来比较复杂，但这正是人类理性所欲实现的矫正正义。当裁判者置身于案件中，其判断的难点不在于案件事实的不明而是没有思维模式可以依赖。而一个可供法官基于伦理实践进行动态评价的弹性框架的建立，正是本文所欲达到的目标。实际上，这样的工作还进一步地促进了权利制度和体系的完善与发展，对于侵权法乃至民法对于变革社会所可能出现的新的挑战而言，做好了理论体系意义上的准备。最后，我要感谢所有参考文献的作者，是他们富有创造性的研究工作奠定了我写作此书的基础。我想，我能够给予大家最好的回报就是继续努力进行我的研究工作，弥补其中的疏漏，为我国法学理论的发展尽自己一份微薄的力量。